心理学核心课

积极心理学
批判性导论
Positive Psychology
A Critical Introduction

[英] 乔瓦尼·B. 莫内塔 著
Giovanni B. Moneta

王 挺 帅 琳 译

上海社会科学院出版社
SHANGHAI ACADEMY OF SOCIAL SCIENCES PRESS

前　言

对于人们来说,没有什么比他们以及亲近的人感觉如何更重要的了。积极心理学是这样一个科学领域,它试图弄明白"感觉良好"和"运转良好"的含义,并确定影响人们在日常生活中任何特定时刻感觉和功能的个人和社会因素,通常是在人们停止追逐工作或休闲活动后,从整体上反思他们的努力、成就、人际关系和生活经历的时候。几千年来,亚里士多德、孔子等古典哲学家已经对幸福和最佳功能进行了研究和讨论。积极心理学旨在使用心理科学的理论和实证方法来研究这些最重要的课题。

自从马丁·塞利格曼(Martin Seligman)和米哈里·契克森米哈赖(Mihaly Csikszentmihalyi)在 2000 年发表了他们的宣言,概述了积极心理学的理论基础和研究议程之后,积极心理学领域开始以令人印象深刻的速度扩展,并影响到心理学、社会科学甚至政治等其他领域的研究和应用。许多参加积极心理学运动的学者有一个共同目标:为人类寻求"更好"。然而,他们对什么是更好提出了各种各样的观点,还制订了彼此截然不同的研究方案和应用。那么,什么是积极心理学? 这是一个连贯的心理学领域,还是只是一堆杂乱无章的观点呢?

本书就是为了帮助读者找到这个答案而写的,并使用 3 种策略来达成这一目标。首先,本书提出了一个由一系列主题组成的积极心理学领域的统一图景,其中每个主题都会在一个单独且几乎独立的章节中进行论述。第二,每个主题章节都介绍了不同的理论视角、语言和研究方法:近距离阅读各种论点有助于读者发现、处理甚至是解决争议。最后,对文献的回顾展现了经典和近期资源的平衡:这是为了帮助读者自己来判断,近期文献对积极心理学领域的贡献是否有增量价值,还是只是在用不同的词语重复心理学其他领域曾经说过的或发现过的内容。总之,本书邀请读者对该领域采取批判性的方法来更深入的理解积极心理学领域内争议的性质和含义。

这本书既可以支持教学,也可以独自阅读。对于这两种用途,需指出的是,本书采取一种评价性的立场,因此,在所涵盖的研究深度和读者所需的努力上,不同于许多其他对该领域采取更偏说教方法的书籍。作为教学支持,本书可以作为本科入门课程的补充读物,也可以作为第二门更高级本科课程的主要教材。本书也可作为研究生课程的主要内容,如果学生能结合精心挑选的研究文章一起阅读;在这方面,本书每一章结尾都有推荐的拓展阅读。最后,本书尽可能少使用专业术语,因此,来自不同背景有强烈动机想要理智地解决生活中幸福和最佳功能问题的读者都可以独立阅读。

致　谢

作者和出版商谨感谢以下诸位对改编版权材料予以许可：

图2-1　Plutchik 的初级情绪和由相邻初级情绪配对而成的次级情绪的环状模型，经许可改编自 Conte, H. R., & Plutchik, R. (1981)。A circumplex model for interpersonal personality traits. *Journal of Personality and Social Psychology*，40，701 – 711，American Psychological Association.

图2-2　积极和消极情绪的环状模型表明，情绪可以根据愉悦（横轴）和激活（纵轴），也可以根据积极情感和消极情感进行分类，这是通过将原始轴顺时针旋转 45°后得到的，经许可改编自 Russell, J. A., & Carroll, J. M. (1999)。On the bipolarity of positive and negative affect. *Psychological Bulletin*，125，3 – 30，American Psychological Association.

图3-3　各种动机及其自我调节风格，根据其允许的自我决定水平进行组织，经许可改编自 Ryan, R. M., & Deci, E. L. (2000)。Self-determination theory and the facilitation of intrinsic motivation, social development, and well-being. *American Psychologist*，55，68 – 78，American Psychological Association.

图3-4　生活满意度的全文化模型，经许可改编自 Kwan, V. S. Y., Bond, M. H., & Singelis, T. M. (1997)。Pancultural explanations for life satisfaction: Adding relationship harmony to self-esteem. *Journal of Personality and Social Psychology*，73，1038 – 1051，American Psychological Association.

图4-1　人际行为环状模型，经许可改编自 Wiggins, J. S., & Broughton, R. (1991)。A geometric taxonomy of personality scales. *European Journal of Personality*，5，343 – 365，John Wiley.

图6-4　心流状态的八分模型，经许可改编自 Delle Fave, A., & Massimini, F. (2005)。The investigation of optimal experience and apathy: Developmental and psychosocial implications. *European Psychologist*，10，264 – 274，Hogrefe & Huber Publishers (now Hogrefe Publishing).

表2-1　积极和消极情感量表(PANAS)，经许可改编自 Watson, D., & Tellegen, A. (1985)。Toward a consensual structure of mood. *Psychological Bulletin*，98，219 – 235，American Psychological Association.

表3-3　成就目标的2×2分类，经许可改编自 Elliot, A. J., & McGregor, H. A. (2001)。A 2×2 achievement goal framework. *Journal of Personality and Social*

Psychology，*3*，501 - 519，American Psychological Association.

表 7 - 1　育儿实践自我报告项目和教学策略评分项目，被一致认为是罗杰斯创造力培养环境中最典型的一组项目，经许可改编自 Harrington，D. M.，Block，J. H.，& Block，J.（1987）。Testing aspects of Carl Rogers's theory of creative environments： Child-rearing antecedents of creative potential in young adolescents. *Journal pf Personality and Social Psychology*，*52*，851 - 856，American Psychological Association.

表 7 - 2　《青少年经验调查问卷》所衡量的课外活动的经验类型和领域（YES 2.0）， 经许可改编自 Larson，R.，Hansen，D. M.，& Moneta，G. B.（2006）。Differing profiles of developmental experiences across types of organized youth activities. *Developmental Psychology*，*42*，849 - 863，American Psychological Association.

目　录

第一章

什么是积极心理学？

积极心理学的诞生

1998 年，Martin Seligman 在美国心理学会年会上的就职演讲中介绍了**积极心理学**这一术语。之后，他在夏威夷度假时偶然遇到了 Mihaly Csikszentmihalyi，然后他们共同致力于为积极心理学提供一个长期努力的基础，旨在优化心理学选择研究目标、构建研究问题并促进人类状况改善的方式。2000 年 1 月，《美国心理学家》发表了一期专刊——通常被称为"千年问题"——致力于积极心理学的理论基础和研究议程。在主要文章中，Seligman 和 Csikszentmihalyi(2000)确定了第二次世界大战结束后心理学出现的主要局限，并概述了一种全新的"积极"心理学方向。

Seligman 和 Csikszentmihalyi(2000)指出，在第二次世界大战之前，心理学有 3 个使命：1. 认识并治疗心理疾病；2. 提高人们的生产力和成就感；3. 识别天才并帮助他们实现自己的潜力。"二战"后，由于研究资助基金会所采用的选择性策略，心理学增加了对第一个使命的关注，并将其扩展至理解和预防所有形式的人类痛苦。关键的结果变量变成了压力及其对心理和身体健康的消极影响。关键的解释变量变成了消极的环境因素，如破裂的家庭和不人道的工作环境。实证研究关注的是敌对和挫败的环境如何导致压力，反过来又如何导致心理和生理紊乱。在研究消极环境因素、压力和疾病之间的关系时，往往把个体视为一个本质上被动的存在，也就是说，仅仅把疾病作为个体对外来有害刺激的反应。

Seligman 和 Csikszentmihalyi(2000)认为，没有心理疾病虽然是一种积极的状态，但并不是人类所能够追求和达到的最佳状态。还有许多积极的心理过程和结果，而不仅仅是没有疾病。这些人类心理的积极面在灾难、混乱和绝望时更容易被注意到，当只有一些人表现出韧性，保持一种平静的状态，并以身作则指导他人的时候。这些人绝不是被动的人：他们在挑战中适应并积极奋斗。这些人拥有非凡的优势、美德和韧性。如果我们能学会如何在每个人身上培养这些优势，那么我们所获得的就不仅仅是没有心理疾病。因此：

心理学不只是研究病理学、弱点和损伤；它还研究优势和美德。治疗不仅仅是修复受损的部分；它还滋养最好的部分。心理学不仅仅是与疾病或健康有关的医学分支；它要大得多。它涉及工作、教育、洞察、爱、成长和玩耍。

(Seligman & Csikszentmihalyi，2000，p.7)

最后，Seligman 和 Csikszentmihalyi 认为，将心理学第一个使命拓展到优势研究，也会将心理学转向它被忽视的两个使命：提高人们的参与度和生产力，促进人才发展。

积极心理学的起源

积极心理学为人类寻求"更好"。什么是更好？积极心理学提出了关于"更好"的各种观点。然而，不同观点的起源都可以追溯到**享乐幸福感**和**实现幸福感**的古典哲学定义。前者本质上是说，"更好"是一种人的状态，其特点是此时此地的快乐和愉悦情绪，以及对自己过去、现在和未来的生活持积极看法。后者本质上是说，"更好"是一种以最佳功能为特征的人类状态，包括专注于有意义和有挑战性的努力、环境控制、面对挑战和挫折的韧性，以及终身机体成长。享乐幸福感和实现幸福感在日常用语中都可以称之为"幸福"，但它们确实表示相互独立的构念。正因如此，享乐和实现幸福并不一定会同时出现在同一个人身上。此外，促进一种幸福的活动并不一定会促进其他形式的幸福。因此，对于是什么构成人类"更好"的定义选择会严重影响不同积极心理学家为改善人类状态而给出的策略和技术。

情绪对享乐取向和实现取向的幸福感都很重要。"更好"的两种定义都意味着幸福伴随着丰富的积极、愉悦的情绪和少之又少的消极、不愉快的情绪。区别在于，对于享乐取向，情绪定义幸福感（如感受到强烈的喜悦、兴趣和爱等同于享乐型的快乐）；对于实现取向，情绪是幸福感的符号（如感受到强烈的喜悦、兴趣和爱是实现型快乐的结果）。无论哪种方式，情绪在积极心理学中发挥着无处不在的作用。因此，积极心理学建立在长期传统的情绪研究之上，这些研究对情绪进行分类，调查它们之间的关系，并确定它们的进化功能。

优势、美德和韧性都是指个体相对稳定的特征，并且暗含了这样的假设，个体在拥有它们的程度上有所不同。因此，积极心理学利用了人格心理学领域开发的所有研究方法来测量状态和特质变量。此外，积极心理学中开发的所有优势构念都与以前在人格心理学中研究过的构念存在某些概念上的联系——并且在某些情况下有相当大的重叠。尤其是，Rogers(1963)和 Maslow(1968)的现象学和人本主义人格理论为当代的实现取向幸福感提供了概念基础。正因为如此，积极心理学不断地解释其发现与人格心理学相关，有时还与人格心理学相结合。

积极心理学志在让所有人变得"更好"。这就提出了一个问题，对所有文化背景的人来说，是否仅有一个"更好"。早在 20 世纪 90 年代初，跨文化心理学就开始质疑人格过程和结构的文化不变性(Markus & Kitayama，1991，1994)。由于积极心理学和人格心理学深深地交织在一起，跨文化心理学家开始质疑并测量最初从西方文化参与者样本中所确定的幸福感指标和幸福感解释因素的普遍性。此外，一些关键的跨文化构念推动了而不是跟随了积极心理学领域的大量研究。因此,积极心理学建立在跨文化概念的基础上,即文化价值观和感知自我及他人的方式如何影响认知和情感功能。

积极心理学的童年

千年问题之后的 12 年,积极心理学已经成长为一个强壮的儿童。有两本同行评审的期刊——*The Journal of Positive Psychology* 和 *The Journal of Happiness Studies*——全都致力于发表积极心理学领域的理论和实证研究。虽然这只是冰山一角:阅读发表在不同心理学领域——包括人格和社会心理学,组织心理学,以及教育心理学——各种同行评审期刊上的文章,我们可以看到最初在积极心理学领域发展起来的理论、构念和测量工具正在被用于没有正式标记为"积极心理学"的研究中。所以,积极心理学已经能够从各个方向吸引心理学家的注意,并影响他们的思维和行动。

事实上,大多数具有积极心理学内涵或细微差别的研究都发表在"外围"期刊上,而不是那两本"核心"期刊上,这既是威胁,也是机遇。科学哲学家和科学史学家 Thomas Kuhn(1996)指出,核心期刊具有统一科学领域"范式"的功能,这是通过提供关于什么属于该领域及其外部内容的统一和连贯的图景,包括研究中要解决的主题、应该使用的方法,以及指导研究工作及其结果解释的价值观。因此,积极心理学的一个主要威胁是,那些大多数在外围期刊上发表文章的研究者们——也就是羽翼未丰的积极心理学家们——他们的工作可能会使积极心理学领域远离那些完全成熟的积极心理学家所认同的基础。反过来,这种外部威胁也构成了积极心理学向不明显的研究结果和应用方向发展的独特机会。

积极心理学同时也面临着来自内部的威胁和机遇。最明显的区别是享乐取向和实现取向在是什么构成了"更好"的人类状态上不同。然而,这只是冰山一角:积极心理学中有不同的重点和领域,并且这些差异如此之大以至于人们怀疑积极心理学究竟是一个连贯的心理学领域,还是只是一些观点的混杂。因此,积极心理学的一个主要威胁是,内部分歧将会阻碍它成为 Kuhn(1986)所说的一种完全成熟的"范式",即一个概念明确和连贯的知识领域,由一群公认的专家及其机构有效地管理。反过来,这种内在的威胁也构成了使积极心理学在"结晶"成一个稳定范式之前变得更加深远和复杂的独特机会。

最后,积极心理学也面临政治上的机遇和威胁。各国政府对积极心理学产生了浓厚的兴趣,并启动了旨在促进国民幸福感的探索性研究项目。例如,由首相戴维·卡梅伦领导的英国政府委托国家统计局制定并实施一项衡量国民幸福的调查(如:Cohen, 2011),前法国总统尼古拉斯·萨科奇委任一个研究小组开发公民幸福指数,它可以与国内生产总值(GDP)相结合,从而建立一个更全面、更令人满意的国民幸福感指数(如:Easterly, 2011)。这些发展对于积极心理学是一个关键机会,可以让公众更加关注并获得更多的研究经费。反过来,这个机会也伴随着风险,看到积极心理学的概念和理论被翻译成各种各样的行政语言,可能会扭曲它们原本的含义,并最终导致政策和实践与我们今天所知的积极心理学议程背道而驰。

本书目标：找到问题的答案

那么，什么是积极心理学？正如 Alex Linley 及其同事们（2006）所说的，如果你问 10 个积极心理学家这个问题，可能会得到 10 个不同的答案。事实上这是理所当然的，唯一明智的答案是让本书的读者——也就是你自己去找答案。本书正是为了帮助你找到答案而写的。

本书试着用 3 种策略来达成这一目标：

（一）提出了一个由一系列主题组成的积极心理学领域的统一图景，其中每个主题都会在一个单独且几乎独立的章节中进行论述。

（二）每个主题章节都介绍了不同的理论视角、语言和研究方法，而不仅仅是享乐取向和实现取向幸福感之间的差异：近距离阅读各种论点有助于读者发现、处理甚至是解决争议。

（三）文献回顾展现了对经典、根源和近期资源的平衡：这是为了帮助读者自己来判断，近期文献对积极心理学领域的贡献是否有增量价值，还是只是在用不同的词语重复心理学其他领域曾经说过的或发现过的内容。

最后关于批判。找到"什么是积极心理学？"这个问题的答案需要批判性思维。批判性思维受到普遍重视，是因为它是参与主题、学习和最终科学进步的推进器，但是它也有代价：消极情绪。没有人喜欢被批评，那些批评者之所以这样做，是因为他们对所读的内容有些不满。因此，像现在这样一本批判性导读的读者必然会经历某种程度的——希望是适度的消极情绪。接受这样一个阅读任务的原因是"没有痛苦，就没有收获"，而所谓的收获就是参与主题和学习。我希望在阅读本书的过程中，你的收获将大大超过你的痛苦。

本书的叙述路线图

概述

每一本为独立阅读和支持教学而设计的书籍，如本书，都由一些匿名评审者进行审阅，他们是这方面主题的专家并积极参与本科以及研究生阶段的教学。一位评审者指出，虽然每一章都能独立于其他章节来阅读，但最好还是按照顺序从头到尾阅读整本书，特别是如果读者是积极心理学领域的新手。另一位评审者补充说，因为某些章内容广泛，而且在智力上具有挑战性，所以最好给读者提供一些预先指导。

本书由介绍性章（第一章）、总结章（第九章）以及 7 个中间的实体章节（第二章—第八章）组成。前五个实体章节讨论了积极心理学领域中的核心理论概念：幸福感的定义和测量（第二章），自我在寻求幸福感中的作用（第三章），促进或阻碍幸福感的人格特质（第四章），一组影响幸福感并可能变化的动态变量，如乐观和元认知（第五章），关键最佳状态心流——促进成就和幸福感（第六章）。作为一个系列，这些理论性章节聚焦于理论争议、实证检验和理论发展，使积极心理学成为一个独特的心理学研究领域。

其余的实体章节集中于积极心理学在现实世界的应用：与伴侣的关系、与工作的关系，以及与孩子的关系（第七章），和心理治疗（第八章）。本书收录这些应用性章节有3个原因：

（一）无论积极心理学家多么热爱纯科学的论述，他们最终的目标是改善人们的生活。

（二）应用有助于更好地理解积极心理学的理论。

（三）对应用的分析为如何在未来完善积极心理学理论提供了非常宝贵的线索。

作为一个系列，这些应用性章节聚焦于让积极心理学为人类服务的初步尝试，并且简明扼要地描绘了在未来几年中最有可能发展的积极心理学领域。

无论你决定阅读整本书还是只读你感兴趣的章节，接下来的部分为你提供了每个章节呈现的内容和论据的叙述路线图。读完一章后，你可能会发现回到叙述路线图是有用的，以便重述这一章的要点，并为阅读另一章确定方向。

第二章：积极情绪和幸福感

本章包括三节。第一节回顾了情绪的概念，提出了几种基本情绪的分类系统。对于这些系统，有4个原则是通用的：（一）基本情绪可以大致分为积极情绪和消极情绪，积极情绪相对独立于消极情绪；（二）积极和消极的基本情绪经过了数百万年的进化，因为它们支持个人和群体的生存；（三）次级情绪可以被认为是两种或更多基本情绪的组合；（四）并非所有情绪都能跨过意识的门槛变成感觉，即个体能够报告和评估的感知情绪。

研究者们已经开发出了有效、可靠的量表来测量称之为积极情感和消极情感的感觉集合。这两种类型的情感都是类特质变量，并且会受到基因结构的强烈影响。然而，情感的瞬间变化取决于人们判断他们朝着目标的进展是缓慢还是顺利。更重要的是，积极情感的瞬间增长和消极情感的瞬间减弱会导致注意力的扩大，提高对问题相关信息的获取以及解决问题的创造性。总之，虽然一个人的积极和消极情感的整体水平随着时间的推移是相当稳定的，但情感的瞬间变化对一个人实现人生目标方面的进展或不足提供了有用的诊断信息，并且影响对问题的认知和行为方式。

第二章第二节回顾了旨在衡量和理解幸福和生活满意度的实证研究，并将其作为人们对生活质量的全面判断。这个领域的研究更多是描述性的，而不是理论驱动的，并且提出了许多微型理论来解释一些令人惊讶但强有力的实证结果。尤其是，研究者们发现幸福不是收入的线性函数，并提出了两种解释来说明为什么财富并不一定带来更多的幸福：适应和社会比较。这两个过程都试图通过短期的经济发展来提高所有人的幸福，但是有些无用：就像在水车上，随着人们变得越来越富有，他们将体验到幸福的高峰，然后迅速下降，直到财富再次增加。此外，对比快乐和不快乐的人发现，前者在评价他们自己的生活时常常有积极的偏见，说明快乐是以降低客观性为代价的。总之，毫无疑问不快乐是不好的，但目前尚不清楚幸福能够提升到什么程度，以及这种提升是否存在负面影响。

本章第三节回顾了主观幸福感和心理幸福感的对立模型，并分析了这两类幸福感指标之间的实证关系。一方面，主观幸福感的模型源自情绪和幸福的实证研究，并将"更好"定义为一种人的状态，在该状态下个体拥有最高的幸福感、生活满意度和积极情感，以及最低的消极情感；这一理想模式的任何变化都会偏离"更好"，从而降低主观幸福感。另一方面，心理幸福感的模型源自人本主义人格理论和现象学理论，并将"更好"定义为一种人类状态，在该状态下个体具有最高的自我接纳、与他人的积极关系、自主、环境控制、人生目标和个人成长；这个理想模式的任何变化都会构成对"更好"的偏离，从而降低心理幸福感。虽然这两种对立的幸福感模型的指标在意义上有所不同，并且是用不同的研究策略得出的，但它们在实证上融合到这样的程度，以至于这两类幸福感几乎无法区分。总之，对立阵营之间几十年的研究和争论已经就幸福感的构成达成了实质性的共识，只留下一些明显细微的意见分歧。

第三章：积极自我

这是本书中最长和最复杂的一章，包括三节。第一节回顾了自我作为一个概念，有两个主要构念：自尊和自我效能。自尊是对能力、意义、成功和价值的自我信念。每个信念都是如此，它会随着社会角色和情境而变化，因此一个人可能在某种特定角色（如学生）中具有高自尊，而在另一种角色（如网球运动员）中可能是低自尊的。一般自尊表示在不同情境和时间下对自我价值的一种普遍信念，因此是一个类特质变量。几十年来，一般自尊构念的倡导者一直在研究一般自尊与另一个变量（如攻击行为）之间的关系，每当他们发现一个，他们就声称一般自尊是原因，而另一个变量是结果。然而，其他研究者采用了更批判性的方法，他们寻找支持相反因果关系的证据，并且找到了很多。特别是，他们发现自尊是学业成就的结果，而不是像以前所认为的那样。此外，他们发现自尊与自我评价的身体吸引力密切相关，与他人评价的身体吸引力实际上不相关，这说明一般自尊主要是对自己的高度评价。最后，高一般自尊的某些亚型——如自恋和自我中心，比低自尊更容易导致攻击性行为，尤其是当自己的自大感受到他人威胁时的报复性行为。从积极面来看，不断发现当控制了不同变量的状态时，一般自尊与幸福感和生活满意度相当相关。这一发现使一般自尊成为可以包含在幸福感模型中的变量之一，但需要注意的是，它可能会在天平的高端标记出问题。

自我效能是对自己处理困难情境的能力的信念。不同于自尊，自我效能的构念建立在一个全面的理论框架上，该框架解释了自我效能如何与其他变量，例如期望、目标和标准，相互作用来影响行为，以及自我效能在与环境的互动中如何随着时间而变化。一般自我效能与一般自尊和其他核心自我评价密切相关，因此它是针对一般自尊构念的严厉批评的潜在目标。此外，超过一定阈值，自我效能就无法解释为什么人们总是对某项活动感兴趣。总之，自我作为一个概念的主要概念是有用的整体构念，可以很好地解释行为范围的低端（如情绪和行为的失败源于一个丑陋的自我概念），但不能解释行为范围的高端（如情绪和行为的成功）。归根结底，成功需要的远远不止一个积极的自我概念。

本章第二节回顾了旨在理解自我作为一个调节过程的理论和实证研究。自我心理学家引入了效能动机、因果关系和认同感，作为自我健康运转的核心。自我决定理论进一步发展了这些概念，并将它们整合到一个更广泛的框架中，其中包含内在动机和自我决定，这是行为、动机和情绪的核心自我调节过程。跨文化心理学家质疑自我决定在东方、集体主义文化中的中心地位，并发展了一个自我构念的双过程概念，包括独立自我构念和互依自我构念，是不同和并行的过程，并且允许个体根据活动的情境表达出多个构念。逆转理论指出，自我在两种完全不同的模式下运作，这取决于一个情境被视为工作还是游戏，并且可以在两种模式之间突然转换。压力研究确定了自我在应对需求情境时所采用的各种适应性和适应不良的策略，并强调高水平的适应和韧性需要应对灵活性，这包括对可控压力源的主动监控和响应。对需求和动机的研究指出，推动自我的一些最强大的力量在某种程度上低于意识水平，并且以富有想象力和戏剧性的生活故事的形式出现，而成就、权力和亲密是故事里经常出现的主题。相反，对个人奋斗和目标的研究指出，强大的自我调节功能是通过意识和意志的心理表征以及对未来理想状态的预期来发挥的，并发现回避目标和奋斗冲突是适应不良自我调节的重要标志。最后，几十年的创造力研究强调，为了充分发挥作用，自我必须超越趋同和目标导向的行为，并且必须参与思想的探索和新想法的产生。同样重要的是创造性自我需要具备个人资源，这是赢得该领域守门人接受一个新想法所必需的，而该想法在这一领域将是最重要的。总之，对自我调节许多理论的回顾清楚地表明，自我调节包括许多同时发生的过程，因此很复杂。

本章第三节回顾了旨在理解主体我（I，作为一个整体的自我调节过程）如何在永无止境的书写和重写自己的生活叙事中诠释客体我（Me，自我概念）的理论和实证工作。这主要是通过构建一种认同感来实现的，这种认同感使个体变得独一无二但在各种情境和时间中保持一致，并且是可以被别人理解的。虽然同一性建构最初被认为是青少年的任务，但进一步的研究指出这需要毕生的努力。主体我通过书写对自己生活主题和生活变化有意义的个人故事来实现这一点。这意味着在建构一种非真实的认同感时存在固有的风险，因为它可能会阻碍而不是促进心理幸福感。总之，这一系列研究指出，我们倾向于认为自我概念和特质保护伞下的固定对象在某种程度上是主观建构的，因此可以通过重新书写自己生活叙事的一部分来改变。

第四章：积极特质

本章有四节。第一节回顾了由实证驱动的特质研究，确定了大五人格特质，并回顾了特质和幸福感之间关系的实证结果。外倾性或其子成分是最积极的特质，因此与更多的主观幸福感和更多的心理幸福感相关。相应地，神经质是最消极的特质，因此它与更少的主观幸福感和更少的心理幸福感有关。其他特质——开放性、尽责性、宜人性——与幸福感的不同指标存在着复杂的联系，因此无法归类为始终积极的特质。此外，没有一种单一的特质模式是始终积极的。尤其是，一种对主观幸福感而言是最佳的模式，对创造性成就——心理幸福感的一个指标，不一定是最佳的，反之亦然。总之，看来即使我们能够任意塑造我们的大五人格特质，我们也无法拥有全部。

第二节回顾了由概念驱动的特质研究，确定了性别角色特征、一般因果定向以及内在和外在动机定向，并且分析了这些特质与心理幸福感之间的关系。性别角色特质是始终积极的特质。因果定向中，自主定向是始终积极的特质，非个人定向是始终消极的特质，控制定向是一个混合特质，其积极性/消极性取决于情境。最后，特质内在动机对表现有相当一致的积极影响，而特质外在动机对表现有相当一致的消极影响，但存在一定的情境差异。总之，看来正如Bakan的理论及其通过人格环状模型的操作化所预测的那样，能动与共生这两个宽泛的特质始终是积极的。

第三节回顾了由概念驱动的品格优势研究，是指社会期望的道德特质，这些研究促使Peterson 和 Seligman 确定了组成 6 种核心美德的 24 种普遍品格优势。所有的品格优势都和生活满意度相关，其中希望、热情、感激、好奇和爱，这些品格优势与它的相关特别强。但是，因素分析研究质疑所提出的美德维度及其品格优势组成。此外，实证驱动研究采用心理词汇学方法生成了完全不同的美德分类和解释。总之，看来品格优势和美德对幸福感有重要的贡献，但是它们的数量、本质和功能尚不确定。

本章第四节回顾了对 Peterson 和 Seligman 的美德概念模型及其旨在加强品格优势的干预措施的批评。这些批评最初源于两个古代哲学家——孔子和亚里士多德——的著作。然后这一节回顾了当代心理学家提出的争议。这些分析揭示了一种普遍的担忧，即把品格优势看成是相互独立的，只培养有限数量的优势，而忽视了过多拥有和运用某一优势可能产生的潜在负面影响。总之，这些担忧指出了这样一种风险，即培养出一种难以构成道德模式的畸形、不平衡和过度的品格。

第五章：乐观和情绪的自我调节

本章包括两节。第一节回顾了一些心理构念，这些构念理论上是为了促进追求目标时的坚持、韧性，以及理解和利用情绪实现目标的能力。首先回顾的构念是乐观。Seligman 及其同事将乐观定义为一种解释风格，并提出乐观主义者根据外部的、不稳定的和特定的原因来解释逆境，而悲观主义者则是进行内部的、稳定的和普遍存在的归因。初步的实证研究指出乐观的解释风格促进学业表现。Carver 和 Sheier 将乐观定义为通常相信生活中好事多于坏事的倾向。实证研究一致表明，倾向性乐观可以促进更好的健康和适应、更多方法应对压力，以及更多的幸福感。第二个回顾的构念是希望。Snyder和同事们将希望定义为这样一种倾向，其特征是有能力和意愿设定明确的目标，有可行的战略来实现目标，以及发挥所需战略直到达成目标的动机。实证研究表明，希望不是乐观倾向的冗余，并且它可以促进幸福感。第三个也是最后回顾的构念是情绪智力。Salovey和 Mayer 将情绪智力定义为理解并调节自我和他人的情绪，并利用情绪引导自身思维和行动的能力。实证研究发现，迄今为止开发的各种测量情绪智力的工具，无论是作为一种能力还是作为一种人格特质，在心理测量学上都不健全，而且一旦考虑到人格和一般智力的影响，情绪智力对幸福感的积极影响就很小。本节回顾的所有 3 个构念在积极心理学领域占据了中心地位。

第二节回顾了促进情绪自我调节的心理构念，特别是在一个人从事挑战性的工作、遇到困难并体验到消极情绪的时候。首先回顾的构念是注意控制，Derryberry 和 Reed 将其定义为允许有意识地专注于手头任务，并在不再需要时迅速将注意力从任务转移的执行功能。实证研究表明，注意控制减少焦虑、抑郁和攻击性。第二个回顾的构念是正念，是指此时此刻的觉知，避免"自动驾驶"，以及观察经验而不进行评价和反应。实证研究一致指出，正念可以促进幸福感。第三个回顾的构念是元情绪，是指以初级情绪为对象的次级情绪。Mitmansgruber 及其同事们收集的初步研究结果表明，积极的元情绪，如对自己消极的初级情绪的好奇，是幸福感的强力预测指标。第四也是最后一个回顾的构念是元认知，是指对个体自身认知和情绪过程的知识和信念。实证研究显示，非适应性元认知会滋生消极情绪和非适应性应对策略，但是适应性元认知会促进积极情绪和适应性应对策略。本节回顾的所有 4 个构念在不同程度上处于积极心理学领域的边缘位置，因此代表着该领域理论和实证发展的机会。

第六章：心流

本章主要讨论心流，它是指全身心专注于任务、认知效率提高和深层内在享受的一种状态，使人们感到自己与所从事的活动融为一体，无论是休闲、工作还是两者的结合。本章共三节。第一节回顾了将心流概念化为模型并在实证研究中进行测量的不同方式。研究者们提出了 5 种模型：心流状态的原始模型，四象模型、八分模型，专用回归模型和成分模型。每一种模型在一定程度上简化了心流理论，并将其转化为可以进行实证检验的形式。心流状态的最初模型推动了心流问卷的发展，这是测量心流普遍性的最佳方法——即一个人是否经历过由同时存在的专注、行动与意识的融合以及自我意识的丧失所定义的心流状态。四象模型、八分模型、专用回归模型是结合经验抽样法（ESM）提出的，ESM 是测量日常生活活动中主观体验各个方面水平——因此也是心流水平——的最佳方法。成分模型推动了标准化心流量表的发展，提供了心理测量学上最合理的方法来测量作为一种状态和作为一种特质的心流强度。总之，本节指出各种心流模型之间并不完全一致，因此没有一种测量方法可总领全局。

第二节回顾了旨在理解心流起源的理论和实证研究。这些分析指出心流可以看作是自我决定论框架下的一种特定过程和状态。从这个视角看，心流是由对能力的需要引起的，当一个人从事自我决定的活动时，它促进内在动机使之满足对能力的需要。心流也可以看作是源于自我的目的性，这推动所有个体——尤其是那些具有目的性人格的人——朝着不断增长的感知挑战和技能水平发展。最后，少量研究显示，虽然在不同文化中都能观察到心流，但文化塑造了人们通常体验到心流的活动类型，并且影响了心流更有可能出现的最佳挑战/能力比率。总之，本节强调还需要对目的性人格构念的定义和测量以及心流本质的跨文化差异及其前因后果进行更多的研究。

本章第三节回顾了支持以下假设的证据，即心流通过调节人才发展以及在体育、工作和学习中的表现，直接和间接地促进创造力。该证据总体上是强有力的，因为它来自一些控制良好的纵向研究。本节还回顾了支持心流促进积极情感和幸福从而促进主观幸福感这一广泛假设的证据。该证据是比较薄弱和初步的，因为大部分是使用相关研究设计来收集的，而这些设计无法解开心流的前因后果。总之，这一节强调需要使用纵向实验研究设计来调查心流的前因后果，并控制其他的解释因素。

第七章：积极关系

这是两个应用章节中的第一章，包括四节。第一节回顾了关于两个人浪漫关系的研究。研究者们提出了爱情的一些成分定义，最简单的双成分观点包括激情之爱和伴侣之爱。使用激情之爱和伴侣之爱的测量或者爱的更具体成分的测量的研究一致表明，爱与主观幸福感和心理幸福感呈正相关，但要注意：激情之爱与情感的相关更强，而伴侣之爱与幸福和生活满意度的相关更强。

第二节回顾了工作环境中关系的研究。关于是什么构成了工作幸福感的研究指出，工作投入度是工作表现的最佳预测指标。对管理行为的研究显示，组织中带领项目团队的任务是多面和复杂的。为了促进个人和团队的表现，团队领导者需要执行一系列以任务为导向和以关系为导向的行为，这些行为属于启动结构和思考的广泛且相互关联的范畴。最近关于团队成员内在工作生活的研究表明，团队领导者的关键任务是确保每个团队成员有这样一种持续的日常感知，即他们在工作中取得了有意义的进展。然而，与普遍看法相反，工作中体验到的消极情绪似乎促进而不是阻碍了创造性工作成就，只要员工在努力的过程中从高度消极情感状态转变为高度积极情感和低消极情感状态。

第三节回顾了在日常育儿、课堂教学和课外活动这些情境下，父母-儿童、教师-儿童以及儿童-其他关系等3项研究。前两个研究的灵感来自罗杰斯的"民主育儿理论"。第一个研究发现了支持罗杰斯观点的强有力证据，即民主养育培养孩子的创造潜能。第二个研究找到了支持罗杰斯另一观点的强有力证据，即民主型教学能促进儿童积极参与学习。这两个研究的发现都强调，父母-儿童和教师-儿童之间的互动对孩子们现在和未来的心理幸福感有着普遍而持久的影响。第三个研究是探索性的，并评估了以社区为基础的结构化课外活动——通常是在放学后并在家长或学校教师之外的成年人的监督下进行——在多大程度上促进了发展的（如积极的）和消极的体验。对许多想知道什么对孩子最有益的父母来说，活动排名的结果有些让人惊讶并引人深思。尤其是在所有活动中，体育运动和以青年为基础的宗教团体为发展经验提供了最好的机会，但是运动也为消极体验提供了最好的机会。这就提出了一个问题，消极体验是否完全是"消极的"，或者是在成人生活中培养坚韧的必要组成部分。

第八章：积极治疗

本章包括四节。第一节回顾了心理疾病和心理健康之间微妙而重要的区别。一方面，心理疾病的构念源自临床心理学和精神病学。对于每一个已知的疾病，它都采用二元（存在/不存在）说明，这是基于一个人所体验的疾病特定症状的总数是否超过了某个阈值。另一方面，心理健康的构念源于积极心理学。对于每一个人，它采取分级判断，将一个人感觉良好、能很好地应对日常生活问题、在工作中发挥作用以及参与社交活动的程度纳入总分。一项研究综述表明，心理疾病和心理健康是相对独立的变量；因此，人们有可能患有一种或多种心理疾病但在心理健康上得分高（"丰盛的"），也可能没有心理疾病但在心理健康上得分低（"衰弱的"）。此外，纵向研究显示，心理健康能预测心理疾病的发生，因此一个现在丰盛的个体不太可能在未来发展出心理疾病。总之，本节指出了积极心理学对理解心理疾病病因所做出的重要贡献。

第二节回顾了尝试通过品格优势干预来提升幸福的研究。为了提高每一个品格优势和美德，开发了一些看似简单的技术，并在随机临床试验中检验了其中一些技术的有效性。结果表明，品格优势干预可以有效提升幸福，但是为了获得持久的效果，需要不断反复演练。

第三节回顾了尝试在实验条件下提高积极情绪的研究。发现一些干预在有限的实验随访时间内是有效的。但是，仍然存在有限的证据表明，单次干预产生了长期、持久的影响。

本章第四节回顾了两种新颖有效的心理疗法的理论框架：正念认知疗法和元认知疗法。这些最初是在临床心理学领域发展起来的，但与治疗心理障碍的传统临床方法大相径庭。尤其是，它们强调对内在状态的接纳而不是改变，比如担忧和焦虑，不管这些状态有多么消极。同样地，这些新的心理治疗与品格优势治疗相冲突，后者本质上针对的是自我概念，目的是诱导内在状态的持久改变。这一研究表明，由于这些新的心理疗法挑战了临床心理学和积极心理学中占主导地位的干预范式，并且看起来非常有效，因此积极心理学家应该认真考虑这些新的心理治疗方法。

第九章：积极心理学的未来方向

这是最后一章。它为积极心理学的未来方向提供了一幅令人印象深刻的图景，并试图传达一种随着时间变化的领域感。科学的历史一再表明，新的和好的科学思想可能需要长达 30 年的时间才能被认可为创新。因此，任何对科学思想的"影响可能性"的判断都是不可靠的。我唯一可以肯定的是，在选择和呈现本书的材料中，我一定错过了一些最有可能由年轻且不太知名的研究人员所提出的优秀创意，并且我预料到，当我在适当的时候被证明大错特错时，我会感到内疚和羞愧。因此，最后一章谦卑地概述了 3 个科学主题，这些主题贯穿本书的 7 个实质性章节，我个人觉得很有趣且富有挑战性，值得在未来的研究和应用中不断探索。这些是本着"试穿"精神向你提出的。

测量问题

关于积极心理学构念的测量说明已经就绪。理论和测量之间存在着重要的关系。一个理论，如自我决定理论，是一组相互关联的构念和命题，系统地描述了构念之间的关系，目的在于解释和预测一组可测量的结果。一种测量方法，如一般因果定向量表，是一种仪器和技术，用于测量一个或多个理论构念以便检验由该理论做出的一些预测。因此，当研究一个理论构念时，考虑到用来挖掘它的测量方法来对其进行解释是很重要的。这意味着，例如，在思考幸福的一个理论时，人们应该问：那个理论是如何测量幸福的？

大多数积极心理学的构念使用自陈问卷进行测量。虽然对这些问卷性质的详细分析超出了本书的范围，但本书还是会尽可能提供样题，以了解这些构念是如何被操作和测量的。关于问卷的使用权，一般可以分为 3 组。第一组包括所有受版权保护的问卷：只有购买之后才可以使用，甚至也不能在期刊和书籍中发表样题。第二组包括通过向作者发送正式授权请求而获得的问卷：从作者那里获得量表后，可以将其用于所授权的用途，但是经常甚至也不能在期刊和书籍中发表样题。第三也是最后一组包括在期刊或书籍中发表的问卷，一般是作为附录：这些有时也可以从网络上获得，并且在研究和教学中免费使用。本书将会提供样题和超链接，如果可能的话，也会提供第三组修订问卷的全文。鼓励你点击这些链接，并就这些问卷实际上测量的是什么，做出你自己的判断。

推荐网络资源和拓展阅读

在进入下一章之前，邀请你参加一些自我定向活动。这部分提供了一些非常有趣且易于访问的网站和阅读材料，通过这些内容能够了解积极心理学研究和实践的广泛意义。

网站

积极心理学协会，以及相关项目和即将召开的会议信息：

■ 国际积极心理学协会，International Positive Psychology Association（IPPA）：http://www.ippanetwork.org/。

■ 全球华人积极心理学协会，Global Chinese Positive Psychology Association（GCPPA）：The Global Chinese Positive Psychology Association（GCPPA）。

■ 欧洲积极心理学协会，The European Association of Positive Psychology（EAPP）：http://www.enpp.cu/。

■ 英国积极心理学，Positive Psychology UK，展示了清晰的理论概念和实证研究评论：http://positivepsychology.org.uk/home.html。

■ 加拿大积极心理学协会，Canadian Positive Psychology Association（CPPA）：http://www.positivepsychology.com/。

事实上，每个国家都有一个积极心理学协会；为了找到你感兴趣的人，只需在搜索引擎中输入国家名字后加上"积极心理学协会"即可。

积极心理学创始人的网站及其研究中心：

■ Martin Seligman 的积极心理学中心，宾夕法尼亚大学：http://www.ppc.sas.upenn.edu/index.com。

■ Mihaly Csikszentmihalyi 的生活质量研究中心，克莱蒙研究大学：http://qlrc.cgu.edu/about.htm。

本书中提到的许多其他研究人员的信息可以通过社会心理学网站找到：http://www.socialpsychology.org/。

主要的积极心理学期刊：

■ The Journal of Positive Psychology：http://www.tandfoline.com/action.aboutThisJournal? journalCode=rpos20.

■ The Journal of Happiness Studies：http://link.springer.com/journal/10902.

如果您的图书馆无法访问文章的全文，您仍然可以浏览论文标题和摘要。

■ The Good Project at Harvard Graduate School of Education，哈佛大学教育研究生院优秀项目，其主要目标是确定个人和机构开展良好工作的范例：http://www.thegoodproject.org/。

最后，两篇有趣的专栏文章强调了积极心理学的政治和经济意义：

■ Cohen（2011）的《生活的快乐经济学》（*The happynomics of life*）：http://www.nytimes.com/2011/03/13/opinion/13cohen.html。

■ Easterly（2011）的《幸福之战》（*The happiness wars*）：http://www.thelancet. com/journals/lancet/articale/PIIS0140-6736％2811％2960587-4/fulltext。

阅读材料

■ Seligman 和 Csikszentmihalyi（2000）的宣言，提供了积极心理学的基本原则。
■ Linley 及其同事们（2006）关于主题状态的令人振奋的更新。

本书假定读者对心理学研究过程的本质有一定的了解，并且对阅读研究论文比较熟悉。如果这些术语，诸如"纵向研究"或"相关系数"，您听起来很神秘，那么您可以从查阅统计学和研究方法的本科教材中获益。这样的好书有很多，我最喜欢的是 Stangor（2011）的。

第二章

积极情绪和幸福感

当彼此认识的人平时在街上、在公交车上或者上班时初次遇到时,他们会用诸如"今天怎么样""你感觉如何"或者"你好吗"之类的表达来互相问候。这种社交仪式强调了不同文化背景下的人类对此时此地积极情绪的重视。这种稳定的积极性的关键指标是**幸福**,它是享乐取向主观幸福感的关键问题。当人们支持一个面临挑战的朋友时,比如即将到来的考试或工作面试,他们会用诸如"祝你好运""大获全胜"或者"我来,我见,我征服"(*veni*, *vidi*, *vici*)等表达。这种仪式强调了所有文化在面临挑战时对准备、适应和韧性的重视。这种动态的积极性的关键指标是**最佳功能**,它是实现取向心理幸福感的关键问题。

情绪在享乐取向和实现取向的幸福感中都扮演重要角色,虽然两者对待情绪的方式不同。享乐取向和实现取向已经创建了幸福感的定义模型,规范性地说明了什么对人类"更好"。因此,情绪、享乐幸福感模型和实现幸福感模型构成了积极心理学的核心构念。本章阐述了这些构念,因此是整本书的基础。之后的每一章将以两种不同的方式谈到这里呈现的概念。首先,每一章将回顾那些确定了本章中定义的享乐幸福感和实现幸福感的前因的研究。其次,每一章将回顾那些确定了幸福感各方面前因的研究,而这些前因尚未包括在幸福感的享乐和实现模型中——也许永远不会包括在内。不论哪种情况,理解幸福感的享乐和实现定义模型对于理解积极心理学领域中的任何研究工作和应用都是至关重要的。

本章的第一节回顾了迄今为止心理学家对积极和消极情绪、它们的功能、起源和结果的了解。第二节回顾了幸福的跨文化研究。第三节分析了情绪和幸福在享乐取向主观幸福感中相结合的具体方式,在实现取向心理幸福感中情绪与其他心理构念结合的具体方式,以及主观幸福感测量和心理幸福感测量之间的关系。最后一节概述了有待讨论的问题、持续的争议以及未来的研究方向。

消极和积极情绪

情绪、感觉和心境

情绪是对环境(如,突然出现的捕食者)和内部(如,突然感觉疲劳)刺激的瞬间反应。

有多少种情绪呢？英语辞典中收录了大约 600 个描述不同情绪的词语（Averill，1997）。毫不奇怪，许多心理学家努力将情绪的数量减少到一小组不同的**初级**情绪，通过结合两种或更多的初级情绪可以形成各种**次级**情绪（如：Ekman，1992；Izard，1977；Matsumoto，1991；Plutchik，1980；Russell，1997；Shaver，Schwartz，Kirson，& O'Connor，1987）。每一位研究者都提出了一种稍微不同的初级情绪分类，但观点的一致性相当强。因此，我们可以集中在一个分类上来说明核心概念。

Plutchik(1980)假定存在 8 种初级的两极情绪：快乐与悲伤、接受与厌恶、恐惧与愤怒、惊讶与期待。Ganies(1998)给每一种情绪提供了精确的定义：

> 快乐是一种以建立或获得依恋为特征的积极的、短暂的情绪，而悲伤是一种以依恋的衰退或丧失为特征的消极的、短暂的情绪。接受是一种积极的、短暂的情绪，其特征是将对他人心理幸福感的关注融入自身，而厌恶则是一种消极的、短暂的情绪，其特征是拒绝关心他人的心理健康。恐惧是一种以避免可能引发痛苦的刺激为特征的消极的、短暂的情绪，而愤怒是一种以接近可能引发痛苦的刺激为特征的消极的、短暂的情绪。最后，惊讶是一种以接近新刺激为特征的积极的或消极的、短暂的情绪，而期待是一种以接近熟悉刺激为特征的积极的、短暂的情绪。

（Gaines，1998，p.509）

Plutchik(1980；Conte & Plutchik，1981)将 8 种初级情绪组合成一个**环状模型**，代表离散的情绪，就像是旋转的传统手表上的小时。图 2-1 以简化的形式展示了 Plutchik 的模型。相似的情绪是相邻的，因此快乐更接近期待而不是愤怒。次级情绪是两种或更多初级情绪结合而成的，例如，快乐和期待的组合产生了乐观的次级情绪，期待和愤怒的组合产生了攻击的次级情绪。将一对情绪的相反两极组合起来也可能会产生次级情绪，

图 2-1 Plutchik 的初级情绪和由相邻初级情绪配对而成的次级情绪的环状模型

资料来源：改编自 Conte & Plutchik，1981。

例如,当一名运动员赢得了比赛(这会产生喜悦),同时决定退役(这将产生悲伤)。最后,每一种情绪在强度上有所不同,这在环状模型中表示为第三个垂直维度。

所有的情绪理论都支持进化观(如:Anderson & Guerrero, 1998;Berscheid, 1983;Buss,2000;Plutchik,1997),并假定不同的情绪服务于不同的生理和社会功能。例如,快乐使个体倾向于发挥想法,并作为欢迎友好互动的信号;悲伤使个体准备获得更现实的观点,并作为吸引他人帮助的信号;愤怒让人通过攻击调动资源来实现自己的目标,并向其他人发出攻击即将来临的信号,希望他们不战而退。因此,每一种初级情绪能够促进个人及其群体的生存。

消极情绪总是"消极的",积极情绪总是"积极的"吗?从进化的角度来看,如果在适当的情境和适当的强度下体验,任何情绪都是"积极的",而如果是在不恰当的情境或不恰当的强度下体验,则是"消极的"。例如,如果你在野外遇到一只饥饿的老虎并体验到强烈的快乐——这向老虎表明你很乐意进行友好互动——那么你的预期寿命将会大大缩短。为了生存,如果你体验到令人麻痹的恐惧那样会更好:老虎可能会和你玩一会儿然后离开,因为它发现你非常无聊。因此,从进化的角度看,情绪是积极的还是消极的,只与它们对生存的影响有关。

人们是否意识到积极情绪并不总是积极的,消极情绪也并不总是消极的? Berscheid(1983)发现,当人们认为一种情绪有助于他们实现目标时,他们就会将其标记为"积极的",而当人们认为一种情绪阻碍了他们实现目标,他们将其标记为"消极的"。因此,情绪的进化观与人们对自身情绪好坏的表征之间存在着实质性的一致。

然而,除了个人利益之外,情绪的积极性或消极性也应该通过观察个体所在群体的利益,并最终考虑共同利益来进行评估。基于 Wright(2000)关于人类努力的全球经济学的研究,Seligman(2002)提出了情绪的经济学解释,认为社会互动的整体效用是基于互动主体的情绪和博弈论概念框架的**游戏**。他认为,一方面,消极情绪让个体为**零和游戏**做好准备,在该游戏中总会有一个赢家和一个输家。这类游戏的整体效用等于赢家的收益减去输家的损失,两者相互抵消,使整个游戏产生**零效用**。另一方面,积极情绪让个体为**双赢游戏**做好准备,在该游戏中双方都是赢家。这类游戏的总效用等于双方赢家收益的总和,从而使整个游戏产生了积极的效用。例如,两家公司争夺有限的客户市场,要么以牺牲竞争对手为代价来达成征服该市场份额的目标,要么以扩大和区分现有客户市场的方式展开合作,以便两家公司最终都获得更大的市场份额。第一种情况代表了消极情绪激发的零和收益,而第二种情况代表了积极情绪激发的双赢游戏。

通过观察生理指标可以检测和测量情绪,例如心率、血压和皮质醇水平。然而,无论它们在生理上多么真实,并非所有的情绪都能越过意识的门槛。例如,一个人可能会感到放松,即使一些生理指标表明并非如此;在这方面,**生物反馈**——该技术包括向客户展示他们生理指标的实时监测,并使用监测作为指导来让他们放松,可以用来调整感知和生理指标,希望用户能学会如何随心所欲地在生理上放松。这意味着当研究者要求参与者在数值量表上报告他们的快乐、悲伤、焦虑或愤怒情绪的强度时,他们是在研究**感觉**、**感觉状态**或者**情绪体验**(Frijda,2009),而不是情绪。感觉是对那些通过意识门槛的情绪的感知。

有时,研究者们使用问卷来研究**心境**,这是比明显和短暂的感觉更普遍更持久的感受。Batson(1990)认为,心境是一种复杂的情感状态,同时包含了当前的情绪以及对这些情绪未来发展的**期望**。根据这一定义,心境的变化表示"自己对未来事物的总体情感基调的感知的微调"(Batson,1990,p.103)。

积极和消极情感

Wyer、Clore 和 Isbell(1999)将情感定义为一个通用术语,表示"一个人在特定时间点所经历的积极或消极效价的主观反应"(p.3)。根据这一定义,情感可以看作是感觉和心境的保护伞,并且根据 Batson(1990)的说法,这是情绪研究中使用的最普遍和最原始的构念,其主要功能是为个人提供关于自己情绪"事态"的信息。因为积极情感包含对积极情绪的感知,如快乐、爱和满足,消极情感包含对消极情绪的感知,如恐惧、愤怒和悲伤(Baumeister & Bushman,2013),所以情感的建构是以情绪理论为基础的。

积极情感和消极情感最初被认为是相对独立的构念,并用图形表示为两个**正交维度**,就像笛卡儿空间的两个轴(Watson & Tellegen,1985)。其他研究者提出用另外两个正交维度来表示情感:**愉悦**或**效价**(从不高兴到高兴)和**激活**或**唤醒**(从未唤醒到唤醒)(如 Diener,Smith,& Fujita,1995;Larsen & Diener,1992)。Russell 和 Carroll(1999)提出了图 2-2 中所示的环状模型,调和了关于情感维度的两种观点。这一模型以愉悦为横轴,以激活为纵轴,将八种情绪定位在一个二维空间中。两种情绪越相似,它们在空间上越接近。该模型表明,感到快乐和感到满足同等令人愉快,并且这两种感觉都比感到不满意或感到悲伤要愉快得多。这个模型还显示,感到心烦和感到高兴同等令人振奋,这两种感觉都比感到沮丧或感到平静要振奋得多。最后,模型表明,如果将愉悦和激活这两个轴

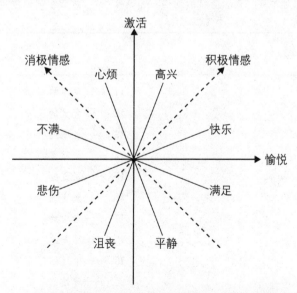

图 2-2 积极和消极情绪的环状模型表明,情绪可以根据愉悦(横轴)和激活(纵轴),也可以根据积极情感和消极情感进行分类,这是通过将原始轴顺时针旋转 45°后得到的

资料来源:改编自 Russell & Carroll,1999。

顺时针旋转 45°（保持它们相互正交），则可以根据旋转后的轴与八种情绪之间的关系，对它们重新进行解释并标记为"积极情感"和"消极情感"。旋转后，高兴和快乐是高水平积极情感的指标，而悲伤和沮丧是低水平积极情感的指标；同样地，不满和心烦是高水平消极情感的指标，而平静和满足是低水平消极情感的指标。虽然旋转前和旋转后的情绪表征是等价的，但是研究者通常在他们的研究中使用积极情感和消极情感的维度作为参考来对情绪进行分类和解释。

环状模型将积极情感和消极情感表示为相互独立的、不相关的变量。这反过来意味着，通过了解你当前的积极情感水平，无法预测你当前的消极情感水平，反之亦然。也就是说，在任何时候，积极情感和消极情感的 4 种可能的组合（低—低、高—高、低—高、高—低）都是等概率的。这是违反直觉的：如果一个人感到快乐或兴奋，是否也会感到悲伤或沮丧，如果是的话，这种可能性有多大？ Russel 和 Carol（1999）指出，虽然在某些情况下可能处于高—高或低—低的状态，但当控制了测量伪差时，一般趋势是处于高—低或低—高的状态："人是微笑和眼泪之间的钟摆吗？ 显然如此"（p.25）。

但是，研究者们通常通过让参与者在一段时间内反复提供瞬间积极和消极情感的测量值来研究情感，然后计算积极和消极情感的个人得分作为整个重复观察的平均值。积极情感的均值和消极情感的均值——通常被称为**特质积极情感**和**特质消极情感**——往往是不相关的，当平均值经过多次重复计算时（如：Diener & Emmons，1984）。在这个特定意义上，有理由说特质积极情感和特质消极情感彼此是相对独立的。

积极情感和消极情感可以使用表 2-1 所示的《积极和消极情感量表》（PANAS；Watson, Clark, & Tellegen, 1988；http://www.authentichappiness.sas.upenn.edu/

表 2-1　积极和消极情感量表（PANAS）

该量表包括许多描述不同感觉和情绪的词语。阅读每一项，然后在词语旁边的空白处标出合适的答案。表明在多大程度上——（参见注释）。

1 非常轻微或无	2 一点	3 中等	4 很多	5 非常多

1. ——感兴趣的	11. ——急躁的
2. ——痛苦的	12. ——警觉的 *
3. ——兴奋的	13. ——羞耻的 *
4. ——心烦的 *	14. ——受鼓舞的 *
5. ——坚强的	15. ——紧张的 *
6. ——内疚的	16. ——坚定的 *
7. ——恐惧的	17. ——专心的 *
8. ——敌意的 *	18. ——不安的
9. ——热情的	19. ——活跃的 *
10. ——自豪的	20. ——害怕的 *

注释：在空白处插入合适的时间指导语，例如"你现在是这样感觉的，即在当前这一刻""在过去的一周里你有这样的感觉"。将所有奇数项相加计算积极情感分数，将所有偶数项相加计算消极情感分数。

＊条目选自《国际积极和消极情感量表（简版）》（I-PANAS-SF）（Thompson，2007）

资料来源：改编自 Watson et al.，1988.

questionnaires.aspx），或者《国际积极和消极情感量表（简版）》（I - PANAS - SF；Thompson，2007）有效和可靠地进行测量，该量表是从原始量表发展而来的，排除了一些多余的项目，并选择了在跨文化中更稳定的心理测量特征的条目（如，这些条目对于来自不同文化的人们更有可能具有相同的含义）。PANAS 可以在各种研究情境中灵活使用，只需要在表 2 - 1 的空白处写上合适的时间指导语，比如"你现在是这样感觉的，即在当前这一刻""在过去的一周里你有这样的感觉""你通常会有这样的感觉，即一般来说你感觉怎么样"。表 2 - 1 中的星号表示 I - PANAS - SF 中包含的 10 个条目的子集。I - PANAS - SF 使用不同的指导语："想想你自己以及你平时的感受，你通常到什么程度会感觉到。"此外，I - PANAS - SF 要求受访者对每个条目根据从 1（从不）到 5（总是）的 5 点量表进行评分。尽管条目数量、指导语和反应尺度有所不同，I - PANAS - SF 量表得分与原始 PANAS 量表得分的相关很强，因此这两种量表提供了对积极情感和消极情感几乎同等的评估。

情感的起源和结果

积极和消极情感的起源是什么？当然，日常生活中发生的好事和坏事会引起情感的瞬间变化。然而，特质情感（即，许多情况下的普通情感）与人格特质密切相关。尤其是，当控制了测量误差，特质积极情感和**外倾性**特质之间的相关高达 0.8，而特质消极情感和**神经质**这一特质几乎没有区别，因此特质消极情感和神经质可以看作是几乎相同的变量（Diener & Lucas，1999）。此外，关于双胞胎和兄弟姐妹的研究显示，特质情感的遗传可能性很高：特质积极情感为 40%，特质消极情感为 55%，而共同的家庭环境分别只占 22% 和 2%（Lykken & Tellegen，1996）。因此，特质积极情感和特质消极情感看起来相当稳定，因而只能通过主动控制想法以及与环境的互动在有限的程度上改变。

因此，我们是否因为遗传的影响，通过人格特质的调节而注定要限制在固定的积极和消极情绪的整体水平上？一些研究表明，我们并非如此。例如，David 及其同事（1997）对 96 名 35—55 岁美国男性参与者同时调查了外倾性、神经质和日常事件对日常积极情感和消极情感水平的影响，他们连续 8 天提供关于情感和日常事件的每日自我报告。积极情感和消极情感的日常值在两个不同的回归模型中作为标准变量。在积极情感的模型中，外倾性占总方差的 2%，神经质占 2%，日常事件占 7%，其余 89% 的总方差仍无法解释。在消极情感的模型中，外倾性在总方差中的占比几乎为 0%，神经质占 11%，日常事件占 11%，其余 78% 的总方差尚不清楚。总体上，日常情感似乎更多是受到事件影响而不是人格。也许最有趣的发现是，日常积极情感和消极情感中大约 40% 的差异是由"虚拟"变量解释的，这个变量仅表示每个参与者的身份：这个"参与者向量"代表了未知的个体差异成分，而这些成分还没有被外倾性和神经质捕捉到。因此，这项研究结果表明，个体变量（除了外倾性和神经质）和情境变量（除了日常事件）可能在塑造日常情感中发挥着相关作用。

Carver 和 Scheier（1981，1990，2000）的**巡航控制模型**认为，人们只有对最终成功的期望足够积极时才会继续努力实现目标。在这种情况下，如果人们觉得他们朝着目标的进展足够快，他们将会体验到积极情感；否则，如果人们认为他们朝着目标的进展太慢，他们将会体验到消极情感。反过来,情感是调节努力和目标设定的信号。尤其是,如果人们体验到积极情感,他们将减少努力("滑行"),并可能开始寻找和追求其他的目标。相反,如果人们体验到消极情感,他们会增加对最初目标的努力,但如果努力没有回报,最终将会连这个目标一起放弃。例如,如果一个学生认为在准备一个特定考试上取得了良好进展,他将会体验到积极情感,减少为该考试所做的努力,并(理想地)开始准备另一个考试。另一方面,如果一个学生认为在准备考试上没有进展或者进展不足,他将会体验到消极情感,并增加对该考试的学习力度,但如果额外的努力没有得到回报,可能会(遗憾地)放弃。总之,巡航控制模型认为情感是有机体用来评估和修正目标导向行为的信号。

积极情绪的拓展和建构理论

积极情绪只擅长减少努力并将注意力转移到新目标上吗? 积极情绪的**拓展和建构理论**(Fredrickson,1998,2001)认为,积极情绪对认知、适应和健康有着惊人的深远影响。这一理论整合并扩展了情绪的先验概念。一方面,该理论承认消极情绪的进化好处,因为它们将我们的思维-行动指令库缩小到在进化过程中被选中的那些,而这些最有利于我们祖先在危及生命的情况下生存下来。另一方面,该理论强调积极情绪给个人和群体带来的进化好处,而这些好处以前一直被忽视。尤其是,即使人们的行动看起来只是为了让自己感觉良好,但这样做的潜在动机具有深刻的进化根源:通过追求能激发积极情绪的活动,我们积累了能提高生存和繁殖概率的资源。这个理论有 3 个主要假设。

第一个假设是**拓展假设**,关注积极和消极情绪如何影响注意过程:消极情绪限制认知和行为,积极情绪拓展思想和行动指令库,并鼓励竞争和探索,从而产生创造。积极情感和消极情感被认为对特定情绪和行为有截然不同的影响。一方面,该理论认为消极情感是特定消极情绪的催化剂,反过来会促进狭窄的和以目标为中心的行动倾向。例如,消极情感可能会滋生恐惧情绪,这反过来会促进逃避行为序列;或者滋生厌恶情绪,这反过来会促进驱逐行为序列。另一方面,该理论认为积极情感是特定积极情绪的催化剂,反过来会促进广泛的和探索性的行动倾向。例如,积极情感可能会培养快乐情绪,这反过来会促使人们思考问题,突破极限,并发挥创造力;或者激发兴趣,这反过来会推动人们寻找新信息和学习。

第二个假设是**建构假设**,认为虽然积极情绪是短暂的,但是可以通过提高认知、生理、心理和社会资源来产生持久的影响。认知资源包括学习新的信息和发展问题解决技能。心理资源包括发展出强烈的认同感、目标导向以及面对生活挑战时的韧性。生理资源包括开发力量、协调性和心血管健康。社会资源包括强化现有联系并发展新的联系。

第三个假设是**抵消假设**,认为积极情绪纠正或抵消了消极情绪对身心健康的有害影响。因此,这个假设实际上是由两个联合假设构成的。第一个假设是,消极情感与特定消极结果之间存在联系;例如,学生对即将到来的考试越感到焦虑,在考试中他们的心跳就越快。第二个假设是,积极情感缓和(缓冲)了消极情感对那个结果的影响。例如,如果学生除了对即将到来的考试感到焦虑之外,还认为考试是一项积极而有趣的挑战,那么他们在考试期间的心跳就不会像没有积极情感那样高。

这三个假设都得到了验证。拓展假设第一个在实验环境中进行了检验。例如,一个实验测量了参与者的基线情感水平,然后要求他们对几何图形进行分类,发现积极情感更多的人在解决任务时更有可能利用图形的整体属性(Gasper & Clore,2002,实验2)。整体和局部属性之间的差异可以用人脸来最好的定义。例如,对一张脸的图片可以进行整体加工,通过观察诸如对称性、长/宽比等广泛特征,或者进行局部加工,通过零碎的观察嘴唇颜色、鼻子形状之类的狭窄特征。无论显示的图形是什么,当人们体验到积极情绪时,他们会更关注其广泛特征。因此,积极情绪似乎促进了人们对森林的关注,而消极情绪似乎促使人们关注树木。

这个假设还在现实生活情境中使用纵向研究设计进行了验证。例如,一项研究(Fredrickson & Joiner,2002)对138名美国大学生分别在间隔五周的两个不同场合下,测量了情感和**认知分析**——这是一种需要拓展认知的应对策略(例如,"思考处理这个问题的不同方法"或"试着从这个情况中退后一步并变得更加客观")。回归分析显示,时间1积极情感(但不是时间1消极情感)预测了更多的时间2认知分析,而时间1认知分析预测了更多的时间2积极情感(但它没有预测时间2的消极情感)。因此,在日常生活中,积极情感和拓展的认知之间似乎存在互惠的因果关系。在另一项研究中,使用日结日记(end-of-day diary)测量了来自7家公司的222名员工在工作时的情感和创造力(Amabile et al.,2005)。时滞分析显示,任何一天的积极情感预测了当天和接下来两天的创造力。此外,对工作日的开放式描述的定性分析认为,任何一天的创造性成就预测了第二天的积极情感。因此,工作中的积极情感和创造力似乎存在互惠的因果关系。我们将在第七章(内在工作生活,进步定律,积极团队领导)中进一步探究工作中情感和创造力之间的关系,并思考消极情绪所发挥的作用(情感-创造力枷锁中缺失的螺栓:消极情绪)。总之,对拓展假设的所有支持都是强有力的。

由于建构假设宣称积极情绪的长期影响,因此它只能在纵向研究中进行检验。例如,一项针对86名大学生的研究,测量了他们在连续30天里的日常情感,以及该月初和月底时的**生活满意度**(例如,"到目前为止,我已经得到了生活中想要的重要东西")和**自我韧性**(例如,"我能很快从震惊中恢复过来")(Cohn et al.,2009)。回归分析显示,平均积极情感预测了从月初到月底生活满意度和自我韧性的提高,而平均消极情绪不是预测指标。本研究和其他研究(如:Fredrickson et al.,2008)对建构效果持续时间相对较短的假设有限地提供了初步支持。

抵消假设首先在实验中对消极情绪的生理影响进行了验证(Fredrickson & Levenson,1998;Eredrickson et al.,2000;Tugade & Fredrickson,2004)。有所不同,这些实验使用了一个有时间压力的演讲准备任务,来引发消极情绪并增强心血管反应,然后随机将参与者分为四组,观看一部被设计成能引起满足、欢乐、悲伤或中立情绪的电影。与抵消假设相一致,相较那些观看能引起悲伤或中立情绪电影的参与者们,那些观看能引起满足或欢乐情绪电影的参与者们心血管恢复得更快。

抵消假设也在现实生活环境中使用纵向研究设计进行了验证。例如,对60名工人进行经验抽样调查,连续两周在每个工作日每天4次测量工作中的积极情感和消极情感,以及在随访结束时的工作满意度。与抵消假设相一致,该研究发现:(一)两周研究的平均消极情感和研究结束时的工作满意度之间是负相关;(二)平均积极情感缓和了这种联系

(Dimotakis，Scott，& Koopman，2011)。这些发现与积极情感缓冲消极情感对行为的有害影响这一主张是一致的。

　　总之，积极情绪的拓展和建构理论得到了大量的实证支持。尤其是许多研究一致支持拓展假设，因此很可靠。建构假设虽然得到了初步支持，但还需要更多更长随访时间的检验。最后，虽然抵消假设得到了相当好的支持，但目前缺乏一个令人信服的原理——简单地说，抵消过程是有效的，但原因尚不清楚。例如，对于抵消效果一个看似合理的解释是，当同时体验到积极情感和消极情感时，它将增强对消极情感的评价，因此一个人会更倾向于将消极情绪看作这样一个信号：虽然存在问题，但如果处理得当，问题是可以解决的。该解释以及其他似是而非的解释应该在抵消假设的未来研究中进行验证。在这一点上，第七章将会回顾一些构念，如正念和积极元情绪，这些构念表示处理消极情绪的适应性方法，从而减少其有害后果。

情感的双重本质：进展的信号和原因

　　虽然 Carver 和 Scheier(1981,1990,2000)的巡航控制模型以及 Fredrickson(1998,2001)的拓展和建构理论强调了情感在认知和行为自我调节中的重要性，但两种理论在假设因果联系的方向性上有所不同。一方面，巡航控制模型将情感仅仅视为目标进展的指标；因此，进展是原因而情感是它的一个结果。另一方面，扩展和建构理论将情感看作目标进展的诱因，因此情感是原因，而进展是它的一个结果。哪种理论最符合已有的实证证据呢？按理说，现在下结论还为时过早，并且有可能这两种理论同时成立：情感可能既是原因，也是进展的一个结果。

　　最近一项研究强调了确定情感只是进展指标还是同时是进展原因的实践重要性。Rogaten、Moneta 和 Spada(出版中)假设大学生学习时的积极情感与学习成绩呈正相关，而学习中的消极情感与学习成绩呈负相关。来自伦敦一所大学的 406 名大学生样本完成了 PANAS - SF(Thompson，2007)，并且他们的学期末成绩和上学期的成绩都记录在他们所修的所有课程中。回归分析表明，积极情感预测了更好的考试成绩、更好的课堂作业成绩和更好的 GPA(平均学分绩点)，而消极情感预测了更差的考试成绩和更差的 GPA。这些联系是在统计上控制了学生的评价焦虑、学习方法和上学期的学习成绩后得出的。因为回归分析控制了过去的学习成绩，所以这一发现排除了另一种假设，即表现优异的学生喜欢学习，而表现不佳的学生不喜欢。因此，学生越享受他们的学习活动，他们的成绩就会越好。

　　然而，学生的快乐仅仅是表明学习进展程度的信号吗？还是除此之外，它还会影响成绩？这些不同的解释对干预有什么影响？一方面，仅根据 Carver 和 Scheier(1981,1990,2000)的巡航控制模型，人们应该把情感用作警告信号，并将干预集中在通过传统教育实践促进学习，例如开展组织良好的讲座并提供现实生活例子。另一方面，基于 Fredrickson(1998,2001)的拓展和建构理论，人们应该将情感同时用作警告信号和干预目标，通过不那么传统的教育实践，比如给学生灌输热情，并在智力上挑战他们。总之，情感看起来对学生的学习成绩很重要，但是还需要更复杂的研究来了解学习中的情感是否可以被操控，以及可以在多大程度上进行操控，从而提高学生的学习成绩。

积极与消极情绪之比

Fredrickson 和 Losada(2005)扩展了拓展和建构理论,试图解释人类的**丰盛**和**衰弱**。Keyes(2002)之前提出了这样的观点,心理健康坐落在丰盛和衰弱的连续体上。丰盛不仅仅是没有心理疾病,还包括繁衍、成长和韧性。衰弱表示繁衍、成长和韧性的缺乏,但并不一定意味着存在心理疾病。丰盛者与衰弱者之间的主要区别在于,前者描述他们的生活是"充实的",而后者的描述是"空虚的"。与丰盛者相比,衰弱者往往在他们的日常生活中体验到更多的痛苦和阻碍(Keyes,2002)。第八章(心理疾病和心理健康)将会更深入的关注心理健康连续体构念的操作化及其与精神病理学的关系。

Fredrickson 和 Losada(2005)采用了积极和消极情感的非线性动态模型来解释导致丰盛和衰弱的独立过程。非线性动态系统具有混沌行为,倾向于在快速变化的环境中迅速反应和适应。Fredrickson 和 Losada 认为,由于积极情感拓展了思维-行动指令库,而消极情感限制了它们,因此积极情感使个体变得更加混沌从而难以预测。反过来,不可预测性支持对动荡和危机的灵活适应,导致更大的弹性。根据这些假设,他们用非线性动力模型来估算日常生活中积极与消极情感的平均比例(**临界正性比**),这一比例将朝向丰盛和衰弱的轨迹划分为稳定状态。他们得出结论,2.9 的临界正性比将丰盛和衰弱划分开来。这意味着,对于更高的比例,人们的发展轨迹朝向作为一种吸引子状态的丰盛,而对于更低的比例,人们的发展轨迹朝向作为一种吸引子状态的衰弱。最后,他们对美国中西部一所大学共计 188 名大学生的两个样本进行了测试。首先使用 Keyes(2002)的标准将参与者分为丰盛和非丰盛,然后连续 28 天完成积极和消极情感的每日结束测量。在两个样本中,丰盛个体的正性比分别是 3.2 和 3.4,而非丰盛个体的正性比分别是 2.3 和 2.1。总的来说,在日常生活中,丰盛的心理健康似乎至少需要 3∶1 的积极与消极情绪之比。

情绪的跨文化差异

情绪是普遍的吗? 更准确地说,情绪的结构和功能在所有文化中是相同的吗? 一方面,环状模型(如图 2-1 所示)中呈现的感觉(即体验到和报告的情绪)结构在来自各种文化的许多样本中看起来是相同的(如:Russell, Lewicka, & Niit, 1989)。另一方面,感觉的联系似乎因文化而不同。特别是,亚洲人的积极感觉似乎没有西方人那么"积极"(如:Leu, Wang, & Koo, 2011)。因此,积极情绪的功能可能在各种文化中有所不同,而这种差异对积极心理学的理论发展和应用具有启发意义。

文化差异的一个更基础的来源涉及瞬间体验同时出现的积极和消极情绪。Bagozzi、Wong 和 Yi(1999)指出,西方文化把积极和消极情绪看作是对立的,而这在很大程度上解释了为什么在西方样本中,积极情绪和消极情绪的瞬时测量是负相关的。更准确地说,由于西方人认为"如果我快乐,我就不可能悲伤"和"如果我悲伤,我就不可能快乐",他们往往根据自己的信念对"快乐"和"悲伤"条目进行评分。相反,东方文化坚持辩证的观点,如积极和消极情绪是互补的,而不是矛盾的。因此,Bagozzi 及其同事假设,对亚洲人来说,任何时候的积极情绪和消极情绪之间的(负)相关都没有西方人那么强烈。大量实证研究支持这一假设。尤其是,Schimmack、Oishi 和 Diener(2002)对来自 38 个国家共计 5 886

名大学生的复合样本测量了情感，发现积极情感和消极情感之间的相关从 -0.49（埃及）到 0.09（中国香港）。一般来说，西方的相关比东方（例如，中国香港地区 0.09，日本 0.07，和泰国 0.03）更偏负值（例如，澳大利亚 -0.37，美国 -0.36，德国 -0.31）。此外，西方-东方维度并没有完全解释相关的排名，这表明，其他更具体的文化因素影响着积极和消极情绪的同时出现和报告。

情绪对幸福感的影响，以及在瞬间体验中积极和消极情绪的相容性上所发现的跨文化差异，基本上意味着情绪对不同文化的成员作用有所不同。关键意义在于，几乎每一项在本书中看到的关于积极和消极情绪前因后果的研究结论都应该持怀疑态度来阅读：这一发现是否可能只是针对某一组文化，甚至仅仅是一种文化？

情感和情绪复杂性

虽然在参与者样本的总体水平上，积极情感和消极情感解释了很大一部分的感觉差异，但是我们有理由问，这两个维度是否足以解释这些样本中所有个体的情绪复杂性。换言之，在情绪复杂性上是否有显著的个体差异？更复杂和更有辨别性的个体是否可能拥有两个以上的情感维度？

Larsen 和 Cutler（1996）在一个共 43 名美国大学生的样本中提出了这些问题。参与者连续 8 周每天 3 次提供对 21 种心境形容词的评分。研究者对样本中每个参与者提供的数据进行了独立的**探索性因素分析**（一组多元统计技术，能够确定多题项问卷中独立项目组的数量，并识别项目组，使它们具有最大的组内相关性和最小的组间相关性），得到了两个有些冲突的发现。一方面，如果将提取因子的数量限制在 2 个，参与者的解释方差范围是 31%—60%，并且心境形容词在 2 个因素中的分组支持对整个样本的积极情感和消极情感的解释。另一方面，如果对每个参与者提取因子直到可以解释 50% 的方差，则参与者中所提取的因子数量为 2—5 个。因此，在情绪复杂性上有显著的个体差异；因而将感觉分成积极情感和消极情感的广义分类适用于普通个体，但这种分类对情绪复杂的个体来说太生硬了。

最后，虽然积极情感和消极情感是对普通个体的感觉的充分概括，但是我们将在下一章看到，相较于积极情感和消极情感这样广泛的维度，不同的感觉有时与相关心理现象更直接和紧密地联系在一起。尤其是，我们将在第三章（内部动机、外部动机和自我决定）中看到，活动的**乐趣**和对活动的**兴趣**是与**内部动机**特别相关的情绪，这是一种为了活动本身而追求活动的动机，并且可以说，在预测活动创造性产出的所有积极情绪中，它们是最好的。

情绪在积极心理学中的作用

最后，重要的是，要认识到情绪研究是心理学发展最快的领域之一，也是研究人员之间观点会产生很大差异的领域之一。Izard（2011）对 34 名情绪研究领域的科学家进行了一项调查，询问他们关于情绪结构及其功能的开放式问题。对回答的定性分析确定了以下共同主题：

情绪由神经回路(至少部分是专用的)、反应系统以及一种能激发和组织认知与行为的感觉状态/过程组成。情绪还为体验到它的人提供信息,并可能包括前期的认知评价和持续认知,包括对其感觉状态、表达或社会交流信号的解释,并且可能激发趋近或回避行为,对反应进行控制/调节,以及本质上是社会的或关系的。

(Izard,2011,p.367)

从这些陈述可以看出,情绪是本书涵盖的几乎所有心理现象的基础和促成因素。一致地,情绪在本书的每一章都将发挥相关作用。

幸福和生活满意度

幸福的感觉和幸福

你快乐吗? 你的邻居快乐吗? 回答这些问题最简单的方法是做一道双极题目。

悲伤	1	2	3	4	5	6	7	快乐

但是这道题也存在歧义:题目指的是此时此刻的感觉,还是指对自己整体生活的感受,对此并不清楚。在第一种意义上,该题目测量了一种感觉,而在第二种意义上测量的是对自己过去、现在以及可能的未来前景的感觉和评价的混合物。第二种意义就是人们和心理学家通常所说的"幸福"。研究比较了关于幸福的"狭义"(如:你现在有多快乐?你有了新车有多开心?)和"广义"(如:你的人生有多快乐?)问题,表明人们通过检索和评估实际经验来形成狭义问题的答案,而通过检索对他们来说既重要又符合他们认同感的经验来回答广义的问题。对幸福的研究主要使用广义问题来测量幸福。

测量幸福

研究者们开发了几种问卷来测量幸福。我们将考虑在研究和实践中最常用的 4 种。历史上的第一份问卷是《快乐-糟糕量表》(D - T 量表;Andrews & Withey,1976),由下列单个题目组成:

你对自己的整体生活感觉如何?

糟糕的	1	2	3	4	5	6	7	快乐的

这个量表的优势是简单。它的缺点是不能评估其**内部一致性**(即一个量表的不同题目在多大程度上测量了相同的构念),因为它只有一个题目。然而,它与后面提出的那些较长的量表之间具有相当好的相关性,因此具有很好的聚合效度。

幸福的一个近似变体——生活满意度——可以用《生活满意度量表》(SWLS;Diener et al. 1985;http://internal.psychology.iilinois.edu/~ediener/SWLS.html)有效可靠地测量。该量表包括 5 项陈述,要求受访者根据 7 点量表评分,从 1(强烈不同意)到 7(强烈同意)，中立点是 4(不同意也不反对)。前三项陈述和 D-T 量表的单个题目相似，因为它们是关于自己生活的广泛的、整体的陈述(如："我很满意我的生活")。后两项陈述有所不同，因为它们要求评价过去的生活(如："到目前为止，我已经得到了生活中想要的重要东西")。

幸福可以用《主观幸福感量表》(SHS；Lyubomirsky & Lepper，1999；http://www.ppc.sas.upenn.edu/ppquestionnaire.htm)有效可靠地测量。该量表包括 4 项陈述，要求受访者按照 7 点量表评分，以 1 和 7 为锚点，它们的含义根据陈述而有所不同。第一项是关于个人生活的广泛的、整体的陈述("总的来说，我认为我自己：1 不是一个非常快乐的人—7 一个非常快乐的人")，因此它与 D-T 量表和 SWLS 中的题项 1～3 很相似。剩下的 3 项有所不同，他们需要将自己和他人进行比较(例如，"和我的大多数同龄人相比，我认为我自己：1 不太快乐—7 更快乐")。因此，这个量表可以看作是幸福的一种社会比较测量。

最后，最长并且在英国很流行的问卷，是《牛津幸福感问卷》(OHS；Hill & Argyle，2002；http://happiness-survey.com/survey)。该量表包括 29 项陈述，要求受访者根据从 1(强烈反对)到 6(强烈同意)的 6 点量表进行评分，没有中立点。Kashdan(2004)严重批评了该量表的内容效度，指出它包含测量其他构念的条目，如**自尊**(第 1 条，"我对自己的现状不太满意")，**自主/心理控制源**(第 19 条和第 26 条，"我觉得我不是特别能控制我的生活"和"我通常对事件有很好的影响")，**宜人性**(第 4 条，"我对几乎所有人都有非常温暖的感觉")，和**外倾性**(第 2 条，"我对别人有强烈的兴趣")，这将主观幸福感的指标与其前因后果混为一谈，而没有提出证明这种聚合的理论模型(将在本书后面介绍这些构念)。总之，Kashdan 的批评迫使研究者仔细思考该量表的利弊，并在为他们的研究选择幸福量表之前考虑其他的选择。

最后，研究者经常将幸福的单题项测量与生活满意度的单题项或多题项测量相结合，来创造总体的幸福-满意度得分。这在实证上是合理的，因为幸福的测量和满意度的测量在 0.40～0.60 的范围内相当相关，这表明幸福和满意度是相关但不同的构念。

背景变量和幸福

在幸福研究的早期阶段，心理学家调查了背景变量对幸福测量的影响。这是通过选择特定人群并比较他们的幸福或生活满意度的平均水平来完成的。这项研究本质上是探索性的，并具有描述性。Myers 和 Diener(1995)调查了宗教和非宗教人士之间的差异，发现前者比后者更幸福。此外，Myers(2000)发现，对于宗教人士来说，参加宗教仪式的频率和幸福之间存在正相关。Diener 和同事(1999)调查了已婚和未婚人群之间的差异，发现前者明显比后者更幸福。此外，未婚人群的 3 个小组：从未结过婚、分居的和离婚的，这三组之间的幸福感几乎没有差异。最后，这些研究和其他研究表明，性别之间存在细微的幸福差异，而幸福与教育成就水平无关。

特别考虑了年龄，因为大多数文化都认为年轻、健康和外在美具有很高的价值。令人惊讶的是，在不同文化中实施的研究表明，生活满意度不会随着年龄的增长而下降(Butt & Beiser，1987；Diener & Suh，1998；Horley & Lavery，1995；Inglehart，1990)。此外，生活满意度与感知的健康而不是客观的健康相关(如：Brief et al.，1993)。这些发现已被解释为证据,表明人们随着年龄的增长(Campbell, Converse, & Rodgers, 1976; Rapkin & Fischer, 1992)调整他们的目标和参考标准,从同化应对,即改变生活条件来适应个人偏好,逐渐转变为适应应对,即改变个人偏好以适应通常与年龄有关的生活限制,例如健康状况不佳和收入减少(Brandtstadter & Renner, 1990)。正如 Diener 和同事(1999)所指出的,这些研究和其他研究结果一致表明,人们的期望调节与年龄潜在负相关的过程和事件对他们生活满意度的影响,比如健康和经济状况的恶化。总的来说,人口统计变量不是幸福的良好预测因子。

各国收入和幸福: 基本需要和权利

Diener 等三人(1995)使用世界价值观调查(World Values Study Association, 1981—2013)的数据研究了平均生活满意度的国家差异,该调查是在 1989—1993 年对超过 10 万名参与者的代表性样本进行的。生活满意度是用单题项测量的,询问他们对自己"这些大的整体生活"有多满意,以 1(不满意)和 10(满意)为锚点,根据 10 点量表进行评分。他们试图用财富指数,即**购买力平价**,作为预测因子来解释各国在生活满意度上的差异。一个国家的购买力平价是该国人民能够用他们的人均年收入可购买的平均标准一篮子商品,除以美国的购买力,它是购买力最强的国家。购买力平价与幸福之间是否相关? 在你继续阅读之前,想想自己: 如果你能在日常生活中负担得起购买更多的"小玩意"——比如双倍数量,你会更快乐吗?

图 2-3 显示了 Diener(2000)表中使用各国子样本的数据散点图,带有叠加的回归

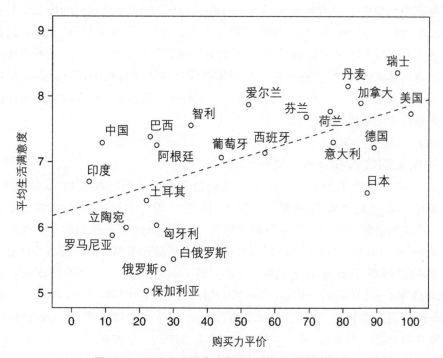

图 2-3　平均生活满意度与国家购买力平价的关系

资料来源:基于 Diener,2000 表中的数据子集。

线。图表显示，只有俄罗斯和保加利亚这两个国家低于生活满意度量表的 5.5 中点值；大多数国家都位于满意的那一侧。更重要的是，满意度看起来随着购买力平价呈线性增长：购买力越强，满意度越高。在各国的完整样本中，购买力和生活满意度之间具有 0.69 的强相关，这也就是说购买力解释了平均生活满意度中近 48% 的方差，因此是一个很好的预测因子（Diener，2000）。为什么购买力解释了各国生活满意度水平的差异？富裕国家的人们对自己生活更满意的具体原因是什么呢？

较富裕国家与较贫穷国家在许多可能促进幸福和生活满意度的因素上有所不同，较富裕国家对基本需求支持更多（如食品、住房和医疗保健），拥有更多或更好的权利、更低的犯罪率、更多或更好的教育、更长的预期寿命和更好的健康。当然，较富裕国家也提供了更多潜在的消极因素，比如工作和职业发展的竞争更大，更多的物质主义而更少的精神主义，以及更少的时间进行社交和参与休闲活动。这些因素中哪一个能最好地解释购买力和生活满意度之间的关系？

为了找到这个答案，Diener 及其同事（1995）和 Myers（2000）用不同的方式分析了世界价值观调查协会（1981—2012）的数据。他们发现各种财富指标之间的关系（如购买力平价与人均国民生产总值），以及各种财富指标与生活满意度、幸福或两者的平均值之间的关系符合倒 U 形曲线，而且这种相关在较贫穷国家更强，在较富裕国家更弱。此外，与较富裕国家相比，财富指标和权利更能预测较贫穷国家的生活满意度和幸福。因此，Diener 及其同事们（Diener et al.，1995；Diener，2000）和 Myers（2000）提出，之所以较富裕国家的生活满意度和幸福更高，是因为这些国家更有能力满足基本的人类需要并提供更多或更好的权利。

这些研究结果的一个有趣含义是，一个国家的经济发展及其权利的增长将对其居民的幸福和生活满意度产生不同的影响，这取决于财富和权利的国家基线水平：财富和权利的改善可能对贫穷国家的影响很大，而对富裕国家的影响很小。最终，世界上所有快速增长的经济体都将达到，并且有些将会超过那些现在被认为富裕的经济体。之后将会发生什么呢？收入还会对幸福和生活满意度产生影响吗？我们可以通过看看富裕国家发生的事情来等待和观察或窥探未来。

富裕国家的收入和幸福：快乐水车

Myers（2000）调查了 1956—1998 年美国通货膨胀调整后的收入和"非常快乐"人群比例的变化情况，然后发现，虽然整个研究期间的收入增长了近 3 倍，但幸福基本保持稳定。这一令人困惑的结果被称为**伊斯特林悖论**，这是以第一个发现它的学者的名字而命名的（Easterlin，1974），说明了在富裕国家收入并不能提升幸福。伊斯特林悖论在不同富裕国家的相似数据中重复出现包括 1958—1990 年的日本（Frey & Stutzer，2002），1973—2003 年的美国（Clark，Frijters & Shield，2008），和 1973—2004 年的 5 个欧洲国家（法国、德国、意大利、荷兰和英国）（Clark，Frijters & Shield，2008）。因此，伊斯特林悖论在富裕国家是一种常态。

诸如金砖四国（巴西、俄罗斯、印度和中国）等新兴经济体的情况如何？Kahneman 和 Krueger（2006）分析了中国——世界上最大的新兴经济体，并且是目前仅次于美国的第二大经济体——在 1994—2005 年期间的数据：虽然整个国家的经济持续快速增长，但在此期间对自己的生活满意的人的比例持续下降，对生活不满意的人的比例持续上升。总之，看起来在富裕国家以及在不久的将来必将变得富裕的国家中，金钱未必能带来幸福。为什么？

关于伊斯特林悖论提出了两个主要解释。第一个解释是**习惯化**或**享乐适应**，这是对"好事满足，坏事加剧"这一原则的改写（Coombs & Avrunin, 1977, p.224）。在经济增长时期，这一原则可译为：随着收入的增加，收入期望值也会上升，反过来，更高的期望抵消甚至中和了更高收入对生活满意度的积极影响（如：Stutzer, 2004；Di Tella, Haisken-De New & MacCulloch 2010）。习惯化意味着，虽然有可能通过获取更多资源来提高生活满意度的水平，但满意度的增长只会持续到习惯化过程的完成。

第二个解释是**相对收入效应**或**社会比较**。这一原理是指人们将价值归于金钱以及他们用钱能买到的东西，无论是绝对价值还是相对于他们熟人的收入和购买力。相对收入效应的作用是在一项对有已婚姐妹的已婚女性的研究中发现的（Neumark & Postlewaite, 1998）：一个失业妇女嫁给比她姐妹丈夫收入低的人，比嫁给比她姐妹丈夫收入高的人找到工作的可能性高 20%。简单来说，看起来这些女性找到工作并获得收入的动机，是通过比较她们的家庭收入与姐妹的家庭收入来激发的。

相对收入效应是否仅限于关系亲密的熟人吗？一项对居住在近 1 000 个不同街区的 10 000 人的研究（Luttmer, 2005）发现，如果邻居的收入稳定，人们的幸福就不会受到影响。但是，如果他们邻居的收入减少，他们会感到更快乐，而如果邻居的收入增加，他们会感到不那么高兴。因此，相对收入效应是普遍的，并且有可能抵消收入对幸福的积极影响，即使是在经济增长的时期。

习惯化和相对收入效应会导致一个三阶段循环，通常称之为**快乐水车**：（一）过去较高的消费和与较富裕熟人的不满意比较促进了更高的收入预期；（二）更高的收入预期会促进更高的收入、更高的消费，以及与较贫穷熟人之间更令人满意的比较，从而提高生活满意度；（三）更高的消费水平成为新的标准，从而生活满意度回到第一阶段的水平。快乐水车的主要意义在于，生活在富裕国家的大多数人（即那些并不是非常有钱的人）为了成为更快乐的人注定要超越金钱价值。

快乐和不快乐的人之间的差异

Diener 和同事（2002）分析了两项大型调查的数据，这是对来自 30 多个国家的大学生进行的调查，使用幸福测量将参与者分为"快乐的"和"不快乐的"，测量总体的生活满意度，以及八个领域（健康、财务、家庭、朋友、娱乐、宗教、自我和教育）的特定领域满意度。他们研究了快乐和不快乐的个体根据特定领域生活满意度的得分如何不同地得出总体生活满意度的分数。他们发现，快乐的人在评估自己的总体生活满意度时常常更看重他们的最佳领域，而不快乐的人在评估自己的总体生活满意度时常常更看重自己最糟糕的领域。一方面，快乐的人在评估他们的总体生活满意度时似乎戴着玫瑰色的眼镜：他们更关注那些事情进展顺利的生活领域，而较少关注那些事情进展不佳的领域。另一方面，不快乐的人在评估他们的总体生活满意度时似乎戴着黑色眼镜：他们更关注那些事情进展不佳的生活领域，而较少关注那些进展顺利的领域。因此，快乐和不快乐的人都对他们的总体生活满意度产生了偏见性的评估，而这一偏见对前者是"积极的"，对后者是"消极的"。因此，对总体生活满意度唯一没有偏见的评价者是那些处于幸福尺度中间位置的人们，即那些看到玻璃杯半空或半满的大多数人。

Diener 和同事(2002)的研究具有两个方法论方面的意义。首先，为了获得对生活满意度的有效评估，研究者应该同时收集总体评估和特定领域评估。其次，幸福的测量和总体生活满意度的测量捕获了略微不同的心理过程，因此应该将两者同时用于相同的研究参与者。

Lyubomirsky(2001)果断主张使用总体幸福测量，并在许多研究中使用 SHS (Lyubomirsky & Lepper，1999)来测量总体幸福，试图弄明白区分快乐和不快乐个体的特定动机和认知过程。她确定了 4 个主要的区别因素。

区别快乐和不快乐个体最重要的因素是前者通常更少参与社会比较。当他们评估自己的生活状况和自己所属团队的状况时，似乎都存在这样的倾向。例如，在一个实验中，大学生收到了关于一个教学任务的积极或消极反馈，并目睹同伴在相同任务上收到了更消极或更积极的反馈(Lyubomirsky & Ross，1997，study 2)。这个实验设计创造了两种与同伴相比处于劣势的条件：(一) 表现不佳，甚至比同伴更差；(二) 表现良好，但是不如同伴的表现好。在这两种情况下，相比不快乐的人，快乐的人较少受到同伴优越表现的影响。

另一项研究调查了当个体是与其他团队竞争的一个团队的成员时会发生什么情况，结果发现，相比不快乐的人，快乐的人更少受到他们团队相对表现的影响(Lyubomirsky，Tucker，& Kasri，2001)。

总之，这些发现与伊斯特林悖论的经济学解释相一致(例如，Luttmer，2005)，因此他们指出，通过监控他人的成就并努力提升自己的成就来参与社会比较是不快乐的关键。

区别快乐和不快乐个体的第二个因素是前者通常拥有更积极的**决策后合理化**，即对事情的最终走向不那么遗憾。例如，在一个实验中，在告知大学生会为他们端上哪一道甜点之前和之后，让他们对菜单中甜点的吸引力进行评分(Lyubomirsky & Ross，1999，研究 2)。研究发现，相比不快乐的人，快乐的人在知道会收到哪一道甜点之后，更少修改他们对甜点的评分。此外，当参与者得知将收到不太理想的甜点时，那些不快乐的人对没有收到的选择的评分甚至比对他们将要收到的选择的评分还要低；简单地说，他们降低了所有其他选择的价值，以使将要收到的选择是最不差的。综上所述，这些发现表明，当一件商品是一种选择时它的合意性，与当相同商品成为现实时它的合意性，减少这两者之间不协调的倾向是不快乐的关键。

区别快乐和不快乐个体的第三个因素是前者对生活事件——无论是大的还是小的，无论是真实的还是想象的解读更积极。例如，在一个纵向研究中，要求大学生报告他们当前的生活事件，然后要求他们在几周后记起同样的事件。在他们最初报告的积极和消极生活事件的数量上，快乐和不快乐个体之间没有差异。然而，与不快乐的人相比，快乐的人在之后的时间里对这两类事件的记忆通常更加积极。例如，他们更有可能用幽默感记起消极事件，并强调从中学到的教训。总之，这些发现表明，积极地和适应地解读生活事件的倾向是快乐的关键。

区分快乐和不快乐个体的最后但并非最不重要的因素是，前者通常对他们的消极生活结果及其相关情绪进行更少地监控和自我反省。这反过来意味着,快乐的人在低谷之后保留了相对较多的认知加工能力。例如,在一项实验中,要求大学生们解决不可能的字谜,并不告知他们这些问题是无解的(Lyubomirsky et al.,2011a)。在经历了被迫失败之后,给参与者们一个阅读理解任务。快乐的学生在阅读任务上的表现胜过不快乐的学生。这些发现说明,对消极结果的过度监控和对那些结果以及自身相关消极感觉的反思是不快乐的关键。在这一点上,我们将在第五章(正念与适应性元认知和非适应性元认知)看到,理论上,缺乏正念和存在适应不良的元认知是促进持续思考消极结果的关键个体因素,并且我们会在第八章(正念认知疗法和元认知疗法)看到,针对来访者的正念和适应不良元认知的新型心理疗法似乎非常有效。

总之,快乐和不快乐个体之间的比较揭示,快乐的人拥有一种更加自我提升的归因风格。自我提升伴随着成本和收益。自我提升的主要成本是客观性的丧失,而它的主要收益是在面对低谷时保持快乐。

幸福感模型

主观幸福感的享乐定义模型

到 1990 年代末,享乐研究已经确定了主观幸福感的 3 个主要成分:总体生活满意度、特质积极情感和特质消极情感(如:Diener et al.,1999)。生活满意度与特质积极情感的估计相关为 0.46,与特质消极情感的估计相关为-0.25,而积极情感和消极情感实际上是不相关的(Emmons & Diener,1985)。此外,这三个成分都在 4~7 年的时间里表现出相当的时间稳定性(Headey & Wearing,1992;Magnus,Diener,Fujita,& Pavot,1993)。因此,这三个成分是相关但不同的构念,并且代表着相对稳定的倾向。作为一个整体,这三个主要成分将主观幸福感定义为一个类特质变量。

研究显示了快乐和不快乐个体在总体和特定领域生活满意度之间的关系如何不同(Diener et al.,2002),表明快乐和特定领域生活满意度也应该包括在主观幸福感的定义中。图 2-4 显示了主观幸福感的享乐定义模型,包括所有 5 个关键成分。该模型认为,

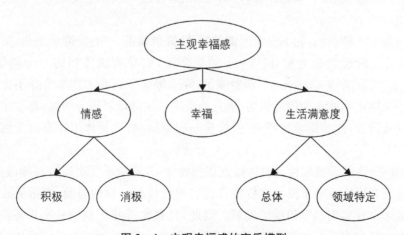

图 2-4 主观幸福感的享乐模型

最高的享乐状态是一个人对自己的生活在总体上和每个相关生活领域上都非常满意、非常快乐，并且在他们的日常生活中持续体验到高水平的愉悦情感和低水平的不愉快情感。这代表着"更好"的享乐观，因此每一个改变人类使之更好的享乐尝试都包括最大化主观幸福感的一个、两个或所有关键成分。我们将在本书后面的每一章中看到，积极心理学领域中的大量实证研究致力于确定促进或阻碍主观幸福感的一个或多个成分的心理因素和过程。

这个模型的理论基础是什么？研究者们承认（如：Diener et al.，1998），享乐心理学一直使用实证的、自下而上的方法。享乐心理学从情绪研究领域引入理论、测量方法和研究结果，并将这些输入与幸福研究领域一些独立发展出的方法和结果整合在一起。事实上，享乐心理学从未明确其理论基础。然而，Ryan 和 Deci（2001）认为，享乐心理学有一个隐含的理论基础，非常契合期望-价值取向（如：Oishi et al.，1999），与奖励和惩罚的行为理论相混合。这从根本上意味着，主观幸福感可以通过最大化对"商品"价值的期望和通过最小化获得这些商品的速度和努力来使之最大化。这反过来导致了最大的快乐和最小的痛苦，而快乐和痛苦可以源自日常生活经验，也可以通过对过去事件的评价和对未来事件的预期而产生。在这方面，情感代表日常生活经验的痛苦/收益账户余额，而总体幸福和生活满意度代表评价和期望的痛苦/收益账户余额。

心理幸福感的实现定义模型

心理幸福感的当代实现取向根植于马斯洛（Maslow，1968）和罗杰斯（Rogers，1963）的现象学和人本主义人格理论。这两种理论都认为，自我实现是推动人类经验的主要力量。自我实现是一种自然的、与生俱来的有机体成长趋势，也就是内在世界的扩展以及认知和情绪复杂性的增长。达到自我实现的个体被称为**自我实现者**（马斯洛）或**功能完善者**（罗杰斯）。

在与他人的关系中，自我实现者接受自己、他人和自然；他们完全认同人类物种，并拥有良好而深刻的人际关系，但是他们脱离了社会世界中更平凡的方面，寻求隐私，并且不认为他们总是需要别人的认可。在他们的私人体验中，他们是自发的、富有情感反应以及创造性的，并且他们经常有**高峰体验**，即沉思状态，在这种状态下他们有一种与世界深刻相连的感觉。

自我实现是一种动机，它不符合所谓的**紧张-降低模型**。紧张-降低动机，如性和饥饿驱力，产生了三阶段的行为循环：（一）紧张产生，引导有机体朝向一个期望的物体；（二）有机体"消费"期望物体；（三）消费满足，降低紧张。自我实现本身并不会驱使有机体把消费一个期望物体作为最终目的，而且消费不一定降低紧张。因此，自我实现可能会导致紧张寻求行为，比如探索新环境，选择参与困难活动，以及作出让自己受到他人批评的选择。

然而，紧张-降低动机驱使有机体接近期望物体，并避免不受欢迎的物体，自我实现推动有机体接近和维持有利于或与有机体自我实现趋势相一致的经验，而避免或最小化阻碍或与有机体自我实现趋势相反的经验。因此，自我实现并不是一种享乐倾向：即使自我实现可能会促进快乐并避免痛苦，这并不是它本身的目的，而是有机体成长的结果。总之,享乐者寻求快乐并避免痛苦,自我实现者寻求有意义的经验并避免无意义的经验。

自我实现者只是一个伪装的享乐主义者,用"意义"代替"快乐"吗? 答案是否定的,有两个原因。首先,因为意义不是由情境或社会给出的:自我实现者诠释它。其次,因为意义的建构是一个永无止境的过程,自我实现者不断探索和深究经验来为他们的存在找到更多的意义。总之,马斯洛和罗杰斯的人格现象学观本质上是实现主义的,并且强调意义的作用超过快乐和幸福:生活的意义至关重要,而愉悦感和幸福只是副产品。

生活的意义可以用《生命意义感问卷》(MLQ；Steger et al.,2006；http:// www.ppc.sas.upenn.edu/ppquestionnaires.htm)有效、可靠地测量。该问卷包括 10 个条目,受访者根据 7 点量表进行评分,从 1(完全不符合)到 7(完全符合),中间点为 4(不能说对还是错)。这个问卷用两个分量表来衡量生命意义感:**拥有意义感**(如:"我明白我生活的意义"),表示获得了充实的生活意义,和**寻求意义感**(如:"我正在寻找我生活的意义"),表示正在寻求更多或更深的生活意义。这两个分量表很好地抓住了自我实现的核心特征。

Ryff 和 Keyes(1995)提出了根植于马斯洛(1968)和罗杰斯(1963)的现象学和人本主义人格理论的心理幸福感模型。在回顾了享乐取向主观幸福感取得的进展之后,Ryff 和 Keyes 认为,"心理上的健康是什么意思"(p.719),这一基础和根本的问题仍在等待答案。他们进一步强调,所有主观幸福感的定义成分——情感、幸福和生活满意度——是用数据驱动的研究策略确定的,通常使用的数据集最初是为了幸福感研究以外的目的而收集的。最终,他们认为幸福感的定义应该基于心理学理论。

根据马斯洛(1968)和罗杰斯(1963)的人格理论,以及埃里克森(Erikson, 1959)的自我发展概念——在第三章(自我)中回顾,Ryff 和 Keyes(1995)的理论立场是,幸福感是以满足有限数量的基本需要为基础的。我们有很多需要,而所有需要的共同点是它们的满足会带来快乐。因此,快乐不是关键问题。关键问题是只有有限数量的需要是这样的,它们的满足或实现会导致有机体成长从而产生幸福感。例如,生理需要,如性冲动,不会促进有机体的生长,除非它与一个更高层次的需要相结合,如爱一个人的需要。从这一理论立场看,幸福感心理学应该问的第一个问题是,哪些需要是基本的?

Ryff 和 Keyes(1995)对这个问题的回答是图 2-5 中所示的心理幸福感的实现模型。该模型指出,对人类而言,最高的实现状态是一个人完全发展了图中所示的自我实现的所有 6 个不同成分。**自我接纳**是指对自我和个人的过去生活持积极态度。**与他人的积极关系**是指以浪漫爱情、其他类型的爱和深厚友谊的形式与他人发展出温暖的、共情的、亲密

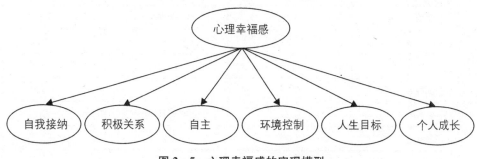

图 2-5　心理幸福感的实现模型

的和信任的关系。**自主**是指自我决定[在第三章(内部动机、外部动机和自我决定)中将深入讨论的一个构念]，不依赖于他人的认可，以及情绪和行为的和谐自我调节。**环境控制**是指能够抓住机会并利用它们来选择和改变环境。**人生目标**是指在生活中发现自己的使命，并有一种认同感和方向感，从而在自己的生活选择中有很强的目的性。最后，**个人成长**是指愿意一直面对新的挑战，乐于接受新经验，并发展才智和潜能。这六个成分可以使用 Ryff(1989)的 6 个《心理幸福感量表》(Scales of Psychological Well-Being)有效、可靠地测量，其中每个量表包括 3 个条目。这代表了"更好"的实现观，因此每一个改变人类使之更好的实现尝试都包括最大化心理幸福感的 1 个、2 个或所有关键成分。我们将在之后的每一章中看到，积极心理学领域中的大量实证研究致力于确定促进或阻碍心理幸福感的一个或多个成分的心理因素和过程。

主观幸福感与心理幸福感的实证比较

由于幸福感的享乐和实现模型确定了完全不同的幸福感成分组，因此毫不奇怪这两种对立模型的发展者之间一直存在着激烈的争论。一方面，Ryff 和 Singer(1998)批判享乐模型的基础不是理论驱动的，而是根据一种纯粹的探索性研究策略发展起来的。另一方面，Diener 和同事(1998)承认享乐模型的描述性本质，但反驳说这是一种优势，而非弱点，因为这个模型是人们对主观幸福感看法的真实表征。此外，他们批评了实现模型，正因为它是理论驱动的，它代表了专家(而不是人们)对幸福感的看法。不管幸福感的享乐和实现模型是如何衍生的，它们如何在实证上相互联系?

Keyes、Shmotkin 和 Ruff(2002)在居住于美国大陆的 3 032 名成年人的样本中，测量了主观幸福感的享乐模型的 3 个关键成分——生活满意度、积极情感和消极情感——以及心理幸福感的实现模型的所有 6 个成分。表 2-2 显示了两组构念之间的相关。所有相关至少在 $p < 0.001$ 水平上显著。心理幸福感的所有 6 个成分都与幸福和积极情感是正相关，而与消极情感是负相关。从相关系数的大小来看，人们可以注意到，自我接纳和环境控制是与主观幸福感构念相关最强的两个心理幸福感构念。自主是与主观幸福感构念最不相关的心理幸福感构念。总之，幸福感的两种模型似乎在某种程度上有所重叠。这是否意味着它们利用了相同的基础结构?

表 2-2　主观幸福感成分和心理幸福感成分之间的相关

心理幸福感	主观幸福感		
	生活满意度	积极情感	消极情感
自我接纳	0.48	0.50	−0.50
积极关系	0.32	0.38	−0.39
自　主	0.16	0.19	−0.21
环境控制	0.45	0.50	−0.49
人生目标	0.21	0.19	−0.27
个人成长	0.25	0.28	−0.28

资料来源：相关系数选自 Keyes et al.，2002。

为了回答这个问题,Keyes 和同事(2002)使用了验证性因素分析,这是一种控制测量误差从而允许估计一个更有效的(校正)单相关系数的因素分析形式,表示心理幸福感因素和主观幸福感因素之间关系的强度。这两个因素之间的估计相关是 0.83。这是否意味着这两个因素是无法区分的? 心理测量的"经验法则"是指,如果两个变量的相关是 0.85甚至更高,那么它们是难以区分的。因此,在技术上,心理幸福感和主观幸福感几乎无法区分,但有一点需要注意,自主似乎并没有完全被主观幸福感所捕获。

Tay 和 Diener(2011)使用盖洛普公司(The Gallup Organization,1999 - 2013)从 123个国家共计 6 万多名参与者的社区样本中收集的调查数据,研究了主观幸福感的成分与6 种需要(基础、安全、社交、尊重、控制和自主)满意度之间的关系。该研究中的两种需要——控制和自主与心理幸福感成分中的环境控制和自主密切相关,并且第三个需要——社交与积极关系的成分在一定程度上聚合。这里有两组发现是相关的。首先,3 种需要的满足程度与主观幸福感之间的相关在生活满意度(范围:0.12—0.18)和消极情感(范围:−0.14—0.18)上较弱,而在积极情感上中等(范围:0.26—0.29)。其次,控制了收入的回归分析表明,基础需要的满足可以最好的预测生活满意度,尊重和社交需要的满足可以最好的预测积极情感,而尊重、基础和自主需要的满足可以最好的预测消极情感。因此,心理幸福感的 3 个研究成分——环境控制、积极关系和自主与主观幸福感等 3 个主要成分之间的相关从微弱到中等,并且心理幸福感的 3 个研究成分与主观幸福感的成分有不同的关系。

总之,比较心理幸福感测量和主观幸福感测量的研究结果表明,两者在基础结构上有很多共同之处。因此,未来研究中最有趣的发现将是那些显示幸福感不同指标和一组相关变量之间有不同关系模式的发现。在这一点上,我们将在第四章(大五人格和主观幸福感、大五人格和心理幸福感、大五人格和协调—不协调幸福感)中看到,初步证据显示,主观幸福感和心理幸福感与人格特质的相关模式有些不同。然而,在收集到更多的证据之前,心理幸福感和主观幸福感是否一模一样的问题将在积极心理学的城堡中作为幽灵而存在。

未来研究方向

综合本章几个观点,这里提出了 7 个需要讨论和实证研究的广泛问题。

1. 哪些是主观幸福感的指标?

有些令人不安的是,主观幸福感指标和心理幸福感指标之间没有定义上的重叠,因此这意味着这两种幸福感模型不能"相互交谈"。然而,这只是冰山一角,我们将在下一章中看到,哪些变量是幸福感的真正指标而哪些变量是幸福感的前提,对此在积极心理学中有各种各样的观点。特别是,我们将在第三章(内部动机、外部动机和自我决定)中看到,自我决定理论认为自主是幸福感的关键前提,而不是它的一个定义成分。此外,心理幸福感的模型和主观幸福感的模型可能都已经错过了几十年来一直受到重视和研究的幸福感成分。尤其是,我们将看到创造力被许多研究者视为实现幸福感的一个关键成分(第三章,创造性自我),特别是在工作情境中(第七章,情感-创造力枷锁中缺失的螺栓：消极情绪），创造力需要一种特定的人格特质模式（第四章，大五人格和创造性成就），创造力可以追溯到个体在童年时期受到的教养（第七章，积极教养）。令人惊讶的是，尽管创造力很重要，但并没有包括在这两种幸福感模型之中。因此，这两种幸福感模型之间的实证聚合掩盖了关于幸福感观点的实质性分歧，需要在未来的研究中加以解决。

2. 作为"健身者"模型的成分模型

这两种幸福感模型都是成分模型，也就是说它们的定义成分可以看作是幸福感结构的相关维度，可以在确定总体幸福感水平时进行权衡。如果所有成分的水平都是最高的，那么一个人就会处于最高可能的幸福感状态。如果某些成分达到最高水平，而其他成分处于中等或低水平，那么不同成分对幸福感的贡献将合计产生一种幸福感状态，其总体上不如最高可能的幸福感状态那么积极。这意味着，幸福感指标的发展越完善，这个人的总体幸福感将会越大。由于这个原因，两种幸福感模型都可以称之为"健身者"模型，因为它们都认为完美的身体（幸福感的一种类比）是一个人身上成千上万块肌肉中的每一块都得到了充分发育。众所周知，健身者比跑步者跑得更慢，比拳击手打得更慢，比跳跃者跳得更低更近，因此他们一般不参加奥运会。几乎在所有运动中，完全的肌肉发育是低效的，这是因为，对于任何一项运动来说：1. 一些肌肉比其他肌肉更重要；2. 不太重要的肌肉的发育妨碍了更重要的肌肉的运作。例如，一个专门从事吊环器械的体操运动员将得益于手臂和躯干肌肉的过度发育，但会受到腿部肌肉过度发育的阻碍。

同样地，为什么不适合体育运动的"健身者"模型应该适用于幸福感呢？未来研究应该调查幸福感成分的完整性是否是可能的，如果是，它是否确实是合适的。这个问题将会在后面的章节中继续讨论并进一步分析。特别是，第三章（未来研究方向）将会思考，心理幸福感所有指标的全面发展是否可行和合适，以及第四章（从孔子和亚里士多德，到施瓦茨、夏普和格兰特）将会权衡品格优势和美德全面发展与特定发展的利和弊。

3. 超越积极情感和消极情感

积极情感和消极情感的构念对于分类和简化原本复杂的情绪和感觉范围毫无疑问是有用的。但是，一如既往，简化是有代价的。我们已经看到，有些人比其他人更能辨别自己的情绪，也就是说，他们具有更多的情绪复杂性。此外，我们将在后面的章节中看到，有一些关于实现幸福感的理论，如自我决定理论（第三章内部动机、外部动机和自我决定）认为，特定情绪——如兴趣和乐趣在认知和行为的自我调节中发挥着根本作用。因此，为了理解自我调节过程，我们需要超越情绪的愉悦度和激活度。

4. 消极情绪性是否始终且一定是不好的？

享乐取向幸福观的一个隐含假设是消极情绪总是消极的，除非战斗或逃跑是唯一的选择。然而，这反过来意味着消极情绪实质上是无法控制的。我们将在第五章（情绪的自我调节）中看到，许多理论表明消极情绪可以自我调节，甚至可以为问题解决提供非常宝贵的信息。例如，注意控制的执行功能允许当不再需要注意力时将其从危险刺激转移，并迅速恢复到积极的情绪状态（注意控制）。此外，元认知——对自身认知和情绪过程的信念在确定消极情绪是否会由于任务聚焦而升级或消失时发挥重要作用：如果一个人将消极情绪看作是可能存在威胁的线索而不是现实——消极情绪有助于而不是阻碍任务聚焦和问题解决(适应性元认知和非适应性元认知)。与这个原理相一致,我们将在第七章(情感-创造力枷锁中缺失的螺栓:消极情绪)中看到,消极情绪对工作中的创造力有积极和必要的影响。总之,享乐取向幸福观的假设忽略了大量的理论和实证研究结果,而这些理论和结果强调了消极情绪在追求实现幸福感时所具有的积极的以及在某些情况下必要的作用。

5. 积极情感越多越好?

享乐取向幸福观的一个隐含假设是积极情绪总是积极的。与这一观点相反,我们将在第五章(正念)中看到,正念——以舒缓情绪为特征的一种沉思和非评价状态——理论上发挥着基本的自我调节作用。此外,我们将在第六章(整章)中看到,心流——一种伴随着微弱情绪的全神贯注于任务的状态,被看作是实现幸福感的高峰时刻。因此,持续高水平的积极情感可能被视为无法"拔掉插头",而不是主观幸福感的指标,未来研究应该调查积极情感的健康波动,是否比持续高水平的积极情感更能代表幸福感。

6. 反思幸福有好处吗?

主观幸福感的所有成分随着时间的推移都相当稳定。尤其是特质情感有很强的基因决定性,而快乐水车为幸福的增长能持续多久设定了上限。因此,鼓励人们思考他们的幸福并采取行动提高它,这是明智的吗?风险在于,如果人们在努力让自己感觉更快乐的过程中失败了,他们可能会开始反思幸福(或幸福的缺失),并最终甚至感到更不快乐。未来研究应该调查把幸福作为自我发展的主要目标对幸福感的影响。

7. 无限制和脱离语境的幸福感

两种幸福感模型都隐含地假设,幸福感一个成分的发展不会影响幸福感其他成分的发展,并且幸福感任一成分的发展都将会产生整体的积极影响;这意味着发展是无限制的。此外,这两种模型都没有考虑特殊情况,例如个体在自身能力和生活环境特征上的差异;因此,两者都隐含地假定,一个单一的幸福感食谱适用于所有人,不管他们是谁以及他们在哪里。这些假设可能是不切实际的。例如,环境控制的发展往往需要专注而持久的个人奋斗(如,获得研究生学位),这反过来减少了人们能够投入的时间和精力,例如,发展与他人的积极关系。如果确实如此,幸福感某一特定成分的发展与幸福感的其他成分是不相容的,甚至是有害的,那么能够给出的最好建议是在竞争努力中做好选择,而不是同时追求所有的。我们将在之后的每一章中看到,许多理论和实证结果提出一个人不能"拥有一切",因此,寻找"情境中的更好"比"绝对更好"更明智。

自我发展和理解练习

这个练习需要对你每天积极和消极情感的变化进行简单的**事件历史分析**,试着确定重大日常生活事件对你的情感的影响。事件历史分析是一系列广泛的技术,可以监测和记录连续因变量随着时间的变化，例如股票交易的道琼斯指数，以及被认为对因变量有影响的特定事件，例如一个国家宣布提前举行选举或公开上一季度国家经济状况的统计数据。事件历史分析经常用于这类数据，以判断某一类事件是否以及在多大程度上影响一个因变量的后续行为。你将进行一项小型的纵向研究，其中你既是参与者也是研究者。

参与者阶段

作为一名研究参与者，你需要连续14天填写一组相同的问卷。在每一天结束时，你应该首先回忆当天最积极和最消极的事件，并在一张纸或文字处理文档上把它们写成两个简短的故事，我们称之为**每日报告**。紧接着，参考你在那天的整体感受，完成表2-1所提供的PANAS量表或I-PANAS-SF量表，并计算那天你的积极情感和消极情感得分。最后，将日期和情感得分添加到每日报告中，并保存以备将来使用。

研究者阶段

在你作为研究参与者的14天数据收集结束时，你将作为研究人员来读取所有14份每日报告，并使用它们所包含的信息创建一个图表，其中时间（范围是第1天至第14天）是横轴，情感是纵轴。对于每一天，将积极情感和消极情感的相应分数作为两个不同的点（例如，用星号"*"表示积极情感得分，用点"·"表示消极情感得分）绘制在表中，并在分数上面进行标记，以提醒你当天最积极和最消极的事件。当你完成了这个图表，请回答下列问题：

1. 随着时间的推移，你的积极和消极情感有多稳定？
2. 哪个事件（积极的或消极的）看起来对你的情感影响最大？
3. 影响持续了多久？例如，它只持续到当天，还是会持续到第二天？
4. 在经历了积极情感高峰后的第二天，会出现特别积极的事件吗？
5. 总而言之，你认为日常事件对你的情感有多大影响，并且你的情感对你遇到的日常事件有多大影响？哪一种影响更强？
6. 你如何把这一小型纵向研究发展为一个包括参与者样本的真实研究？

推荐网络资源和拓展阅读

网站

关于幸福感和社会经济指标的全球调查数据来源：

■ 世界价值观研究协会（1981—2013），是世界上对政治和社会文化变革最全面的调查：http://www.worldvaluessurvey.org/，你可以下载数据组并用于自己的研究。

■ 盖洛普公司（1999—2013），全球研究方法：http://www.gallup.com/se/128147/Worldwide-Research-Methodology.aspx。

研究中心：

■ Barbara Fredrickson的积极情绪和心理生理学实验室，北卡罗来纳大学教堂山分校：http://www.unc.edu/pelab/barb_fredruckson_page.html，由 Fredrickson 及其同事共同发表的许多学术期刊全文可以下载供个人使用。

○ 如果你对 Fredrickson 和 Losada(2005)的人类丰盛和衰弱作为非线性动态过程的建模有兴趣，你将会乐于浏览心理学和生命科学中的混沌理论学会（SCTPLS）的网站：http://www.societyforchaostheory.org/。

■ Ed Diener 的网站，伊利诺伊大学厄巴纳-香槟分校：http://internal.psych olgoy.illinois. edu/～ediener/，由 Diener 及其同事共同发表的许多学术期刊全文可以下载供个人使用。

本章中回顾的部分问卷可浏览/下载，并在你的研究中自由使用：

■《积极和消极情感量表》（Positive and Negative Affect Schedule，PANAS；Watson，Clark，& Tellegen，1988）：http://www.authentichappiness.sas.upenn.edu/quesionnaire.aspx。

■《生活满意度量表》（Satisfaction with Life Scale，SWLS；Diener et al.，1985）：http://internal.psychology.illinois.edu～ediener/SWLS.html。

■《主观幸福感量表》（Subjective Happiness Scale，SHS；Lyubomirsky & Lepper，1999）：http://www.ppc.sas.upenn.edu/ppquestionnaires.htm。

■《牛津幸福感问卷》（Oxford Happiness Questionnaire，OHS；Hills & Argyle，2002）：http://happiness-survey.com/survey。

■《生命意义感问卷》（Meaning in Life Questionnaire，MLQ；Steger et al.，2006）：http://ppc.sas.upenn.edu/ ppquestionnaires.htm。

阅读材料

关于情绪的资源：

■ Russell 和 Carroll(1999) 以正交轴表示积极和消极情感的情绪环状模型。

■ Carver 和 Scheier(1990)的主要论点支持情感的巡航控制模型。

■ Fredrickson(2001)的主要论点和实证结果支持积极情绪的拓展和建构理论。

■ Fredrickson 和 Joiner's(2002)的主要论点支持积极情绪拓展和建构理论中的建构假设。

关于主观幸福感的资源：

■ Diener 和同事(1999)对主观幸福感研究结果的综述和总结。

■ Tay 和 Diener(2011)对人类需要与主观幸福感之间关系的研究。

关于心理幸福感的资源：

■ Ryff(1989)的主要论点支持心理幸福感构念的独立性。

■ Ryff 和 Keyes(1995)对心理幸福感实证结构的介绍。

关于主观幸福感与心理幸福感之间异同的资源：

■ Keyes 及其同事(2002)的实证评估。

■ Ryan 和 Deci(2001)的综述和元分析评估。

第三章

积极自我

引言

生活中有一些独特的时刻——当我们面对巨大的挑战时,看到确定性破碎时,或与深爱的人分开时,当我们觉得自己生活在现实与梦想之间时,我们可能会变得害怕"失去它":

> 突然,一个接着一个,窗户打开了。红色的窗帘,被拉回到两边,在微风中飘动,让他看清楚那照亮的白色天花板。这是什么意思?聚会结束了吗?但是没有人出来!几分钟前他在嫉妒之火中煎熬,而现在他只感到恐惧,只害怕香塔尔。他想要为她做任何事情,但他不知道应该做什么,而这是无法忍受的:他不知道如何帮助她,但他是唯一一个可以帮助她的人,他,他一个人,因为她在这个世界上没有别人,在世界任何地方都没有。
>
> (Kundera, 1998, p.148)

确切地说,我们在那些时刻害怕失去什么呢?我们在日常生活中习以为常的东西,有时长达几十年没有明显的间断:我们的认同感,即"自我"。

自我是什么?关于自我有各种各样的概念。这些概念可以看作是一个连续体,其两极以康德和休谟相反的自我概念为代表,可以说这两位是对心理学最有影响的哲学家。一方面,康德(Kant, 1781/1787/1997)认为,自我是一个形而上的实体,是一个存在于现实中的物体,就像我们的身体一样。另一方面,休谟(Hume, 1739/1896)认为,自我是一种幻觉,是对现实的一种持续内在解释,而不是现实中存在的物体:

> 当我反思我自己(myself)的时候,如果没有一个或多个知觉,我永远无法感知到这个自我;除了知觉之外,我也无法感知任何东西。因此,正是这些成分构成了自我。
>
> (Hume, 1739/1896, p.634)

康德和休谟促进了两种截然不同的自我心理概念化,作为一个概念(自我概念)的自我和作为一个调节过程(自我调节)的自我。

自我概念是一个内在的享乐主义构念。至于外表,自我概念可以是从美到丑的任何事物。隐含的享乐假设是,我们的自我概念越美丽,我们的生活就越快乐。另一方面,自我调节是一个内在的实现主义构念。至于我们的身体灵活性,自我调节可以是从强壮、敏捷和协调到虚弱、僵硬和笨拙的任何事物。隐含的实现假设是,我们的自我调节越强、越自主、越真实,我们在面对生活困难时就越有韧性,并且我们在生活中会发现更多的意义。

第二章介绍了主观幸福感的享乐模型(主观幸福感的享乐定义模型)和心理幸福感的实现模型(心理幸福感的实现定义模型),关于是什么构成了人类的"更好"这一问题提供了概念上不同但实证上聚合的答案。在任何一个模型中,"更好"都是客观定义的,也就是说,忽视了人们对自己的看法——即他们的自我概念,和推动他们日常生活的梦想、奋斗和恐惧——即他们的自我调节。为了更好地理解幸福感,我们现在需要将它个性化,并明确地思考自我在寻求以及有时获得幸福感方面所发挥的作用。

本章关注自我的"积极性",并回顾了支持拓展假设的证据,即美丽的自我概念和适应性的自我调节促进幸福感。本章第一节回顾了主要属于自我的作为概念框架下的自我概念,而第二节回顾了主要属于自我的作为调节过程框架下的自我概念。第三节分析了这两种自我概念之间的关系。最后一节概述了有待讨论的问题、持续的争议以及未来的研究方向。

自我概念

自尊

自尊具有广泛的定义。Jame(1892/1963)将其定义为一个人成功与尝试成功的比例。相应地,Coopersmith(1967)把自尊定义为对能力、意义、成功和价值的自我信念。自尊可以使用 Rosenberg(1979)的《自尊量表》(http://www.bsos.umd.edu/socy/research/rosenberg.htm)有效和可靠地测量。该量表包括 10 项陈述,描述一个人对自己的总体感觉(例如,"大体上,我对自己很满意"),要求参与者根据值为 1(非常同意)、2(同意)、3(不同意)和 4(强烈反对) 的 4 点量表进行评分。该量表已被翻译成多种语言,并经常用于跨文化研究。有趣的是,量表的中文版排除了第 8 项("我希望我能对自己有更多的尊重"),因为它在汉语中似乎存在语法上的问题(Cheng & Hamid, 1995)。

尽管一些心理学家(Harter, 1983;Wylie, 1979)已经指出,自尊在某种程度上是领域特定的,使用 Rosenberg(1979)自尊量表的研究显示,一般自尊是一个涉及各种心理变量的相关秉性变量(Wylie, 1979)。尤其是,自尊与儿童和青少年的学业成就有关。然而,Harter(1983)提供的证据表明,学业成就的提高预示着自尊的增强,这说明成功是自尊的决定因素,而不是反过来。几十年来,科学界对自尊的看法一直存在分歧,对这一概念的批评强调其纯粹的描述性、非因果性,而这一概念的支持者坚持它在人类心理学中的核心作用,例如 Branden(1984)指出:

> 从焦虑和沮丧，到害怕亲密或成功，到虐待配偶或猥亵儿童，（我）想不出一个不能追溯到低自尊问题的单一心理问题。

（Branden，1984，p.12）

经过几十年对自尊的研究，并试图提高自尊以培养广泛的积极成果，包括学业成就和心理健康，美国心理学会自尊研究小组对这一主题的情况发表了综合报告（Baumeister et al.，2003）。该报告的开篇是：

> 自尊对准确性没有任何定义性的要求。因此，高自尊可能是指对一个人的价值以及一个人的成功和能力的准确、合理、平衡的评价，但也可能是指一种膨胀、傲慢、夸大、毫无根据的自负优越感。同样地，低自尊可能是对一个人缺点的准确和有根据的了解，或者是一种扭曲的、甚至是病态的不安全感和自卑感。

（Baumeister et al.，2003，p.2）

总之，自尊是一种感知，而不是现实。

Baumeister和他的同事（2003）接着回顾了一些调查关于自尊的各种因果假设的实证研究。我们将在这里考虑3种假设。首先，研究发现，自尊与外表吸引力的自我评价之间的相关高达0.85（Harter，1993）。如果两个变量之间的相关为0.85或更大时，通常认为这证明两个变量测量相同的构念，那么人们可以得出结论，自尊量表实际上测量的是外表吸引力。然而，考虑到自尊量表中没有一项与外表有关，更有可能的解释是，无论话题是什么，人们通常倾向于高度评价自己，从而增强了这种相关性。如果是这样的话，自尊与他人评价的、"客观"吸引力之间应该没有相关。Diener、Wolsic和Fujita（1995）发现，自尊与他人根据头肩照片做出的外表吸引力评价之间的相关低至0.14，而与根据全身照片做出的外表吸引力评价之间的相关低至0.06。这些相关确实如此之低，以至于人们不得不得出这样的结论，自尊几乎就是对自己的高度评价。

其次，一项包含1.3万多名大学生的跨国研究发现，自尊与幸福的相关高达0.47，并且在该研究测量的所有变量中，自尊是幸福的最佳预测因子（Diener & Diener，1995）。Lyubomirsky、Tkach和Dimatteo（2006）以南加州一家公共事业公司的621名退休员工为样本，重复了上述研究结果，发现自尊和幸福之间的相关为0.58。总之，自尊和幸福之间的相关是强有力的，但人们也担心循环推理：是自尊导致幸福，还是幸福导致自尊？

最后，传统观点认为，低自尊会导致攻击行为、暴力行为以及其他形式的反社会行为。但是，Baumeister及其同事（2003）辩称，实证证据总体上支持相反的观点：当自我受到他人的威胁时，**自恋，膨胀的自尊**（即，自我评价比同伴评价更积极）以及其他类型的高自尊可能会导致攻击报复。总的来说，Baumeister及其同事定义的**自我危机**——即对自我过于积极的看法受到他人的攻击与低自尊相比，它更常与攻击性联系在一起。

Baumeister和同事（2003）总结了他们的评估，声称旨在提高自尊的干预会助长自恋和自负，因此就像回旋镖一样危险。相反，最好的幸福感是获得准确和平衡的自尊，将对自己客观优势的坦率欣赏和对自身局限性的认识结合起来。总之,人类需要的是准确的自尊,而不是高自尊。

自我效能

自我如何与环境相互作用从而产生一些关于自身处理困境的能力的基本信念——称之为**自我效能感**,社会认知理论(Bandura,1986)对此提供了一个全面的观点。这一理论假定自我效能感是领域特定的,并且跨生活领域的总体自我效能提供了对自我的整体评估。一般自我效能可以使用《一般自我效能感量表》(GSES;Jerusalem & Schwarzer,1992;提供多种语言版本:http://userpage.fu-berlin.de/health/selfscal.htm)有效可靠地进行测量,包含 10 个条目(例如,"如果我投入必要的努力,我能解决大多数问题"),根据 4 点量表从 1(完全不正确)到 4(完全正确)进行评分。一般自我效能的构念在概念上与一般自尊的构念相似,因为它包括积极的自我评价,但在两个重要方面有所不同。首先,自我效能的构念是人们关于自己处理问题的能力的信念,而不是成功与尝试成功的相对频率;因此,一个人即使失败也可以拥有高自我效能。其次,自我效能的构念源于理论。

社会认知理论(Bandura,1986)的所有成分都是纯认知的:**预期**、**信念**、**目标**和**内部标准**。

预期分为两类,一般的和具体的。一般预期适用于大范围的情况。具体预期适用于小范围的情况,甚至只适用于一种情况。该理论认为,具体预期是比一般预期更重要的行为决定因素,因为人们在评估情况时会做出大量区分,而这些区分是非常特殊的(即,它们在人与人之间有很大不同,甚至几乎因人而异),并且人们的行为根植于他们对情境的主观感知。预期的形式是"如果情况是____,那么我希望____会发生",填入的内容将根据手头的情况来完成。基于许多这样的编码语句,一个人会发展出与具体情境相匹配的行为模式。

自我效能感是指人们对自己在特定情况下能够产生所需行为的能力的信念,从而在该情况下具有行为能力。自我效能感可以通过"你有多大信心你在____情境中能够____?"这类问题来捕捉到,其中应填入所需行为以及需要该行为的情况的详细说明。因此,自我效能感不同于结果预期,因为它指的是行动的准备,而不是成功的可能性。然而,实际上自我效能感和结果预期之间的差别通常很小,除了那些结果被认为是无法控制的情况,例如抛硬币或掷骰子。

预期和信念形成配对,其中预期是指具体事件,而信念是指一个人面对这些事件的能力。这些被认为是行为的最重要决定因素。

目标和内部标准形成配对,其中目标指导行为,而标准允许评估目标导向行为的有效性。目标允许人们随着时间组织他们的行为并延迟满足。目标在时间参照(例如,短期与长期目标)、难度水平和特异性上有所不同。实现一个目标的进展情况是参照内部标准来评估的,这是人们在评估自己行为和他人行为时使用的主观标准。

人的自我调节能力遵循两种基本类型的自由:(一)选择和修改目标及内部标准的自由;(二)依靠自我强化——对自己行为的自我评价而不是依靠外部强化的自由。当一个人追求长期目标时,自我强化对于维持行为是必不可少的。

自我效能感理论上影响目标的选择(人们倾向于在他们感到更有效的领域中选择目

标)和目标的难度水平(人们倾向于选择匹配他们自我效能的需求)。自我效能感理论上也影响行为的许多方面,包括:

（一）人们在可用的活动中选择参与哪一个；

（二）进行活动时投入多少精力；

（三）追求活动时有多执着；

（四）参加活动前(同时预期情况)和进行活动时的情绪反应。

总之,每种情况下的行为可以用 3 个因素来解释:

（一）以前特定情境强化的历史；

（二）对于行为-强化连接的预期；

（三）相信所需行为是有效的。

理论上,自我效能感是由于人与环境之间复杂的、永无止境的相互作用演化而来的。有 4 个因素在任意时间点影响自我效能水平:(一)成就表现(过去在特定情况中实现特定目标的成功/失败经验);(二)替代经验(观察他人在相同情况下实现相同目标的成功/失败);(三)表现中的情绪唤醒(焦虑和压力阻碍自我效能);(四)言语说服(其他人对特定技能的评估)。

大量实证研究结果趋于一致,表明自我效能感对表现的影响弥补了客观技能的巨大差异;研究还发现,高自我效能有利于更大的控制感,从而更好地应对紧张的生活事件,并且在面对困难任务时与更少的焦虑和压力相联系(见综述 Bandura,1986)。此外,还发现自我效能与主观幸福感的指标相关。例如,Salami(2010)发现,在 242 名尼日利亚大学生的样本中,一般自我效能与生活满意度($r=0.19$)和幸福($r=0.28$)呈中等程度正相关。然而,这个研究和其他研究只是暗示了自我效能和主观幸福感之间的联系,因为它们没有控制其他的解释因素。

对于一般自我效能和主观幸福感之间的正相关,主要替代解释因素是什么呢? Judge 和 Hurst(2007)提出了一个广泛的构念——**核心自我评价**——包括 4 个成分:一般自尊、一般自我效能,神经质和**心理控制源**。我们已经在本章讨论了前两个成分(自尊和本节)。我们在第二章(情感的起源和结果)中遇到了第三个成分,并将在第四章(大五人格)中进行更深入地分析。第四个成分——心理控制源,表示从内控到外控的连续体中期望的个体差异:内控者倾向于期望从他们的行动中得到强化,而外控者往往期望强化独立于他们的行为(Rotter,1966)。Judge 和 Hurst 回顾了大量相关研究的证据并得出结论,一般自尊、一般自我效能、内部控制源和情绪稳定性(即,神经质的反面)之间的相关很强,以至于在某种程度上它们缺乏区分效度。核心自我评价的成分缺乏区分效度,这反过来意味着,一个成分(例如,一般自我效能)所表现出的与主观幸福感的联系同样可以归因于另一个成分(例如,情绪稳定性)。

Judge 和 Hurst 的分析意味着:

（一）没有强有力的证据表明,相比一般自尊,一般自我效能是更好的主观幸福感预测指标；

（二）虽然自尊的概念没有理论基础,而自我效能的概念是以理论为基础的,但它们根本上测量的是相同的构念。

总之，Baumeister 及其同事(2003)针对一般自尊构念的批评在很大程度上也适用于一般自我效能构念。特别是，虽然低自我效能肯定是适应能力差和主观幸福感低的表现，但不切实际的高水平自我效能可能代表着自我概念以一种有缺陷、适应不良和对社会有害的方式发展。

是否存在一些自我效能无法解释的实现幸福感的指标？这里有一个，很明显是边缘的，但仔细看非常重要。Bandura(1986)发现，到一定阈值，自我效能促进对特定活动的兴趣和行为投入；然而，任何超过阈值的自我效能的增加都不会导致对该活动产生更多的兴趣和行为投入。因此，在任何活动中感到非常熟练并不一定意味着我们有兴趣进行这个活动，或者我们将会真的参加该活动。如此，自我效能就无法解释为什么人们要发展终身兴趣，并坚持不懈地追求自己的激情并面对强大的困难。为了找到对实现幸福感这一基本方面的解释，我们现在需要把注意力转向研究自我的调节过程而发展起来的概念和理论，即自我调节。

自我调节

自我

弗洛伊德(Freud，1910)认为青春期是继**潜伏期**之后的**生殖期**性心理发展阶段。潜伏期是一段漫长且看似平静的时期，在此期间，**力比多**——即与生俱来的性能量，只能通过玩耍、上学和社交来间接表达，并且孩子对性失去了所有的好奇心和兴趣。相比之下，**生殖期**是性驱力回归并转变为成熟形式的时期，青少年面临着社会对其智力和实践能力发展的日益增长的需求。弗洛伊德将青春期的"狂风骤雨"解释为本能斗争和现实需求之间冲突的结果，并且他把青春期的结束和成年期的开始看作**自我**完全形成的时刻。

在弗洛伊德的人格理论中，自我是决策者，并根据现实原则做出执行决定。自我的主要工作是控制**本我**，它根据快乐原则寻求即时满足。自我通过延迟满足来控制本我，直到遇到满足需求的合适的社会情境。自我通过防御机制的手段来阻止、脱离或消除源自本我的无法接受的冲动。当来自本我的压力太强时，自我会产生焦虑。社会化要求自我变得强大，从而能够控制本我。然而，自我很难成功，因为它完全从本我中吸取能量；因此，自我的处境就是一个由其囚犯喂养的监狱看守。

自我心理学家将自我从本我的暴政中解放出来。White(1959，1960，1963)认为，自我产生它自己的独立能量，并且有自己的内在动机——**效能动机**，即控制活动并追求不断增长的能力的动机。其他精神分析取向的心理学家保留了 White 的观点，因为独立自我能量和效能动机的概念解释了其他无法解释的发展行为，比如探索和寻找能拓展自己能力的任务。许多新的自我相关的构念被引入是为了说明自我完整性并努力使其最大化：**自我力量**(Barron，1953)，**自我发展**(Loevinger，1976，1985，1993)，以及**自我弹性和控制**(Block，1971，1993；Block & Block，1980；Funder & Block，1989)。虽然这些概念之间在意义上有细微的差别，但都强调了儿童或青少年倾向于发展一种坚定的自我意识和应对压力的能力，延迟满足来实现远期目标，根据情况需要控制冲动的水平，以及建立和加深与他人的关系。

在自我心理学家中，埃里克森(Erikson，1959，1963，1968，1982)是对个体如何发展出稳定的自我意识提供了最清晰解释的人。埃里克森提出了人类发展的愿景，将其视为贯穿生命历程的8个心理社会阶段。这些阶段既是发育成长的也是社会决定的，是由内部和外部力量共同决定的，对所有人来说都是共同的(虽然它们对每一个人不一定是唯一的)，并且是连续的和部分重叠的，因为每个阶段从特定的年龄开始，并且可以跨越下一阶段的开端。总之，个人和社会环境相互作用，决定了一个人的终身发展轨迹。

每个阶段都以一个心理危机为特征。每一个危机都有两种可能的结果——积极的和消极的，并且每一个危机的结果决定了持久的积极或消极的变化，从而影响自我的整体发展。一个危机的结果是积极的，这个可能性取决于之前的危机是否以及在多大程度上被成功地克服了；因此，未解决的危机在未来阶段会产生累积效应。对自我来说，让事情变得更复杂的是，解决以往危机并不能保证下一阶段危机的积极结果。图3-1显示了8个心理社会阶段及其相关危机，以及它们可能出现的参考年龄。每个阶段的积极结果，顺序如下：(1)信任自己和他人，从而乐观；(2)意志的自我控制和做出选择的能力；(3)目标感和主动；(4)能够从事工作并从完成中获得满足感；(5)跨情境和时间的同一性；(6)能够团结他人；(7)能够专注于生产性工作和关系；(8)生命意义感和对自己生活成就的满意。特别地，埃里克森解释了在成年早期出现一个强大的自我是两大努力的结果：

(一)发展能力并向自己和他人证明。

(二)发展一种认同感，满足自己的独特需要并获得社会的接纳和他人的认同。

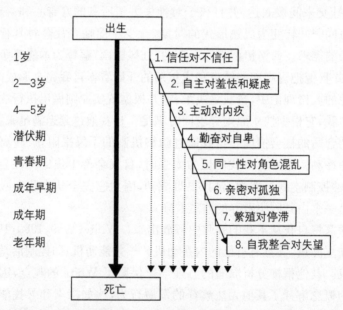

图3-1 埃里克森对人一生中心理社会阶段及其相关危机的分类

注：虚线箭头表示随着时间的推移危机的潜在跨度；
  斜线箭头表示阶段之间的相互依赖。

既然生活中唯一稳定的东西似乎是一种持续的心理社会危机和变化的状态，那么人们如何解释他们生活的因果关系呢？deCharms(1968)认为，有些人看待生活，就好像他们是"卒子"——也就是说，他们认为自己的行为受到外力的影响，因此他们具有一种**外在**

的因果观，而其他人看待生活，就好像他们是"根源"——他们认为自己可以自由选择，并且他们是自身行为的主要原因——因此他们具有一种**内在的因果观**。实证研究（如：Ryan & Grolnick, 1986）一致发现，内在（vs 外在）的因果观与效能动机、自尊和自我效能相关。总之，因果观补充了作为一个概念的自我观和作为一个调节过程的自我观。

效能动机、因果观以及认同感的概念为理解自我调节以及自我健康与不健康运作之间的差异开辟了一个全新的视角。我们将在下一节中看到，效能动机和因果观的概念如何发展成一个清晰的理论框架，在实验室和现实生活中都可以进行实证检验。我们将在本章（主体我和客体我）中进一步看到，认同感的概念启发了自我研究的叙事方法的发展，揭示了自我概念和自我调节之间错综复杂的相互关系。

内部动机、外部动机和自我决定

内部动机是一种由于人们发现任务有趣且令人愉快而参与任务的倾向，而外部动机是人们因为任务无关的因素，如对奖励或惩罚的期望，而参与任务的倾向（Deci & Ryan, 1985a）。自我决定理论（SDT; Deci & Ryan, 1985a; Ryan & Deci, 2000）把内部动机定义为内在的能量来源，它是有机体活动本质的核心。当它在与环境的互动中发展时，内部动机就变成了一种自然的倾向，激发自己的兴趣，锻炼自己的能力，并寻求和克服**最佳挑战**，即可以稍微扩展自己能力的挑战。总之，自我决定理论将内部动机视为整个学习和心理适应过程背后的关键自我调节力量。

自我决定理论认为内部动机和外部动机与不同的情绪组相联系。一方面，Izard（1977）提出，兴趣是内部动机的关键催化剂，因为它引导和放大对任务的关注，并激活新环境中的探索和控制行为。Csikszentmihalyi（1975/2000）提出乐趣是内部动机的关键催化剂，因为它提供了达到心—境性（one-pointedness of mind）和任务专注所必需的内在奖励。Deci 和 Ryan（1985, p.29）得出结论，"兴趣和乐趣是伴随内在动机的核心情绪"。另一方面，伴随外部动机的核心情绪是压力和紧张。正如第二章（情感和情绪复杂性）所预期的，自我决定特别重视特定的情绪：虽然兴趣与乐趣是积极情绪，压力和紧张是消极情绪，但该理论认为积极情感和消极情感的总体构念过于笼统，以至于无法理解情绪对动机、认知和行为的核心自我调节功能。

自我决定理论指出，当人们受到内部动机的驱使时，他们倾向于进入一种**任务投入**的状态，这意味着自我意识的丧失，感觉活动是自由选择的，缺乏关注除了活动有趣方面之外的动机，对可能意味着成功或失败的特定结果没有压力感，没有紧张感。我们将在第六章（自我决定论和心流）中看到，在更高的层次上，内部动机理论上更有可能出现心流，这是一种全神贯注于活动的状态。相反，当人们被外部动机驱使时，他们倾向于进入一种**自我投入**的状态，这意味着高度的自我意识，感觉活动是强加的，关注活动的可能结果以及强调成功和失败，对特定结果——例如成功地做某事或避免失败——有压力感，以及伴随着对活动缺乏兴趣和乐趣的紧张感。

内部动机最初是在实验条件下作为一种状态变量来测量的，是指在实验者离开后花在一项有趣任务上的自由选择时间：参与者在自己选择的任务上持续工作的时间越长，内部动机就越强（Deci, 1971）。如今，内部动机经常作为一个实验状态变量进行测量，即在进行实验或日常任务时体验到的兴趣和乐趣（如：McAuley，Duncan，& Tammen，1987）。

　　状态内部动机和状态外部动机在任何时候彼此都是相互对立的。能够关闭内部动机并促进外部动机的因素包括监视、竞争以及不提供表现反馈的奖励，例如无论工作质量如何，完成任务都付给报酬（Deci & Ryan，1985a）。当实验性地操纵这些因素来诱发外部动机的暂时状态时，参与者会表现出较差的概念获得（McCullers & Martin，1971），问题解决能力受损（Glucksberg，1962），以及较低的创造性产出（Amabile，1979）。

　　自我决定理论假定存在3种基本的普遍需要：**自主、能力**和**关系**。自主根植于内在的因果观（deCharms 1968），能力根植于效能动机（White，1959），关系根植于**归属需要**（Baumeister & Leary，1995）。满足这些需要的活动往往促进内部动机，而不能满足这些需要的活动往往阻碍内部动机。Deci 和 Ryan（1985a）引入**认知评价理论**作为自我决定理论的一个子理论，来具体解释这三种需要如何相互作用来影响内部动机。该理论假设，当且仅当自主需要得到充分满足时，能力和关系需要的满足才有助于内部动机。因此，只有自主、自我决定的目标能促进内部动机。非自我决定的目标有时能够有效地满足能力和关系需要，但在那些情况下它们并不会促进内部动机。

　　图3-2总结了当一个人参与一项能够满足一个或多个基本需要的任务时，基本需要、内部动机和行为如何相互影响的递归模型。连接不同变量的箭头表示因果路径。该模型指出，如果得到满足，所有3种需要都会促进内部动机，但要特别注意。源于自主的箭头与源于关系和能力的箭头相交，意味着自主调节了关系和能力对内部动机的影响。特别是，当且仅当自主需要的满足超过了某一阈值，关系和能力才会促进内部动机。内部动机通过促进探索行为，直接地和间接地促进了对最佳挑战的寻找。只要一个人真的找到最佳挑战，学习就会发生，这将满足能力需要。反过来，能力需要的满足将促进内部动机，这样内部动机行为的另一个循环将随之而来。最后，兴趣和乐趣的情绪伴随着这个过程的每一个阶段，但兴趣在探索和寻找最佳挑战时最为突出，而乐趣在学习发生时最为突出，因此能力需要得到满足。

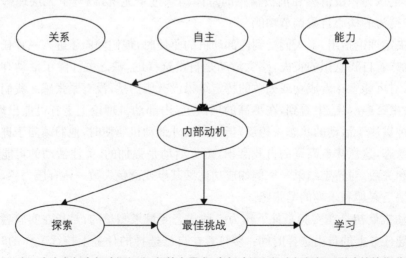

图3-2　当一个人参与内部动机行为时，基本需求、内部动机和行为如何相互影响的简化递归模型

Deci 和 Ryan(1985a)在 O - S - O - R(Organism-Stimulus-Organism-Response,有机体—刺激—有机体—反应)的框架内概念化了内部动机行为序列。缩略词中的第一个字母"O"表示有机体根据诸如兴趣、好奇或厌倦等经验状态正在积极地寻找和选择刺激。刺激"S"是有机体相对自由选择或忽略的行动机会。第二个"O"表示,一旦选择了要注意的刺激,有机体就会积极处理刺激并试图掌握它。如果所选择的刺激是最佳挑战(即,如果来自任务的挑战能稍稍拓展有机体的能力),将通过两步循环实现整合:

(一)有机体首先必须在没有足够任务结构的情况下应对刺激,因此用皮亚杰(1976)的术语来说,它将**适应**刺激并提供第一个、不可靠的反应"R";

(二)通过反复的刺激练习,有机体最终会发展出足够的结构来掌握它,因此用皮亚杰的术语来说,它将**同化**刺激并产生一个有力的反应"R"。然后,有机体将转向比前一个更具挑战性的另一个刺激上,并将在新刺激上重复适应—同化的步骤。通过几次适应—同化循环,有机体利用环境寻找学习的机会,并获得越来越复杂的心理结构。总之,内部动机行为的 O - S - O - R 表征为个人成长建构的能力提供了清晰的解释,而这是马斯洛(1968)和罗杰斯(1963)自我实现构念的核心。

如果一项任务无法满足一个或多个基本需要,从而不能内在激励,那么会发生什么呢?在日常生活中我们会遇到很多这样的任务,比如为赶上截止日期而早起,为了在家和工作地之间往返上下班而不得不花几个小时坐在车里或站在拥挤的地铁上,或填写我们面前的公务员认为非常重要的一份又长又复杂的表格。这是外在动机行为的领域,其中,我们显然注定要经历毫无兴趣和乐趣的紧张和压力,是吗?事实证明,人们处理只提供外在激励的任务的方式存在巨大的个体差异:有些人陷入了压力和紧张的情绪深渊,而另一些人看起来很平静,好像他们真的很享受这个活动。因此,这看起来人们在自我调节他们的外部动机行为的能力上有所不同。

Deci 和 Ryan(1985a)引入**有机整合理论**(OIT)作为自我决定理论的一个子理论,来解释个体学习如何自我调节外部动机行为的发展过程。该理论假设,内部动机是有机体整合过程的推动者,通过这个过程,一个人的内在和外在世界的元素首先被分化,然后与个体现有的心理结构和谐的整合。这一整合过程需要探索行为来提供能力的发展。探索行为通常是内在驱动的;如果它们确实导致了能力的发展,那么反过来它们又加强了内部动机。提供最佳挑战、自主支持以及能力反馈的环境促进探索行为并提高内部动机,而提供过度或不足的挑战、惩罚自主以及提供控制反馈的环境会阻止探索行为并妨碍内部动机。该理论假设,儿童的动机与环境之间的相互作用对心理社会发展有长期的结构性影响。

心理社会发展中一个普遍存在的问题,是社会所需要的一些行为本身并不有趣,因此不能通过内在激励的过程来学习。这些行为最初是为了避免偶然惩罚或者获得意外奖励而学会的。然后,学习向更高的**内化**水平前进,内化是儿童获得信念和态度并将其转化为自己的目标和价值观的过程。随着学习变得更加内化,儿童发展出更多的自我决定(即,自主)和更有效的机能(即,能力)。因此,内化是一种由自主和能力需要所激发的主动的、建构的过程。

当孩子在生命的第二年能够预期事件并对自己的行为有一些自我控制时,内化就成为可能。此时,他们遇到了来自成年人的强迫,这些成人为孩子的行为设限,并实施奖励和惩罚计划。该理论确定了一个四阶段的层次结构，表示渐进的内化水平。

外部调节是第一个阶段，在这一阶段儿童的行为只受外部偶然事件的控制。

心力内投是第二个阶段，在这一阶段儿童构建外部控制的内在表征，并使用它们为自己的行为提供支持和反对。心力内投比外部调节更有效，但意味着羞耻和内疚的情绪、内在冲突、僵化以及缺乏自我决定。

认同是第三个阶段，在这一阶段儿童认同他们的看护者，并通过这种认同，他们开始接受既定的行为准则，就像是他们自己的。认同在情绪水平上比心力内投更有效，因为它意味着更少的内在冲突和压力，以及更灵活的行为。

整合是第四个也是最高的阶段，在这一阶段儿童将他们确定的行为规则与其他认同整合在一起，从而形成一个连贯的自我调节结构。整合消除了经历内心冲突的可能性，并且最重要的是，它允许儿童根据自己的价值观和对自身行为的预期结果做出他们自己的自由选择。总之，整合代表了心理社会发展的最高水平。

那么，外部价值的内化与纯粹通过内部动机来区分的能力的整合之间有什么区别？这两个过程实际上有相同的终点。内化的终点是将一种文化所支持的价值观变成儿童自己的价值观，儿童理解并接受琐事有助于自己的目标，并顺利地应用内化的价值观，没有冲突。因此，内化的价值观产生自我决定的行为，即使它们不是内在动机的。然而，内化很难实现，因为它涉及环境需求与有机体天性之间的冲突，因此它需要广泛的适应，因为自我必须适应一个不会改变的外部世界。

图3-3呈现了各种动机及其自我调节风格，沿着自我决定的连续体排序。在连续体的最左端，是一种**无动机**的状态，意味着没有内部动机和外部动机，没有任何形式的自我调节，因此没有自我决定。当向右移动时，存在不同状态的外在动机，每一个都与对应于内化过程阶段的调节风格相联系；在层次结构中，内化的自我调节构成了最自我决定的外部动机状态。最后，在连续体的最右端，是一种内部动机的状态，它与一种内在的调节风格相联系，因此具有最大的自我决定。最后，自我决定的每个水平都与一种因果观相对应：当没有自我决定时，因果观是客观的；当自我决定水平低时，它是外在的；当自我决定水平高时，它是内在的。总之，该理论认为，最佳功能是为了实现高度的自我决定，也就是说，个体受到内在激励或外在激励并采用内化调节。

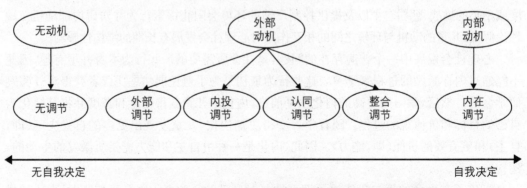

图3-3 各种动机及其自我调节风格，根据其允许的自我决定水平进行组织

资料来源：改编自 Ryan & Deci, 2000。

在这个连续体上,我们在哪儿?我们每个人根据情况处于多个点上,因此没有精确的位置。在任何情况下,一个人都有可能采用一种以上的自我调节风格,有时还会组合起来。这意味着连续体并不表示个体差异,因为同一个人在不同情境下可能会使用不同的自我调节风格——以及自我调节风格的不同组合。然而,正如我们将在第四章(因果定向)中看到的,自我决定连续体被用作定义和测量不同情况和时间下自我调节风格的广泛个体差异的基础。

自我决定——或自主是主观幸福感的指标吗?一方面,我们在第二章(心理幸福感的实现定义模型)已经看到,自主是 Ryff 和 Keyes(1995)的心理幸福感模型的六个定义成分之一。另一方面,Deci 和 Ryan 的(1985a)自我决定理论把自主看作心理幸福感的前因,这意味着高度自主是获得高心理幸福感的必要非充分条件。我们将在第四章(因果定向)看到,当自主作为一个特质测量时,可以预测幸福感的相关指标,并且我们将会在第六章(自我决定论和心流)看到,内部动机与能力和自主需要在理论水平上解释了心流的发生,这是一种心一境性和深度专注于任务的状态,代表着实现幸福感最纯粹的表达之一。

自我决定理论是一个普遍的理论,无论一个人来自何种文化,它都提供相同的解释。然而,在不同的文化中,内部动机和自主同等重要吗?就其对不同文化群体成员幸福感的影响而言,它们是否同样积极?下一节将呈现这些问题的理论争议和实证研究。

自我构念和自我过程的跨文化差异

在过去的 25 年中,跨文化心理学家对自我决定理论一些原则的普适性提出了挑战(Deci & Ryan,1985a),并声称日本人、中国人以及其他亚洲人的自我心理构成存在文化差异。在第一阶段,研究者们质疑自主的普遍相关性。在第二阶段,研究者们定义并测量了自我的文化依赖面,并使用这些新变量来测试幸福感预测因子在东方人和西方人之间是否不同以及在多大程度上不同。

Markus 和 Kitayama(1991)引入**自我构念**的概念来表示不断建构和修正自我认同感的复杂心理过程,并将其分为两组:**独立自我构念**和**互依自我构念**。独立自我构念倾向于将自己的存在解释为独立于社会环境和与他人关系的个体。互依自我构念倾向于将自己的存在解释为以互惠关系和承诺为特征的社会群体的组成部分。他们进一步提出,独立自我构念和互依自我构念在每个人身上都是并行、同步的过程。

这怎么可能呢?想象你正在参加 20 项陈述测验(TST;Kuhn & McPartland,1954),一张纸上有 20 个带编号的空白,然后问你对"我是谁"这个问题的 20 个回答,并写在这些空白处。这让你可以自由地提供自己的自我定义。例如,你可以在一个空白处把自己定义为"律师"——这表示独立自我构念,在另一个空白处把自己定义为"两个漂亮孩子的母亲"——这表示互依自我构念。"独立"自我定义的数量测量独立自我构念,而"互依"自我定义的数量测量互依自我构念。这样,你将得到独立自我构念的分数和互依自我构念的分数。自我构念的个体差异可以使用标准化问卷更有效、可靠地进行测量,如 Gudykunst 及其同事(1996)的《自我构念定向量表》(Self-Construal Orientation Scale)。该量表包括 29 项关于个体对自己看法的陈述,其中 14 项测量独立自我构念(例如,"我应该根据自己的优点来评价我"），剩下的 15 项测量互依自我构念（例如，"我在做出重要决定之前会与他人商量"）。要求参与者按照 5 点量表对条目进行评分，从 1（强烈同意）到 5（强烈不同意），中间点为 3（中立）。结果表明，在来自不同文化的许多样本中，使用本量表以及类似量表获得的独立自我构念和互依自我构念的测量结果几乎是不相关的（Gudykunst et al.，1996）；这一强有力的发现为如下假设提供了支持，即两种自我构念是在同一个体内共存的独立过程。

基于自我构念的双重表征，Markus 和 Kitayama（1991）声称，相较于西方人，东方人一般具有更少的独立自我构念和更多的互依自我构念。因此，经验丰富的选择对西方人来说很重要，因为这使他们有机会追求与先前行为保持一致，并实现成为独一无二的目标，而经验丰富的选择对东方人来说没那么重要，因为他们在不同社会情境中有着更具可塑性的自我认同，并且他们保持一致性和独特性的动机较弱。从这个角度看，自我决定理论不太适用于亚洲人。

Ryan 和 Deci（2001）反驳了上述等人提出的批评，指出 Markus 和 Kitayama（1991，1994）错误地将自主（即自由选择的意愿）等同于独立（即不依赖他人或者甚至**反抗**，也就是对他人施加的压力做出独立行动的反应）。因此，Markus 和 Kitayama 所说的"自主"在某些情况下是一种受控和压力行为的伪装表现。例如，和父母不喜欢的人结婚，就像和我们不喜欢的人结婚一样，是一种受控制的行为，因为父母希望我们这样做。

但是，无论关于自主含义的争论如何，人们还应该考虑自主的社会结果。Ward 和 Chang（1997）提出了**文化契合假设**，认为陌生人越能更好地适应东道国的文化，他们的自我构念就越接近东道国文化的典型自我构念。该假设预测，如果去西方旅行的东方人在与东道国文化成员的互动中强调他们的独立自我构念，那么将会适应得更好，而去东方旅行的西方人如果强调他们的互依自我构念，那么将会适应得更好。在这两种情况下，陌生人-文化匹配应该帮助陌生人理解本土视角，并避免与当地价值体系相冲突的行为。因此，亚洲文化中的自主可能会有积极或消极的社会后果，这取决于环境如何权衡个体独立的价值与社会依赖的价值。例如，虽然自主功能在中国社会化过程中得到了提升（Chao，1995），但其作用服从于发展良好人际关系的能力（Guisinger & Blatt，1994）。因此，中国人的自主行为表达可能会在他们的社会环境中根据情境因素收到不同的反馈：如果自主行为很好地融入价值体系中，那么反馈将是积极的，而如果自主行为被认为是对社会和谐的破坏，那么反馈将是消极的。总之，如果在社会环境解释和奖励自主表达的方式上存在文化差异，那么自主在集体主义的东方文化中可能不利于幸福感。

在支持和反对自主需要的普遍性上，实证研究提供了调查结果。一方面，研究发现，自主可以预测保加利亚工人（Deci et al.，2001）、日本（Hayamizu，1997）和俄罗斯大学生（Ryan et al.，1999）的主观幸福感，并且对北美和韩国大学生同样重要（Sheldon，Elliot，Kim & Kasser，2001）。另一方面，发现相比个人主义文化，经验自由与集体主义文化中的主观幸福感相关不那么紧密（Oishi，Diener，Lucas，& Suh，1999），中国单身母亲（Choy & Moneta，2002）和大学生（Kwan，Bond，& Singelis，1997）的主观幸福感与人际关系领域的性格比与自主领域的性格更相关，并且在实验任务中提供选择对北美大学生比对亚洲大学生具有更强的激励作用（Iyengar & Lepper，1999）。

这些发现表明,尽管自主需要是普遍的,但它的满足对亚洲人的内在动机和主观幸福感的促进作用相对较小。这意味着,对亚洲人来说,即使他们在活动中的目标不是自我决定的,一个活动可能是最佳的(为了体验内在动机)。此外,这些发现提出,内在动机对亚洲人的自主需要的促进作用相对较小。这意味着,对亚洲人来说,内在动机的增长并不一定会导致自我决定的增长。总之,在自主作用中发现的文化差异意味着,在亚洲人中,内在动机与自主的相关可能没有西方人那么强。

如果人们假设,独立自我构念和互依自我构念在某些情况下是自我决定的过程而在其他情况下是非自我决定的过程,那么理论上就有可能将自我决定理论(Deci & Ryan,1985a)与自我构念(如:Markus & Kitayama,1991;Markus,Kitayama & Heiman,1996)的跨文化概念相调和。特别是在某些情况下,互依自我构念可能是嵌入与他人一系列关系中的自主表达,并受到不破坏社会和谐的伦理约束。如果这一调和假设成立,那么应该有可能利用自我构念——在个人主义-集体主义的连续体上随文化而变化——来预测幸福感,并且表明在个人主义文化中独立自我构念更有助于幸福感,而在集体主义文化中互依自我构念更有助于主观幸福感。一项研究为这一调和假设提供了支持。

Kwan、Bond 和 Singelis(1997)提供了有趣的证据,表明自我构念产生了两条通往生活满意度的截然不同的平行路径,而特定文化的成员可能会更多地使用其中一条路径。他们通过开发和测试一个包含多个变量的路径模型得到了这一结果,这些变量的效果相互链接,从而产生了多米诺效应。这个模型的定义可以分解为以下两个步骤。

第一步,Kwan 及其同事(1997)假设独立自我构念促进自尊,因为它能激励一个人发展变得独立和自我实现所需的能力。那么,互依自我构念的贡献是什么呢? 他们假设,互依自我构念促进**关系和谐**——在关系中获得的亲密和质量——因为它激励一个人发展与自己的社交网络和谐相处所需的能力。他们还开发了一份简短的问卷——《人际关系和谐问卷》(IRHD)——来测量关系和谐。该问卷要求参与者首先为他们生活中 5 种最重要的二元社会关系分别指定伙伴的名字、性别和关系,然后根据从 1(很低)到 7(非常高)的 7 点量表为每种关系的和谐程度打分。计算 5 种关系和谐评分的平均值,作为关系和谐的得分。

第二步,Kwan 及其同事们假设,自尊和人际关系和谐都能促进生活满意度,但是对于个人主义和集体主义文化的成员,这两者的做法有所不同。以往各国之间的比较揭示,在西方文化中自尊与生活满意度尤其相关,在亚洲文化中两者相关较弱(Diener & Diener,1995),而以前没有人研究过关系和谐与生活满意度之间的联系。Kwan 和同事们假设,自尊和关系和谐对所有文化中的生活满意度都有独立和直接的影响,但在个人主义文化中自尊的影响更强,在集体主义文化中关系和谐的影响更强。

将第一步和第二步的假设放在一起,Kwan 和同事们提出了如图 3-4 所示的**生活满意度的全文化模型**。该模型指出,独立自我构念和互依自我构念产生了通往生活满意度的独立路径,一种由自我价值感和信念所激发的"个人主义"道路,一种由关系价值感和信念所激发的"集体主义"道路。最重要的是,可以通过两种平行的方式来感觉杯子是满的,一种是基于我们作为独立的个体看起来有多好,另一种是基于我们的亲密关系看起来有多好。

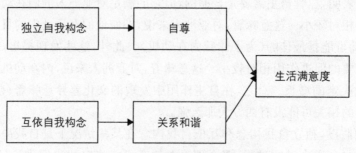

图 3-4 生活满意度的全文化模型

资料来源：改编自 Kwan, et al., 1997。

Kwan 和同事(1997)在美国和中国香港的大学生样本中,使用结构方程建模(SEM)测试了全文化模型。结果支持该模型并显示它能够解释一些文化差异,因为:

(一)在两个样本中都有良好的统计拟合。

(二)变量之间的所有假设联系在两个样本中都是显著的。

(三)在美国样本中,从自尊到生活满意度的路径更强,而在中国香港样本中,从关系和谐到生活满意度的路径更强。在中国香港样本中,从自尊和关系和谐到生活满意度的路径几乎是同等强度(分别是 $\gamma=0.45, \gamma=0.44$),而在美国样本中,从自尊到生活满意度的路径($\gamma=0.65$)强于从关系和谐到生活满意度的路径($\gamma=0.23$)。

总之,这些发现表明,对于集体主义文化的成员,自我价值和关系价值对生活满意度具有均衡的影响,而对于个人主义文化的成员,自我价值比关系价值对生活满意度的影响更大。

全文化模型的一个有趣推导是,因为亚洲人比西方人具有更少的独立自我构念,他们可能也比西方人具有更少的自尊。事实上,主要涉及中国青少年和青年的跨文化研究确定了一种**自谦**的倾向,它经常被解释成一种促进群体凝聚力和社会和谐的策略(Wheeler, Reis, & Bond, 1989)。自谦适用于一些人的看法,除了诸如自信和对经验的开放等能动特质(Yik, Bond, & Paulhus, 1998),并且它导致积极自我陈述——例如自尊量表中所包含的那些频率降低,但不会导致消极自我陈述的频率变高(Ip & Bond, 1995)。鉴于积极的自我概念通常被认为是心理健康的前提,但亚洲人和西方人在心理疾病的患病率上并没有差异,那么为什么亚洲人比西方人需要更少的自尊来保持心理健康呢？Ip 和 Bond (1995)提出,亚洲文化体系提供了更大的社会支持,因此亚洲人可能需要较低水平的自我认同来保持心理健康。

自我构念在横向上和纵向上是否稳定到个人主义者永远是个人主义者,集体主义者永远是集体主义者？有趣的证据反对了自我构念跨情境和时间的稳定性,该证据来自对自然灾害或恐怖袭击发生时出现的大规模应激行为的研究。Drury 及其同事(2009)开发了一个从伦敦地铁站疏散的虚拟现实模拟情境。在研究 2 中,将来自苏塞克斯大学的 40 名大学生等量随机地分配到一个高身份认同条件或一个低身份认同条件中。两种情况下的模拟是完全相同的,除了在高身份认同条件下,对紧急情况的文字描述强调参与者是与同一所大学的其他同学在一起,这旨在引出互依自我构念。该模拟允许参与者在向地铁站出口移动时产生两类行为：帮助他人或推开他人。相比低身份认同条件下的参与者,高身份认同条件下的参与者产生了更多的帮助行为,并且推开的次数更少。总之,这一研究和其他类似研究表明,自我构念会随着情境而变化,并且它们的改变对人际行为产生了巨大影响。

一个国家的公民自我构念作为一个群体是否在横向上和纵向上稳定到个人主义国家永远是个人主义国家,而集体主义国家永远是集体主义国家?国家可以位于个人主义—集体主义连续体的特定点上。Hofstede(2001;见 The Hofstede Center 的排名:http://www.geert-hofstede.com/geert_hofstede_resou rces.shtml)对 56 个国家的个人主义进行了排名。美国以 91 分位列第一,紧随其后的是得分为 90 分的英国和 89 分的澳大利亚。排在最后的国家包括巴拿马、厄瓜多尔和危地马拉,其分数分别为 11 分、8 分和 6 分。欧盟国家的排名高于中间值,法国得分为 71 分,德国为 67 分,而工业化的亚洲国家得分低于他们的欧洲对应国,印度得分为 48 分,日本为 46 分。随着时间的推移这些排名是否稳定,或者说,一个国家的人作为一个群体,根据社会和历史因素会变得更加个人主义还是更加集体主义?

Morrison、Tay 和 Diener(2011)研究了**国家满意度**——即对自己国家的满意度——与生活满意度之间的关系,使用由盖洛普公司收集的来自 128 个国家共计超过 13 万人的代表性样本的调查数据(1999—2013;使用方法见:http://www.gallup.com/se/128147/Worldwide-Research-Methodology.as px)。在整个样本中,国家满意度与生活满意度有一定相关($r = 0.47$)。此外,相比西方个人主义国家,国家满意度与生活满意度在非西方集体主义国家中的相关更强;该发现与这一想法是一致的,即具有更多互依自我构念的人在评估他们的生活时,更关注他们的群体表现如何,而具有更多独立自我构念的人在评估他们的生活时,更关注他们作为独立个体的表现如何。最后,相比富裕国家,国家满意度与生活满意度在贫困国家中的相关更强,在对地理位置进行统计控制之后该差异仍然存在(西方 vs 非西方)。这一发现表明,无论一个国家是个人主义还是集体主义,如果那个国家的经济不景气,集体主义会变得更为突出,并且人们将会使用更多的互依自我构念来评价他们的生活;相反,如果一个国家的经济状况良好,那么个人主义会更加突出,并且人们将会使用更多的独立自我构念来评价他们的生活。总之,看起来经济趋势会引起整个国家自我构念的变化。

跨文化研究提供了有趣的证据,表明自我过程是多面的和可塑的,这样,一个人可以同时构建一个独立身份和认同一个群体,并在两个自我认同过程之间切换,例如当与东道主文化的成员互动时。自我是否能够在功能模式上发生更戏剧性、更突然的变化?下一节将呈现一种更快速变化的自我观。有趣的是,这种观点与自我决定理论有密切的联系。

逆转

逆转理论(Apter,1982,1989;Murgatroyd,1985)认为,人们可以在两种元动机状态——**有目的**和**超目的**——下运转,并且能够在普通的一天中频繁地在两者之间切换或逆转。有目的状态是以目标为导向并避免唤醒的,而超目的状态是以享受为导向并寻求唤醒的。有目的状态往往发生在人们从事他们认为是"工作"并认为重要的活动时,而超目的状态往往发生在人们从事他们认为是"玩耍"并认为不重要的活动时。这两种元动机状态是自我与个体所从事活动之间截然不同的相关方式，包括目标设定和实现目标的时间框架，参与活动的选择感，对活动重要性的感知，以及活动进展顺利时产生的快乐源泉。

一方面，在有目的状态下，人们认为他们所从事活动的目标是由情境、环境或内在责任感强加的。人只是对情境要求作出反应。这个活动被认为是目标导向的，并且这个人针对最终结果的预期。因此，意识的内容是未来导向的，并且快乐主要是在期待一个积极的最终结果时体验到的。另一方面，在超目的状态下，人们认为他们能自由地选择所从事活动的目标。人在追求活动时是积极主动的。这个活动被认为是过程导向的，而这个人是针对当下的体验。因此，意识的内容是现在导向的，并且快乐主要是在进行活动中体验到的。

逆转理论认为，快乐情调（即整体的愉悦感-不愉快感）根据倒 U 形曲线随着唤醒而变化。在得出这一假设时，逆转理论加入了一些经典理论，这些理论假定了涉及唤醒的下凹曲线关系。Yerkes 和 Dodson（1908）首先提出，在任何特定任务中，学习和表现是唤醒的下凹函数：表现随着唤醒而提高，达到一定的阈值后，它随着唤醒而下降。为了表现得最好，一个人需要有恰当的唤醒水平。对于所有的任务，是否只有一个相同的恰当唤醒水平吗？Anderson（1994）发现，恰当的唤醒水平随着任务复杂性而变化，这样看来，如果任务很简单，表现会在高水平的唤醒下达到其顶峰，如果任务比较复杂，表现会在低水平的唤醒下达到其顶峰。这意味着唤醒存在一个倒 U 形曲线连续体，其中每条曲线适用于不同水平的任务复杂性，如图 3-5 所示。最左边的曲线表示一个非常简单的任务的耶克斯-多德森效应，最右边的曲线表示一个非常复杂的任务的耶克斯-多德森效应，而中间的曲线表示中等难度任务的耶克斯-多德森效应。每条曲线的最大值（m_1，……，m_n）发生在不同的唤醒值（a_1，……，a_n）。一个或多个倒 U 形曲线的模型，其中每一条曲线表示一个耶克斯-多德森效应，已经被用来解释许多心理过程，包括美德的运用，我们将在第四章（格兰特和施瓦茨：倒 U 形曲线）中看到。

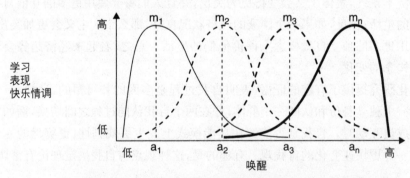

图 3-5 唤醒的倒 U 形曲线连续体，其中每条曲线表示在特定活动情境或个人内在状态下的一个耶克斯-多德森效应实例

注：m_1，……，m_n 表示每个曲线的最大值，a_1，……，a_n 表示发生在每个曲线最大值出现时的唤醒水平。

逆转理论应用变化的耶克斯-多德森效应的概念来表示快乐情调和唤醒之间的关系，但要注意两点：

（一）在最初的表述中，该理论只考虑了两条倒 U 形曲线：最左边的曲线，适用于有目的状态，和最右边的曲线，适用于超目的状态。

（二）在某种情况下哪一条曲线适用，这主要取决于一个人的内在状态，它可能是有目的的或超目的的，其次取决于任务特征和环境因素。

快乐情调在有目的状态下在低唤醒水平达到顶峰，在超目的状态下在高唤醒水平达到顶峰。此外，过低或过高的唤醒决定了有目的和超目的的状态之间不同的感觉模式。在有目的状态下，唤醒不足会引起冷漠的感觉，而过度唤醒会引发焦虑。在超目的状态下，唤醒不足会导致无聊，而过度唤醒会引起过度兴奋。在这两种元动机状态下，唤醒不足会促进唤醒寻求，而过度唤醒会促进唤醒回避。这意味着，如果一项活动不是最佳唤醒，人们会尝试调整活动或他们的行为来达到最佳唤醒。例如，如果一个电子游戏太简单，玩家会选择更高的难度水平，而如果游戏太难，玩家将选择较低的难度水平。总之，这个理论表明存在两种可能的最佳唤醒水平，一种适用于有目的的模式下进行的活动；另一种适用于超目的的模式下进行的活动。此外，同时支持有目的和超目的的模式的活动，将会有一个有目的的模式的最佳唤醒水平，和另一个超目的的模式的最佳唤醒水平。

有目的—超目的的区别也可以理解为是一个程度问题，即是一个从完全有目的到完全超目的的连续体。个体在有目的—超目的的连续体上的暂时位置可以使用 12 项《有目的/超目的状态量表》（T/PSI；O'Connell & Calhoun，2001；http://reversaltheory.net/org/about-the-theory/research/）有效、可靠地测量，其子量表严肃的-有意的/嬉戏的与唤醒寻求/唤醒回避分别有 7 个和 5 个条目。使用 6 点量表对条目进行评分，锚点根据条目而变化。

概念上，有目的—超目的连续体类似于由自我决定理论定义的自我调节连续体（Ryan & Deci，2000），其中低自我决定类似于有目的的状态，高自我决定类似于超目的的状态。从两种元动机状态的描述中可以明显看出，外在动机在有目的的状态中占主导，而内在动机在超目的的状态中占主导。最后，逆转理论和自我决定理论一致认为，在任何给定的时间点上，有机体不可能同时是有目的和超目的的，非自我决定和自我决定的。最重要的是，两种理论都表明，如果我们的日常生活处于一种超目的和自我决定的状态，心理调整会更好、更令人满意。

如果没有问题，只要稍等片刻，问题就会自己出现。当它真的出现并且需要时，我们真的可以自由选择我们所处的动机和元动机状态吗？一般来说，当麻烦到来时，我们如何定位自己并采取行动？下一节将讨论当一个人面对问题情境、承受压力，并应对情境需求时所激活的自我调节过程。

压力和应对

我们所从事的任何活动都会向我们提出要求，这取决于它们相对于我们的能力有多强，从而导致压力。Lazarus 和 Folkman（1984）的压力交互模型假设了潜在压力源与心理压力反应之间的动态关系。通过将压力定义为"人与环境之间的一种特殊关系，而这种关系被人们评价为消耗或超出了他的资源并危及他的幸福感"，从而强调了人与环境的相互作用（Lazarus & Folkman，1984，p.10）。

个体对压力源的反应理论上基于两个评价过程：**初级评价**和**次级评价**。在初级评价过程中，一个事件可以被认为是积极的、不相关的或有压力的。如果是有压力的，一个事件可以进一步被认为是有害的（即，个体认为心理和/或生理伤害已经发生了）、威胁的（即，个体预期会受到伤害），或挑战的（即，个体有信心克服压力）。在次级评价过程中，根据自己的应对资源来评估情境的需求。应对是指"不断变化的认知和行为努力来管理特定的外部和/或内部需求，这些需求被认为消耗或超出了个人的资源"（Lazarus & Folkman，1984，p.141）。应对包括个体在管理有问题的个人-环境关系时所采用的认知、情绪和行为策略（Folkman & Lazarus，1985）。本质上，次级评价问了一个简单的问题——我能成功地应对这个压力吗？——并提供了两个简单答案中的一个：

（一）是的，我能，因为我的应对资源超过了任务需求。

（二）不，我不能，因为任务需求超出了我的应对资源。如果答案是"是的"，那么这个人就不会感受到压力，而如果答案是"不"，这个人将会体验到压力。总之，感知压力是压力源在初级和次级评价过程结束时被评估为有压力的程度。如果人—压力源的相互作用持续一段时间，那么可能会重新评估该情境。

评价的情绪性结果是什么呢？ Lazarus（1991）假设初级和次级评价过程都会影响对压力源的情绪反应。实证证据支持这一观点，发现压力会引起消极的情绪反应（如：Kamarck，Peterman & Rayner，1998），并且与焦虑和抑郁相关（如：Bergdahl & Bergdahl，2002）。这意味着不成功的应对将会导致消极情绪，而成功的应对将会导致更少的甚至不会导致消极情绪。

应对压力时是否有可能体验到积极的情绪？ 最初，Lazarus 和 Folkman（1984）没有解决这个问题。随后，Lazarus（1993）提出，积极情绪支持应对努力，并且当需要强大的应对努力来配合一项非常艰巨的任务时，积极情绪会变得特别有用。然而，Lazarus 并没有提出，强大而成功的应对努力促进积极情绪。Selye（1983）理论化了这种可能性，将不健康和健康的压力区分开来，并引入**负性压力**（distress，dis 在希腊语中表示"坏"）表示前者，**良性压力**（eustress，eu 在希腊语中表示"好"）表示后者。Selye 将良性压力简单地描述为"愉快的成就感压力"（p.20），相对于主观幸福感而言，它更能描述实现幸福感。总之，积极情绪促进了高要求情境下的强大应对，并且如果成功了，会促进成就感领域的积极情绪。

那么，当我们应对一个费劲的压力源时，我们能否处于一种超目的、自我决定和内在动机的状态呢？是的，实现意义上，电影《角斗士》中，在与罗马激战之前，将军 Maximus Decimus 告诉他最忠诚的军队，"如果你发现自己落单了，迎着阳光，独自驰骋在草原上，不用迷惑。因为你已经在天堂，你已经死了！"他的士兵们笑着回应。但是，这并非享乐意义上的，因为我们在应对过程中可能不会体验到最高水平的愉悦感。总之，不管我们是否喜欢它，走出困境只有两种方法：一种是伴随着负性压力的失败应对；另一种是伴随着良性压力的成功应对。

是什么使应对成功？已经确定了两类主要应对策略：**问题聚焦**和**情绪聚焦**。问题聚焦应对旨在采取直接行动解决问题或搜寻手头问题的策略信息，而情绪聚焦应对旨在减少问题的情绪性影响（Lazarus & Folkman，1984）。虽然情绪聚焦应对可以暂时缓解消极情绪，但人们一致认为，从长远来看，问题聚焦应对是适应性的，而情绪聚焦应对是适应不良的(如:Zuckerman & Gagne,2003)。

一些问卷已被开发出用来测量应对策略,包括《应对问卷》(COPE; Carver, Scheier, & Weintraub, 1989; http://www.psy.miami.edu/ faculty/ccarver/sclCOPEF.html)及其简版,《简版应对问卷》(Brief; COPE; Carver, 1997; http://www.psy.miami.edu/ faculty/ccarver/sclBrCOPE.html)。应对策略的最新和全面概念化导致了《修订版应对问卷》(R-COPE; Zuckerman & Gagne,2003)的发展。R-COPE 有效可靠地测量了 5 种主要应对策略,即个体对压力源的反应倾向:**自我帮助**、**趋近**、**适应**、**回避**和**自我惩罚**。自我帮助应对是指个体在负性压力下维持自己的情绪幸福感,包括表达和理解情绪,以及向他人寻求情感和物质上的支持。趋近应对表示针对压力源的问题解决活动,包括积极计划和抑制竞争活动。适应应对是指接受问题不能解决但可以用一种积极的方式来重新解释,包括理解情绪、保持乐观和更换目标。回避应对使人远离问题,包括脱离、拒绝,以及责备他人。最后,自我惩罚应对会导致自我反思、自责,以及悲观的看法。

Zuckerman 和 Gagne(2003)根据 R-COPE 的二维二阶因子结构以及两个二阶因子与其他心理变量的实证联系,将 5 种应对策略分为适应性的(自我帮助、趋近和适应)和适应不良的(回避和自我惩罚)。特别地,研究发现适应性的策略与更高的自尊和积极心境(Zuckerman & Gagne, 2003),以及学习成绩提高(Cassady & Johnson, 2002)相关,而适应不良的策略与更低的自尊(Folkman & Lazarus, 1980)和更高的焦虑(Muris, Merckelbach & Bogels, 1995),以及学习成绩下降(Zuckerman & Gagne, 2003)有关。

适应性的应对策略是否总是适应的,而适应不良的应对策略是否总是适应不良的?在有些情况下是这样的,例如,研究者们调查了学生准备期末考试时使用的应对策略(Appelhans & Schmeck 2002; Moneta, Spade & Rost, 2007):由于该考试不会魔法般地消失,因此毫无疑问,趋近应对是适应性的,回避应对是适应不良的。然而,在某些情况下,理论上适应性的应对策略在实践中被证明是适应不良的。想象你有一个对你不好的坏老板:理论上,适应性应对策略是接近老板,并坦率地解释你的感受有多糟糕,但这会暴露你的弱点,并可能促使你的老板变本加厉。此外,如果一个人同时面对多个压力源,那么采取适应性的应对策略——如趋近应对,来同时处理其中的每一个压力源,可能并不明智。

Cheng 和 Cheung(2005a)认为,每一种应对策略都有利有弊,必须权衡,并且每一种策略在不同情况下有不同程度的用处。例如,监控一个威胁可以增加对可能的攻击的准备,但也会导致更多的焦虑。出于同样的原因,把注意力从一个威胁上转移可能会减少对可能的攻击的准备,但也会导致更少的焦虑。他们认为,根据压力源的差异以及对其权衡的整合来灵活选择应对策略的人,会更具有适应性。他们发现,**应对灵活性**高的个体:

(一)根据其可控性来区分压力情境。

(二)相比无法控制的压力源,他更多地监控可控的压力源(这是一件好事,因为监控和担心某种无法控制的事物是一种能量浪费)。

另一方面,应对灵活性低的个体对可控和不可控的压力源进行同样的监控。研究发现应对灵活性可以防止消极情感(Fresco, William, & Nugent, 2006),并缓冲消极生活事件对抑郁的有害影响(Lam & McBride-chang, 2007)。

总之，应对灵活性同时促进享乐幸福感和实现幸福感。

你现在一定累了，甚至也许有点苦恼。如果是这样，考虑到你所阅读的内容比较费力，这是一种正常的状态。关键问题是，你为什么要读到这里？如果你只是因为课程要求而这样做，那么麻烦来了，就像压力源经常产生的那样。相反，如果你这样做主要是自由选择，那么你是自找麻烦并且创造了你自己的压力源。为什么我们有时会把自己置于苛刻的情境中？这一定是因为我们有目标。但我们意识到我们所有的目标了吗？难道我们的生活是由我们没有充分意识到的强大梦想推动的吗？下文将呈现一种自我调节过程的观点，这个过程在某种程度上低于意识水平，并解释了为什么人们为扩展他们的生活而做出艰苦努力。

需要和动机

本章到目前为止，已经用相当抽象的术语描述了自我的运作，但一些明显并且重要的问题仍然没有解决。既然在生活中我们只能作有限数量的战斗，我们该如何选择呢？例如，为什么有些人花 10 多年的时间学习来获得硕士或博士学位，而另一些人梦想着他们最终能从义务教育学校毕业的那一刻？为什么有些人追求作为艺术家的职业，忍受着长时间的默默无闻，并经历不被他人认可的失望，而另一些人寻求一份安稳但有些无聊的公务员工作？为什么有些人投入如此多的精力来维持、保护和增进浪漫关系，而另一些人却毫不费力地从一段关系转向另一段？要解释自我组织和引导人们生活方式的个体差异，需要深入探究具有主题性质的动机力量，并在某种程度上独立于自我是否意识到它们的存在来引导自我的运作。Murray(1938)是第一个提出了主题力量综合分类的心理学家。

Murray(1938)认为，自我不是一个单一和静止的物体，它是一个**国会**，一群鲜活和独立的人物——就像在戏剧中一样相互作用，形成一个人独特的生活叙事。就像在戏剧中一样，人的生活是按时间设定的，由一系列逐渐变小的时间单位组成。一个人是在不断地处理和整合在线感知与过去的记忆和对未来的预期。因此，只有在一个人长期发展的背景下才能把握每一个行动的意义。

时间单位可以按如下顺序从更具体和更短暂的到更一般和更长久的来进行分类：**进程**、**周期**、**系列**和**系列规划**。进程是指一个片段，表示人与环境之间的单一互动。进程是独特的，并且一个人可能同时参与多个进程。每个进程都会在一个人的生命历程中留下痕迹，而进程的积累使一个人独一无二。周期是在给定时间内所有重叠进程的类别，并且有时可以看作是"生活章节"。系列是专注于单一生活领域的持久周期。最后，系列规划是指一个人在特定生活领域提升自己幸福感的计划，在该领域中，目标是层级结构的，并且在时间上组织良好。

一个人有可能以一种看似非混乱、独特（即每个人独有的）和有意义的方式进入到进程、周期、系列和系列规划中吗？Murray 的回答是，人类的生活是由内在力量（**需要**）和环境限制/机会（**压力**）之间一种无休止的相互作用推动的。需要是行为的主要决定因素；然而，一种需要是否会真正推动行为取决于压力，即环境鼓励或阻碍特定需求表达的倾向。每当一个特定需要和一个特定压力相互作用了足够长的时间，一个人会发展出一个生命

主题。例如,一个在贫穷环境中长大的、有强烈成就需要的孩子,可能会发展出英雄般的成就主题。主题是独特的,并为一个人的行动提供了纵向上稳定的指导,说明了一个人的生活非混乱且有意义——或至少是可以解释的发展。主题解释了我们为什么要参与有意义的行为序列。

Murray 认为,需要和主题很大程度上是无意识的(在现代术语中是**内隐的**),他开发了一种投射测验来捕捉它们,即主题统觉测验(TAT)。TAT 呈现图片,并要求参与者根据这些图片写出富有想象力和戏剧性的故事,解释是什么导致了图片中呈现的事件,描述发生了什么,并预测故事的结果。在研究应用中所使用的图片示例包括"桌边的建筑师""实验室中穿着实验外套的两个女人""空中飞人表演者""车间里的两个人(发明者)""平衡木上的体操运动员"(Smith, 1992)。TAT 抓住了利用**统觉**的主题,即一个人解释知觉并用自己的幻想和情绪"填充"模糊的或不完整的图片的过程。

通过整合理论假设和 TAT 应用中的数据,Murray 确定了 20 种需要。McClelland (1985)和其他研究人员数十年来对其中 4 种需要——**成就**、**权力**、**亲密**和**归属**进行了深入地研究。McClelland 将 TAT 重新定义为一种评估**动机**而非需要和主题的技术,这是一个人准备体验或寻求反复体验的首选体验状态。开发了严格的评分系统来有效和可靠地评估为回答 TAT 图片而编写的故事以及其他任何形式文本中的动机(Smith, 1992)。

成就动机是以卓越的标准在竞争中寻求成功(McClelland et al., 1953),其中标准可以是内在的(即,与自己竞争)和/或外在的(即,与他人竞争)。成就动机是指倾向于享受做得更好的体验,并寻找有这种体验的情境。与高成就动机相关的行为包括倾向于高目标但低风险、为实现目标而延迟满足、为了通过最短路径达到预期目标而欺骗或歪曲规则,以及选择从事商业和创业活动(McClelland, 1985)。在一项重要研究中,McClelland (1961)发现,23 个国家的儿童教科书中的成就主题预测了 30 年后国家的经济产出。

权力动机是寻求对他人产生影响并控制他们。权力动机是指倾向于享受对物体和他人产生影响并进行控制的体验,并寻找有这种体验的情境。相关的行为包括倾向于为了显露自己而冒高风险,成为他人工作的有效组织者,参与辩论,以及选择诸如管理者、教师和心理学家这样的支配性职业(Winter, 1973)。在一项重要研究中,Winter(1993, 2002)发现,在美国总统就职演说中的权力动机预测了后来由政治学家和历史学家评选的"总统的伟大",做出历史上重大决策的数量,和导致国家参战的可能性。

亲密动机是体验与他人之间温暖、亲密、交流关系的渴望。亲密动机是指倾向于享受感觉与他人团结在一起的体验,并寻找有这种体验的情境。相关的行为包括倾向于有更多的眼神接触、自我暴露和在一对一的谈话中分享秘密,以及多为他人着想。在一项重要研究中,McAdams、Healy 和 Krause(1984)发现,亲密动机与只和一个朋友见面的回忆、在与朋友的互动中扮演倾听角色的回忆,以及在与朋友互动时自我表露的回忆有关。

归属动机是寻求结交新朋友或与朋友和其他人聚在一起。概念上,归属动机和亲密动机的主要区别在于前者是指与他人建立积极的关系,而后者是指一旦关系建立了对其进行维护和深化。实证上,研究者做了许多尝试来开发关于归属动机的评分系统,但研究证实归属和亲密动机两者高度相关,并且很难区分(Boyatzis, 1973)。由于这一原因,不再研究归属动机。

　　这三种主题动机在同一个人身上是否相互关联？Emmons 和 McAdams(1991)在一个 72 名美国大学生的样本中发现，3 种动机之间从相当相关到弱相关。尤其是成就和权力动机相当相关，因此可以理解为**能动**的表达，而亲密动机与成就和权力动机之间只是弱相关，因此可以看作是**共生**的表达，这参考了 Bakan(1966)的能动与共生理论，将在第四章（人际行为环状模型和性别角色特征）中进行阐述。有趣的是，McAdams 及其同事(1984)发现，亲密动机和权力动机都与更多的社会互动回忆有关，但回想起的互动的性质在两种动机之间有所不同：高亲密动机的人往往回忆起更多在与他人互动中扮演倾听角色并进行自我暴露的例子，而高权力动机的人们往往回忆起更多在与他人互动中处于支配角色的例子。因此，亲密和权力都是社会动机，但亲密动机常常会导致一种共生的友谊风格，而权力动机常常会导致一种能动的友谊风格。

　　主题动机与幸福感相关吗？从概念上讲，当且仅当这些动机得到了满足，它们会促进积极的情绪。一个动机的满足需要两个条件。首先，某种动机强烈的个体应该找到适合满足该动机的情境；例如，一些具有强烈成就动机的人应该参与竞争性的活动，以体验与成就相关的积极情绪。其次，某种动机强烈的个体也应该具备满足该动机所需要的一组能力；例如，一些具有强烈成就动机的人在参与竞争时应该具备赢得比赛所需的能力，以体验与成就相关的积极情绪。总之，动机是私人财产，能够在环境机遇中有条件地促进积极情绪，积极主动地寻求动机相关的活动和个人能力。

　　实证研究支持动机和幸福感之间具有条件性相关的广泛假设。例如，Hoffer、Bush 和 Kiessling(2008)在一个 131 名德国大学生的样本中发现，生活满意度与成就动机和亲密-归属动机均不相关。但是，他们发现，这些动机调节心理幸福感的两个指标——环境控制和积极关系与生活满意度之间的联系。特别是，他们发现：（一）环境控制和积极关系与生活满意度之间呈正相关；（二）成就动机以这样的方式调节环境控制和生活满意度之间的关系，对于低成就动机的个体，两者的相关更强，而对于高成就动机的个体，两者的相关更弱；（三）亲密-归属动机以这样的方式调节积极关系和生活满意度之间的联系，对于高亲密-归属动机的个体，两者的相关更强，而对于低亲密-归属动机的个体，两者的相关更弱。Hoffer 及其同事们认为，意外的结果（二）可能表示，当一个人有足够的环境控制能力时，成就动机不会促进生活满意度，因为生活变得太简单、没有挑战性。此外，他们认为，预期结果（三）表示当一个人拥有很多积极关系时，亲密-归属动机会促进生活满意度。总之，该研究以及其他研究的发现表明，动机与幸福感之间存在复杂的条件性关系。

　　关于动机的研究受到了精神分析及其强调无意识会产生强大影响的启发。随着科学心理学整体从精神分析到认知视角的逐渐发展，研究者开始在认知心理学的框架内对动机进行研究。接下来将阐述主题动机的认知观。

个人奋斗

　　有研究发现内隐动机至少部分是潜意识的，受此启发，心理学家们专注于更具意识性的主题动机形式，这可以通过向参与者直接提问来进行调查。他们特别关注这些目标：（一）基于人们对未来结果的预期的目标；（二）有目的地旨在最大化未来积极结果和最小化未来消极结果的目标；（三）按层级组织的目标。

　　研究者们提出了几个相似的构念。Little(1983,1987)提出了**个人计划**的构念,即为了实现个人目标而采取的一系列相关行动,比如找一份兼职或在假期购物,这样人们就会思考它们,为之制订计划、实施,并且有时还会完成它们。Cantor 和 Kihlstrom(1987)提出了**生活任务**的构念,是指人们当前正在解决的问题,比如为退休或职业转变做准备,这样它们给一个人的日常生活活动赋予意义,并在重大人生转变期间变得更加突出。Klinger(1977)提出了**当前关注**的构念,是指两个时间点之间的动机状态——时间 1＝目标确认,时间 2＝达到目标或脱离目标,比如减肥、去旅行或者预约牙医,这样它们推动一个人持续的思想、情绪和行为,具有高度的特殊性,并且在人们的日常生活中以并行模式运行。生活任务、个人规划和当前关注都是独特的(即,人们往往有他们自己特定的列表)和常规的(即,它们可以在人的价值、复杂性和成功的可能性上进行比较)。影响在研究中使用这些概念的一个问题,是它们在人的一生中不断变化(即它们在纵向上是不稳定的),并且很难把它们彼此区分开来。

　　Emmons(1986,1989)提出了更少情境化和纵向上更稳定的**个人奋斗**概念,是指一种特殊但连贯的目标奋斗模式,代表了一个人通常试图去做的事情。奋斗高于目标,因为它们可以通过追求不同的具体目标以不同的方式实现。Emmons 开发了一套有效、可靠的程序从主题上评估奋斗。评估首先要求参与者自由地列出他们所有的奋斗,其定义是"在你的日常行为中,你通常或典型地尝试去做的事情"。向参与者展示奋斗的示例,并解释奋斗必须指向一个反复出现的目标,必须由实际行为来证实,可以是积极的(试图做某事)也可以是消极的(试图避免某事),并且无论一个人在实现目标上有多成功,都是积极的或消极的。

　　除了得到一份个人的奋斗清单之外,还有几个选择可以更深入地了解每一个人。例如,研究人员可能要求参与者对每一次奋斗成功完成时感受到的快乐以及失败时感受到的不快乐进行评分。此外,研究者通过询问每组"这一奋斗中的成功是否对其他奋斗有着有益或有害的影响(或根本没有影响)"来探究奋斗之间的相互依赖,根据 5 点量表来回答,从 -2(非常有害的)到 $+2$(非常有帮助),中间值 0 表示没有任何影响。

　　奋斗也可以由独立评估者有效地、可靠地进行编码,根据预先指定的标准,如成就、权力、亲密和归属的主题类别,使用为 TAT 开发的相同编码系统(Smith, 1992)。当按主题编码时,个人奋斗之间往往是弱负相关(McAdams, 1984),这表明个人奋斗在使用个人资源时相互竞争;因此,如果一个人在一个奋斗类别中投入更多的精力和时间(如,成就),那么将会在其他奋斗类别中投入更少的精力和时间(如,亲密)。

　　个人奋斗和动机是相关但不同的概念。奋斗是指一个人试图做什么,强调反复出现的目标导向行为。动机指的是一个人想要做什么,喜欢做什么,或者与什么有关,强调观念、意象和愿望而不是行为。因此,奋斗比动机更具有行为性和意识性。此外,动机比奋斗更具叙事性,因为它们通常被框定为以开头、行动过程和结局为特征的个人故事。总之,动机是内隐的,而奋斗是外显的。

　　Emmons 和 McAdams(1991)在 72 名美国大学生中评估了个人奋斗和动机,发现了TAT 动机和奋斗类别之间的相关,如表 3-1 所示。一般来说,属于同一主题类别的奋斗和动机之间是相当相关的。此外,成就奋斗与亲密动机成反比,表明那些有意识地试图达到目标的人可能会这样做，至少部分是因为他们潜意识里不寻求亲密。最后，归属奋斗与权力动机相关，表明那些有意识地试图与他人交往的人可能会这样做，至少部分是因为他们下意识地寻求权力。

表 3-1 奋斗的主题类别与 TAT 动机之间的相关

奋斗类别	TAT 动机		
	成　就	亲　密	权　力
成　就	0.37	−0.28	
归　属			0.28
亲　密		0.42	
权　力		0.15	0.41

注：表中仅包含在至少 $p < 0.05$ 水平上显著的相关系数。
资料来源：相关系数选自 Emmons & McAdams，1991。

与主题动机相似，主题奋斗本身并不预测幸福感。然而，Emmons 和 King(1988)评估了 88 名美国大学生的人际冲突程度和奋斗的矛盾心理，发现这些"消极"变量以有意义的方式与主观幸福感和健康的各种测量相联系。尤其是，冲突与更多的健康中心访问和更多的疾病有关，而模糊性则与更少的积极情感和更多的状态焦虑和状态抑郁有关。此外，Emmons(1992)评估了 100 名美国夫妇的奋斗水平(从低具体到高抽象)，发现了与主观幸福感指标的相关模式，如表 3-2 所示。有趣的是，奋斗水平始终与丈夫较低的幸福感相关，而只与妻子较低的生活满意度相关。总之，这些研究表明，整组奋斗的性质和内在联系影响主观幸福感。

表 3-2　夫妻奋斗水平(具体—抽象)与主观幸福感指标之间的相关

主观幸福感	丈　夫	妻　子
积极情感	−0.22*	0.04
消极情感	0.31*	0.19
生活满意度	−0.29*	−0.27*
配偶评价症状	−0.33*	−0.16

注：* $p < 0.05$。
资料来源：相关系数选自 Emmons & McAdams，1992。

目标

目标是最小和最简单的认知单元，使自我能够参与意志性和方向性的行为。目标很大程度上是有意识的，可以从简单到复杂，并且通常伴随着支持其实现的计划、策略和技术。在最简单的形式中，一个目标包括对当前情况 x 的认知表征，以及对未来理想情况 y 的认知表征。这个双重认知表征允许自我将目标构建为"我想将情况 x 变成情况 y"形式的陈述。

Carver(2001)提出，目标的主要分类介于**趋近**和**回避**的范畴之间。趋近目标引导动机接近期望的对象,而回避目标则引导动机避免不想要的对象。趋近动机以激励为导向,从而激发并引导行为朝向期望状态,而回避动机以威胁为导向,从而激发并引导行为远离恐惧状态。本章到目前为止所回顾的各种形式的动机——如动机和个人奋斗可以进一步分为趋近动机或回避动机。例如,亲密动机或奋斗可能代表着寻求与陌生人建立亲密关系的动机,或者避免失去已建立的亲密关系的动机:前者表示趋近亲密动机的例子,而后者表示回避亲密动机的例子。

Carver(2001)提出,趋近动机和回避动机在功能上是独立的,并且根据两种不同的自我调节系统影响情感和行为。他认为,情绪环状模型(如第二章图 2 - 1 所示)是不完整的,还应该考虑除了愉悦和激活之外的两个情绪特征:(一)一种情绪是为了接近一个期望的目标,还是为了避免一个不想要的目标;(二)目标导向行为是否成功。例如,**喜悦**和**悲伤**都属于**趋近过程**,其中前者表示成功,而后者表示失败。同样地,**安心**和**恐惧**都属于**回避过程**,其中前者表示成功,后者表示失败。因此,为了理解情感的变化,除了愉悦-激活之外,还应该考虑趋近-回避和成功-失败。后续研究一致证实,趋近和回避动机以不同的方式影响情感和行为:Gable 2006;Nikitin & Freund,2010;Puca, Rinkenauer, & Breidenstein,2006。

两种独立的——趋近和回避情感自我调节系统存在的广泛含义是,主观幸福感的终生游戏是在两张单独的桌子上同时进行的,因此为了达到总体的高快乐情调,一个人必须在趋近目标和回避目标上都取得成功。那么,考虑到衰老伴随着实现目标能力的下降,如何在年老时仍然是赢家呢?我们已经在第二章(背景变量和幸福)中看到,幸福不会随着年龄而下降,而对于没有下降的一个可能解释是,人们会随着年龄的增长来调整自己的目标,从同化应对,即改变生活条件来适应个人偏好,转变为适应应对,即改变个人偏好来适应限制。现在,这个解释可以重新诠释为,随着年龄增长,人们逐渐从趋近目标转向回避目标。这样的诠释可获得支持吗?实验研究提供了一些支持,向参与者呈现快乐、中立和愤怒面孔作为刺激(如:Mather & Carstensen,2003;Nikitin & Freund,2010b),其中:

(一)相较中性或负性的面孔,所有年龄的参与者对积极面孔呈现出凝视偏好。

(二)年长的参与者更回避愤怒的面孔,因此,相较年轻的参与者,他们有更多的回避动机。

但是,还需要更多的研究来理解趋近-回避自我调节系统如何随着年龄而变化,以及它们的变化如何影响主观幸福感。

成就目标

从自我决定理论(Deci & Ryan,1985a)的观点来看,成就目标可以看作是能够满足基本能力需要的行为的目的(Maehr,1989)和认知焦点(Elliot,1997)。Nicholls(1984)和 Dwek(1986)提出,根据个体如何解释能力,可以将成就目标分为**掌握目标**和**表现目标**。掌握目标的目的是学习新技能,增强自己掌控环境的能力,而表现目标的目的是产出看得见的结果,来证明个体相对于他人的能力。掌握目标和表现目标在能力标准上有所不同。一方面,追求掌握目标的成功是用绝对的和内在的能力标准来评估的,即通过获得技能和提高自己的表现和知识来发展能力。另一方面,追求表现目标的成功是用相对的和人际间的能力标准来评估的，即相对于他人的能力展示。总之，**能力定义**是一个维度，包括一端是专注于能力发展的学习目标，另一端是专注于能力评价的表现目标。

Elliot 和 McGregor(2001)通过引入第二个维度，**能力效价**，扩展了成就目标的分类。一个人可以将能力理解为成功或失败，因此成就目标可以分为趋近目标和回避目标。趋近目标的目的是达到理想的结果(即，成功)，而回避目标的目的是避免不理想的结果(即，失败)。因此，效价对应于 Carver(2001)引入的趋近-回避的区别，他用来解释针对目标类型的情绪反应以及对目标进展的看法。总之，**能力效价**是一个维度，包括一端是专注于获得成功的趋近目标；另一端是专注于避免失败的回避目标。

通过将定义和效价两个维度相结合，Elliot 和 McGregor(2001)提出了成就目标的 2×2 分类，如表 3-3 中所示，并且给出了《成就目标问卷》来有效和可靠地测量 4 种成就目标，其中每个目标使用 3 个条目来测量。掌握目标可以看作是内在动机的表达，而表现目标可以看作是外在动机的表达。此外，趋近目标可以看作是更自主的一面，而回避目标可以看作是两类动机中不太自主的一面。因此，掌握-趋近目标表示内在动机的典型表达(如："尽可能全面理解地本课程的内容对我很重要")。表现-趋近目标表示外在动机的典型表达(如："对于这门课我的目标是获得比大多数人更高的分数")。掌握-回避目标表示内在动机的弱化表达，因为这一目标是保持一种能力或技能而不是获得新的能力或技能(如："我经常担心，我可能学不会这门课上所有要学的东西")。最后，表现-回避目标表示外在动机的弱化表达，因此，在自我决定的连续体上，向无动机方向摇摆(如："对于这门课我的目标是避免表现不佳")。

表 3-3　成就目标的 2×2 分类

		定　义	
		掌　握	表　现
效　价	趋　近	掌握-趋近目标	表现-趋近目标
	回　避	掌握-回避目标	表现-回避目标

资料来源：改编自 Elliot & McGregor, 2001。

Elliot 和 McGregor(2001)在一个参加心理学课程(研究 2)的 148 名大学生样本中，调查了自我决定与成就目标之间的关系，发现自我决定与掌握-趋近目标是正相关，与表现-趋近目标没有相关，而与掌握-回避目标和表现-回避目标是负相关。这些研究结果证实了这一假设，掌握-趋近目标是高自我决定的表达，表现-趋近目标是中等程度自我决定的表达，而两类回避目标都是低自我决定的表达。

成就目标如何与实现幸福感相联系？Elliot 和 McGregor(2001)在参加两种不同心理学课程的 148 名和 182 名两个美国大学生样本中，调查了成就目标之间的关系，以及成绩目标与学习策略、预期考试焦虑和考试成绩之间的关系。他们发现，掌握-趋近目标预测了更深入的学习策略，表现-回避目标预测了更表面的学习策略和更多的预期考试焦虑，而掌握-回避目标预测了更杂乱的学习策略(研究 2)。此外，他们发现，表现-趋近目标预测了更好的考试成绩，而表现-回避目标预测了更糟的考试成绩(研究 3)。总之，研究结果表明，趋近目标促进认知效率和成绩，因此代表成就情境中的"积极"目标，而回避目标阻碍认知效率和成绩,因此代表"消极"目标。

最高的成就可以说是创造性成就。不同于其他形式的成就——如取得好成绩,获得大学学位,或在与其他候选人的工作竞争中获得晋升——创造性成就要求必须想出一个新颖的想法,能够解决别人不能解决的现有问题。因为几乎在人类努力的每一个领域——科学、艺术、商业、科技、政治或有组织的休闲活动,都可以发现大量有能力、聪明的人,他们能够想出一些其他人想不到的东西,并且比现有的任何东西都管用,这绝对不是一件容易的事。下文将回顾关于创造性成就中认知自我调节的了解。

创造性自我

什么是创造力? 这个令人望而生畏的问题可以通过观看一些公认的创意或产品示例来逐步了解。毫无疑问,路德维希·范·贝多芬的《第九交响曲》和阿尔伯特·爱因斯坦的相对论是创造性成就的经典范例。然而,许多成果已经成为我们日常生活的一部分,因此被忽视了,但它们都是有创造性的,尽管创新程度较低。例如,Spencer Silver 和 Aurther Fry 发现了一种问题胶水的用途,这种胶水粘不牢,因而发明了便利贴。一位不知名的发明者发现了一种问题肥皂的用途,这种肥皂可以漂在水中,因此发明了象牙皂。所有这些不同的创意和成果有什么共同点呢?

Amabile(1982,1996)将创造力定义为一个完成的想法或成果的特征,而不是一个人。如果一个完成的想法或成果是新颖的(即之前从来没有人提出过)和适宜的(即它可以很好地用于特定目的),那么它是创造性的。创造力可以通过领域专家们对单个形容词(例如,"创造性"或"独创性")的平均评分来评估,这些专家相互独立,并且对想法或成果作者的身份和特征一无所知。一致性通常是中等的,但符合其他属性的广泛评分,如人际偏好和外表吸引力。通过平均许多评价者对同一想法或成果的创造性评分,通常会获得有效的创造性评估。当对科学和艺术领域的主要专业性成就进行评估时,可以使用一致性技术很容易地评估想法和成果的创造性。

创造性成就在概念上如何与幸福感相联系? 毫无疑问,产生具有新颖性和适应性想法的能力是一种积极的个人特征,尤其是在工业国家,创新在与其他国家竞争的经济发展中起着根本作用。我们已经在第二章(未来研究方向)中看到,创造的能力和意愿并没有被列入主观幸福感或心理幸福感的指标。这确实很奇怪,因为通过创造和创新,个体会意识到自己作为自主和掌控的能动者的潜力。此外,只要一些创新有利于他人的幸福感,例如发现一种新的医疗方法或制定一项改善许多人生活的新的社会政策,创造力就允许个体与他人建立积极的关系。因此,创造力可以看作是实现幸福感的中心指标——尽管有些被遗忘了。

无论是什么任务,创造性成就总是可能获得的吗? Amabile(1982,1996)提出了**算法式和启发式**任务的区别。如果事先给某人一套完成任务的完整步骤,并且完成任务只是执行步骤的问题,那么这是算法式任务。相反,如果发现步骤是任务本身的一部分,那么这个任务是启发式的。然后,她认为,为了使创造性成就成为可能,一个问题必须是启发式的,也就是说,它不应该有一条清晰且容易识别的解决方案之路。算法式—启发式的区别发现了强有力的实证支持,因为奖励与算法任务的表现是正相关的,而与启发式任务的表现和任务愉悦度是负相关的（Ambile，1996，综述）。总之，当且仅当手头任务既是要求高的又是启发式的，自我才会具有创造性。

早期研究指出了产生新想法所需要的认知过程。Campbell（1960）区分了创造性过程的两个阶段：**盲目变异**和**选择性保留**。第一阶段的特点是随机产生的心理实验、想法、或重组现有元素以形成新的想法（即那些尚未被人拥有的想法）。第二阶段的特点是合理评估、选择和保留那些看似符合并值得进一步关注的新想法（在盲目变异阶段产生的新想法）。Campbell 称第一阶段为**发散思维**，第二阶段为**聚合思维**，这些术语永久地变成了心理学行话。

Guilford（1962）确定了发散思维的 3 个认知成分：**流畅性、灵活性和独创性**，并开发了用途测验来测量它们。用途测验要求参与者在固定的时间内列出一个常见物体尽可能多的用途（例如，一块砖）。列出的用途数量衡量流畅性。但是，列出的用途可能会全部落在同一语义类别中（例如，建造）或不同的语义类别中（例如，建造、破坏或艺术创作）。不同语义类别的数量衡量灵活性。最后，每一个列出的用途在整个参与者样本中或多或少都是一个常见的回答。个体回答的总体不寻常性用来衡量其独创性。总之，Guilford 认为，为了具有创造性，个体需要流畅性、灵活性和独创性。

Torrance（1965）开发了一种广泛应用的托兰斯创造性思维测验（TTCT），可以有效地、可靠地测量 Guilford 确定的发散思维的维度，以及另外一个维度，**精细性**，这是附加想法的数量，代表了创造性想法得到充分发展的程度。测验的最初版本只包含文字项目，而后来的版本也包含了图形项目。文字项目包括要求列出一个常见物体尽可能多的用途，并要求找到一种独创的方法来改进一个玩具。图形项目包括为一张图片想出一个有趣的原创标题，并完成一幅草图使其成为"没有人会想到"的图片或物体。在一项对 46 名美国高中生进行的纵向研究中，个体的流畅性、灵活性和独创性得分预测了 7 年之后创造性成就的数量和质量，并且比智力、学术成就以及同伴提名做得更好（Torrance，1972）。这些强有力的发现指出了发散思维技能的实践意义。

Amabile（1996）提出了创造力过程的成分模型，详细描述了发散思维和聚合思维的变化和功能。该模型认为，创造力过程以五阶段的循环进行：**任务展示、准备、反应生成、反应验证**和**结果评价**。任务展示包括确定需要创造性解决方案的问题，通常是因为没有现成的方法来解决它。准备包括获取成功尝试解决问题所需的所有相关信息、资源和技能。反应生成相当于 Campbell 的盲目变异，在这个阶段问题解决者进行思考并自由地产生尽可能多且不同的方法来解决问题。反应验证是 Simon 的选择性保留的第一个子阶段，在此阶段问题解决者选择一个生成的反应并评估其可行性。最后，结果评价是 Simon 的选择性保留的第二个子阶段，在此阶段问题解决者评估新想法的有效性和效果，并回答最重要的问题：它比其他竞争者更好吗？在大多数现实生活情境中，单个五阶段循环不足以得到一个新颖和适应的想法；因此，为了获得现实的成功机会，问题解决者通常需要参与一连串的五阶段循环。

Amabile（1996）的成分模型也解释了成功完成创造周期的每个阶段需要哪些个性特征和资源。该模型指出，一个人的任务动机、领域相关技能和创造力相关技能，如流畅性和灵活性，影响创造周期的每个阶段。任务内在动机主要在前三个阶段有用，因为它促进对问题的兴趣,学习需要的技能,以及发挥想法。外在动机主要在后两个阶段有用,因为它促进了新想法成为可出售产品的发展,从而产生金钱和自尊奖励。领域相关技能主要在反应生成阶段之前有用,因为它们预防性地将反应生成限制在那些有现实机会成为新颖和适应的想法上,并且在最后两个阶段,它为评估想法提供了参考标准。最后,创造性相关技能在反应生成阶段特别有用,因为这个阶段需要发散思维。

Simonton(2000)回顾了几十年来关于创造力本质及其前因后果的研究,并展示了研究结果如何集中在澄清7个关键问题上。

第一,创造力涉及正常的认知过程而不是"灵感",正如一些有创造力的人所描述的那样。灵机一动的体验是一种错觉,事实上产生新想法的大部分认知工作都在意识水平之下。这可以参考**激活扩散理论**(Anderson,1983;Collins & Loftus,1975),将记忆表征为相互连接的节点网络,其中每个节点对应一个概念,并且节点之间的每个连接表示概念之间的关系。假定每个反应都涉及信息检索,这一过程被建模为通过网络扩散的节点的激活。例如,在用途测试中(Guilford,1967),要求参与者说出一块普通砖头尽可能多的用途。想象一下,参与者语义网络中的概念"砖头"与概念"建造"和"墙"相联系。这个测验是一个刺激,可能会激活概念"砖头"。在"砖头"被激活后,激活可能会通过连接扩散到概念"建造"和"墙",来形成"用砖头砌墙"的反应。这一反应的实际发生取决于许多因素,如语义网络的特点,可能的替代反应以及时间限制。激活的扩展和速度取决于节点强度和连接强度。一个节点的强度是它的激活频率。从节点 x 到节点 y 的连接强度是 y 的强度除以网络中连接到 x 的所有节点强度的总和,包括连接 x 的节点 y(Anderson,1983)。例如,假设参与者 A 和参与者 B 在他们的语义网络中都有从概念"砖头"到概念"建造"和"墙"的连接。但是,参与者 A 的连接比参与者 B 的连接具有更大的相对强度。当两名参与者同时进行用途测试时,参与者 A 从"砖头"到"建造"和"墙"的激活扩散得更快。因此,在其他条件相同的情况下,参与者 A 比 B 更可能反应出"用砖头砌墙"。总之,人们只有在认知过程的最后阶段才会意识到一个新的联系(例如,当已经构建"用砖头砌墙"时),这解释了灵机一动的感觉。此外,人与人之间创造力的差异可以根据他们语义网络的结构性特征来解释。

第二,人们普遍认为不称职的人会想出最具创意的想法。与此相反,创造力需要大量的准备,根据不同的领域,这些准备工作平均需要至少10年的学徒期来积累足够的领域相关知识,这是 Amabile(1996)的创造力过程的成分模型所要求的。

第三,高智商并不是创造力的必要前提。这是因为超出阈值后,智力与创造力不再相关。

第四,一些人格特征——独立、不墨守成规、非传统的、对新经验开放和敢于冒险——容易产生创造力。我们将在第四章(大五人格和创造性成就)中广泛讨论这个问题。

第五,创造力更可能发生在支持自主从而允许内在动机表达的环境中,而不太可能发生在仅允许外在动机表达的控制环境中。这一发现与自我决定理论所作的预测(Deci & Ryan,1985a)完全一致。

第六,文化上多元和政治上四分五裂的社会环境有利于创造。可以说,缺乏一种牢固的文化参照系解放人们的思想。

第七，人们普遍认为创造性天才等同于疯狂，与此相反，支持创造力和心理障碍（如双相障碍和精神分裂症）之间联系的证据混杂。也许精神病理学对创造力同时具有积极和消极的影响，这可能会在总体水平上彼此相互抵消。

最后，需要注意的是，创造力领域的研究传统上采用了成果导向的创造力定义，因此使专家的判断优先于同行的判断，忽略了自我视角。然而，一些创造力学者最近更倾向于支持过程导向的创造力概念，认为这是一种学习过程，能激发个人行为，即使不能产生被专家评价为具有创造性的产出（如：Beghetto & Plucker，2006；Moran & John-Steiner，2003；Runco，2005）。尤其是，Beghetto 和 Kaufman（2007）提出了**迷你创造力**，在任何最终被专家判断为具有创造性的想法的产生过程中，这种形式的创造力都是必要的。迷你创造力本质上是一种新奇感、持续进步感，以及有意义的内在精神体验，可能并不总是被他人察觉和充分评价。总之，认识到普通的、迷你创造力的发展价值使日常生活创造力的研究更有趣、更值得追求。特别地，我们将在第七章（内在工作生活、进步定律和积极团队领导）中看到，项目团队成员工作生活中的日常迷你创造力是团队项目创造性成就的关键。

认知心理学是否足以理解现实世界中的自我调节？可以这样说，并不。这是因为现实世界包括其他人，因此，为了在与他人的竞争中获得成功、对他人施加权力或者爱他人，一个人必须与个人和群体互动。对于创造性成就来说尤其如此。为了看到一个新颖的好想法被他人认为是创新的，自我需要在与社会环境的动态互动中调节动机、情绪、认知和行为。下文将介绍社会心理学对理解创造性成就所需的自我调节的贡献。

社会情境中的创造性自我

到目前为止，本章很少关注自我运作的社会情境。Findlay 和 Lumsden（1988）介绍了创造性两个方面之间的区别：**发现**和**创新**。发现是在个体层面产生一个新颖的想法，而创新是社会对新想法具有创造性和适应性的认可。这种区别很重要，因为它指出了创造力不只是发生在一个人的头脑中，并且还涉及少数情况下以个人创造力得到认可而告终的社会过程。因为创造性成就最终需要社会认可一个新颖的想法，所以理解创造性自我需要仔细考虑允许自我发现和创新的社会结构和动力。

Kuhn（1969）研究了科学中发现和创新的社会动力。他提出，科学的发展是在长期的**常规科学**和突然的**科学革命**之间交替进行的。在常规阶段，科学领域是按照**范式**组织的。范式决定了科学目标以及实现它们所用的方法。迟早，每个范式会遇到造假和无法解释的结果，并陷入知识不再显著增加的僵局。这是范式的脆弱时刻，当处于边缘的科学家们有机会引入新想法时，在某些情况下会导致一场革命，一个范式的破坏，一个新范式的建立。

Kuhn（1969）区分了常规科学家与反常科学家所做的工作。范式促使常规科学家寻找符合范式理论和方法论的解决方案。因此，常规科学家的主要活动是解决范式的生存问题。与此同时，反常科学家看到了范式遇到的问题，但是他们并没有寻找与范式相一致的解决方案。他们宁愿相信这些问题是范式理论结构中整体问题的结果，如果不深刻地改变范式结构，就无法修复这些问题。因此，这些反常科学家的主要活动是破坏范式并建立新的视角。总之，虽然常规科学家和反常科学家都能提出创造性的想法，但这些想法的本质完全不同，常规科学家倾向于提出"微观解决方案"，而反常科学家倾向于提出"宏观解决方案"。反常科学家是科学革命的行动者，会导致旧范式的破坏和新范式的建立。因此，我们可以得出，创造力和创造潜能应该更多地存在于反常科学家而不是常规科学家。

Kuhn(1969)为常规科学家和反常科学家勾画了一种认知/语言类型学。常规科学家阅读相同的文献，并以类似的方式解释它。因此，他们在认知上是相似的。这种相似性允许他们在专业问题上达成较大程度的一致，相互进行快速的、没有争议的沟通。反常科学家可能阅读类似的文献，但他们的解读不同。因此，他们在认知上不同于常规科学家。这种认知差异性会产生两种结果。首先，常规科学家不会把反常科学家视为专家。其次，常规科学家和反常科学家之间的沟通是分裂且困难的。

范式专家对个体的创造性贡献如何反应？一方面，"常规"的解决方案显然是受欢迎的，因为它们没有对范式进行深刻改变就解决了范式的问题。另一方面，"革命性"的解决方案遭到了坚决抵抗，仅仅是因为那些作为范式领导者的科学家会被这场革命搞得过时，成为边缘人物。因此，毫不惊讶，在他们处于领导地位之前，他们会不惜一切代价把潜在创新者拒之门外。总而言之，对于所有真正的创造性想法来说，从发现——发生在一个人的头脑中，到创新——发生在范式的社会和认识论结构中的转变，都是一个相当麻烦和不确定的过程。

Csikszentmihalyi(1988,1996)提出了创造力的系统观，将 Khun(1969)的理论扩展至人类努力的几乎每一个领域。创造力同时包括个体、领域和学界专家。学界(field)"从个体产生的变化中选择那些值得保留的"，领域(domain)"将选定的新想法或形式保留并将传递给下一代"(Csikszentmihalyi,1988, p.325)。将领域和学界看作创造力组成部分的理由是：

> 在一个可能产生创新的领域，如果没有一个文化上定义的行动领域，那么一个人甚至无法起步。如果没有一群同伴来评价和确认创新的适应性，就无法区分什么是创造性的，什么只是统计上不可能或反常。
>
> (Csikszentmihalyi, 1988，p.325)

需要注意的是，领域和学界在导致个体发现的心理过程中也发挥着重要作用，因为如果没有获得足够的领域特定能力，就不可能提出一个新颖的、适应性的想法：

> 构成想法的信息早在创造性个体到达之前就已经存在了。它被存储在文化的符号系统、惯例、语言、"领域"的特定符号中。无法获取这些信息的人将不能做出创造性的贡献，不管这个人多么有能力或多么熟练。
>
> (Csikszentmihalyi, 1988，pp.329 - 330)

基于 Csikzentmihalyi(1988,1996)的创造力系统观，创造力过程可以看作是 3 个系统之间的连续信息流：领域、学界和个体。3 个系统的信息内容随着时间根据它们的相互作用而变化。在任何给定的时间，3 个系统信息内容之间的关系可以用文氏图以及集合到集合的映射来表示，如图 3-6 所示。学界映射到领域的子集。这意味着学界选择并提取领域中相关并且值得研究的部分，指导个人的工作以改进和重组这些主题，并通过教育、信息和资金等激励个人成为这些主题的专家并对此展开工作。个人系统映射到领域的子集。这个子集的一部分与学界映射到的信息（即，规定的能力）相重叠；另一个部分独立于学界的焦点（即，独立的知识）。个人系统还映射到未包含在该领域但属于其他领域的信息区域。这些独立的知识只有在被学界所接受和编码时，才能对该领域有所贡献。总之，个体只有通过教育获得足够的领域相关能力和足够的独立知识，才能想出一个新颖和适应的想法。此外，当且仅当在学界专家——即守门人允许的情况下，个体的创造性和适应性的想法才会被编码在符号领域中，从而成为创新。

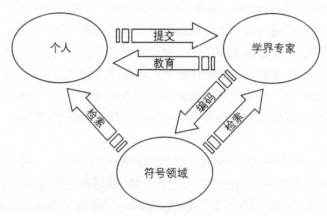

图 3-6　Cikszentmihalyi 的创造力系统观和创新
资料来源：Cikszentmihalyi，1988。

既然从发现到创新的道路是痛苦的，为什么有些人还会选择它？ Sternberg 和 Lubart（1996）提出了一种外在解释：人们为了获利而投资创造力。换言之，推动一个新想法通过"守门人"的痛苦是可以接受的，因为人们期待着创新带来的认可和金钱回报。这样的投资者寻找领域中不受学界专家欢迎的部分，有些原始但有潜力发展成创造性的想法。因此，用经济学的术语来讲，这些创新者试图"低买高卖"。

Getzels 和 Csikszentmihalyi（Getzels，1964；Getzels & Csikszentmihalyi，1976）提出了一种内在解释：**问题发现**，对环境的一种特殊探索态度，旨在找到一个合适的问题来面对。问题解决和问题发现很相似，因为它们都可以引发和指导探索行为。但是，由问题解决和问题发现所产生的探索行为因其目标性质而有所不同。在解决问题的探索中，一个人在进行探索之前就已经形成了问题，因此探索的目标是在一个新环境中找到这个问题的解决方案——或至少是一些如何找到解决方案的线索。在发现问题的探索中，一个人在进行探索之前尚未形成问题，所以探索的目标是找到一个有趣并且值得追求的问题。因此，对于 Getzels 和 Csikszentmihalyi 而言，当一个人获得了足够的领域特定能力，但对该领域的某些方面感到不满意，从而发现其中存在问题或至少是值得探寻的线索时，创造过程就开始了。在这样做的过程中，未来的创造者是由不满和兴趣的混合物推动的。

问题发现有多重要？ Getzels 和 Csikszentmihalyi（1976）发现，在问题发现上存在个体差异,并且问题发现的倾向对艺术家的职业成就有着长期影响。给参加芝加哥艺术学院美术课程的学生分配一个任务,在画布上画一个放在桌子上的三维物体。学生们的问题发现倾向是用他们在绘画前和绘画中所做的探索行为检查表来评估的,例如在物体周围走动、触摸和拿起物体,以及从不同角度观察物体。艺术学生的问题发现得分预测了他们的事业成功,这是根据他们中年时从其艺术品中获得的年收入来衡量的。

推动一个新想法通过"守门人"有多困难? 一个真实的例子可能有助于找到这个答案。Nadrian Seeman 是他 25 年前所创建领域的先驱(尽管他拒绝这个标签),他喜欢称之为"结构 DNA 纳米技术"。我们都知道 DNA 中掌握着生命的秘密,但我们大多数人甚至无法想象 DNA 可以用来制作如计算机芯片和纳米机器人等这样微小的技术产品,这正是结构 DNA 纳米技术的全部意义所在。在一次采访中,Seeman 解释了他如何看待自己的职业生涯:"在一夜情缘的 25 年之后,突然之间我一夜成名"(引自:Finkbeiner,2011,p.36)。在这 25 年里,Seeman 费了很大劲儿才获得了终身教职,同时也没有多少资金支持他的非主流研究。当问到他赢得著名科学奖项并看到一个不断扩大的新领域时,是否感觉良好,他回答说:"的确感觉很好,令人兴奋的是,根据 1980 年我喝啤酒时的想法出现了一整个领域。"(引自:Finkbeiner,2011,p.37)。总之,这个例子表明,一个创新可能需要一生的时间,并且这种努力很难用"低买高卖"的态度来解释;创造性自我肯定不止于此。

总而言之,几十年的研究已经表明,为了理解创造性自我的运作,我们必须考虑学界的社会组织、符号领域以及反对问题发现者的复杂社会动力,一边是守门人,另一边是他们的问题解决者军团。只有问题发现者有机会提出一个全新的想法,而这个想法可能会深刻地改变一个领域。如果他们这样做了,他们将不可避免地遇到强烈抵抗。下文(大五人格和创造性成就)将回顾那些在生活中成功并取得创造性成就的特殊个体的个性特征。

主体我和客体我

有没有一种方法可以调和自我的两种观点,作为概念的自我和作为调节的自我? 这两者之间是什么关系? 一个能影响另一个吗,如果能,如何影响? 本章的这一节回顾了对于这些问题的有趣尝试。

James(1892/1963)介绍了自我两个方面的区别,**主体我**(I)和**客体我**(Me)。McAdams(1996)基于 James 的区别,并参考几十年来对自我的研究,阐明了它的意义。主体我是**自我形成**(selfing),这是抓住现象经验作为自己的经验,并及时对自己的经验创造一种叙事性和统一描述的无止境过程。客体我是**自我**(self),是主体我创造的产物。根据本章的组织结构,客体我是自我概念,包括作为关键成分的自尊和自我效能感,而主体我是自我调节,包括作为关键成分的自我力量、自我决定、动机、奋斗、目标和创造过程。

为什么主体我会构建客体我? 根据 Erikson(1959,1968)和 McAdams(1996),因为我们都生活在一种意识形态背景中,迫使我们构建一个客体我,以在他人面前证明我们的存在和行为。意识形态是一个由价值、信念、意义和义务组成的系统体系,由特定文化的成员所共享或广泛认同。意识形态可以是广义的或狭义的,也可以是强的或弱的,取决于历史转折点:

至多，它是一个成员不明和目标一致的武装系统；至少，它是一种"生活方式"……一种与现有理论相一致的世界观、可获取的知识……不言而喻，无需任何证明。

(Erikson，1959，p.41)

意识形态涉及很多问题，例如，真实（如：什么是真? 什么是假?），善良（如：什么是好? 什么是坏?），宗教（如：上帝存在吗? 他怎么样?），伦理（如：什么是对? 什么是错?），本体论（如：什么是真的? 什么不是真的?），美学（如：什么是美? 什么是丑?），政治（如：什么是好的政府? 什么是不好的政府?），或工作（如：什么是好工作? 什么是糟糕的工作?）。意识形态在不同文化中可能大不相同，并且可能在同一文化中随着时间而变化。

Erikson(1968)提出，个体采用并个性化意识形态，并发展出一种可能在某种程度上偏离主流意识形态的**个人意识形态**。个人意识形态是情境，是人们发展自我认同感的背景；它构成了一个场景，在这个场景中，自我根据终身剧本扮演一个或多个角色。在这一点上，Baumeister(1986)坚持认为，发展个人意识形态以及嵌入其中的认同感的任务，最早出现在19世纪初的西方社会；在那之前，根据血统、性别和社会阶层，一个人被社会赋予一种基于固定地位的身份。

Erikson(1968)认为意识形态在青春期尤为重要。青少年开始将个人神话解释为意识形态情景下人生故事的"初稿"。个人生活故事中常见的陈述是"没有人能真正地理解我"，"没有人做过我做过的事"以及"我是独一无二的"。青少年持续探索他们的个人意识形态来寻找其同一性所依据的元素，并且他们不断改写自己的同一性，直到找到一个现实的——对自己和他人有说服力的版本。这解释了自我概念如何发展，以及当一个人发展出不切实际的、妄想的和过度积极的一般自尊时，事情如何变得非常糟糕，正如本章所述（自尊），这种自尊可能与自恋、无同理心和反社会倾向有关(Baumeiste et al.，2003)。

这就出现了两个问题：

（一）所有的青少年都在深入探究他们的同一性吗?

（二）是什么使他们整合成一个同一性? Marcia(1966,1980)发现：青少年1.可能会也可能不会经历同一性危机；2.可能会也可能不会致力于解决危机。

这导致在成年初期有4种可能的同一性状态。**扩散**状态，没有危机也没有承诺：年轻人没有思考过同一性问题，也没有描绘生活的方向。**延缓**状态，有危机但没有承诺：年轻人提出了关于同一性的问题并正在寻找答案。在**早闭**状态，没有危机也没有承诺：年轻的成年人找到了现成的同一性，而没有通过提问和寻找答案来解释它。最后，在**同一性获得**状态，有危机和承诺：年轻人寻求并找到了答案，构建了与同一性相一致的信念、价值观和人生目标。在一项开创性的研究中，Meilman(1979)分析了从青春期早期到成年早期的年龄趋势并发现，12岁时几乎没有人获得同一性，而到了24岁，1/5的人仍处于同一性扩散状态。总之，同一性的建构不是一个自动的成熟过程，并且跨越了青春期。

然而，Erikson(1968)将同一性心理社会阶段局限在青春期，McAdams及其同事(McAdams，2008；McAdams，Josselson，& Lieblich，2006)提出了终身同一性建构的理论，根据这一理论，人们通过创造、提炼和整合**潜意识意象**来建构同一性。意象是我们人生故事中的主要角色,是自我或自我定义的理想化化身,如治疗者、教师、顾问、人道主义者、仲裁者、战士、爱人和幸存者。每个潜意识意象包括并整合了一个人生活中的许多特征、角色和经历。潜意识意象是客体我(Me)里面的小客体我们(Mes),像人一样行动、思考和互动。潜意识意象是客体我各个方面的化身,人们相信自己在过去、现在和未来都是真实的;他们是个人神话中的主要人物,是个人生活叙事的基石。McAdams的观点是,人们在生活的不同时刻会改变自己的潜意识意象,尤其是在中年期和老年期。总之,主体我创造了一系列的客体我,因此是自我概念,并贯穿人的一生。

McAdams(1996)也提出了一个整合的三水平自我观。水平1包含所有无条件的**气质特征**,也就是,由主体我所建构的客体我的去情境化特征,例如一般自尊和一般自我效能——我们在本章(自我概念)回顾的——以及特质,这将是第四章的主要内容(全章)。这些变量被定义为**陌生人心理学**的成分,这是我们遇到一个完全陌生的人时首先会评估的一些变量。水平2包括所有的**个人关注**,这是客体我的情境化特征,主体我通过引导和激励未来的行为来及时显示它的存在。这些变量包括我们在本章(自我调节)回顾的所有认知-动机单元,例如目标、个人奋斗(Emmons,1986)、任务(Cantor & Kilhstrom,1987),计划(Little,1989)、脚本(Demorest,1995),策略(Buss,1987),以及当前关注(Cantor,1990)。最后,水平3包括所有的**个人故事**,即主体我为及时理解自己的生命和进化而不断构建的解释,包括对人生故事的更新和修改。与Baumeister(1986)看法一致,McAdams(1996,2008)认为这一水平是在最近几个世纪才形成的,因为社会文化环境开始迫使个体建立一种认同感,这种认同感在表达客体我的统一性上是连贯的、有意义的、独特的,并对自己和他人有整体的说服力。这三个水平相互动态影响,因此,例如,人生故事的改变(例如,为了成为一个有道德的人而活着)可能会促使陌生人心理学(例如,一般自尊的增强)和个人关注(例如,试着帮助有需要的人)发生持续变化。

如果自我概念——客体我,真的是由主体我通过个人关注和人生故事构建的话,对"积极自我"的科学研究会带来什么风险?Kundera(1988)认为,理性和科学形式的知识会腐蚀自我:

> 人在知识上越有所进展,就越不能清楚地看到作为一个整体的世界或他自己,于是他进一步陷入了胡塞尔的学生海德格尔用优美的和近乎神秘的短语所称的"存在的遗忘"(the forgetting of being)。
>
> (Kundera,1988,pp.3-4)

对Kundera来说,**理性**和**存在**是截然不同的,身份问题属于前者,而非后者。身份的问题是,我是谁?理性的问题是,我如何得到我想要的?这两个不同问题的答案可能在实践中趋于一致,因为一个人所能够得到的是定义自己身份的基础。问题在于,我们得到的并不能在所有情况下都揭示我们是谁。例如,一个得到很多女人的男人可能会把自己视为"唐璜"。然而,在唐璜(最有名的是莫扎特的歌剧《唐·乔凡尼》)的神话中,主角不仅仅是一个有很多女人的男人:这里,一个可怕的石头人3次命令他悔改;而唐璜3次都拒绝了,选择永恒的诅咒而不是悔改。可以说,没有多少自认为是唐璜的人会有这种绝对的不悔和勇敢；面对这样的挑战，那些临阵脱逃的人都是假唐璜。总之，关于积极自我的科学研究所带来的风险是，阅读积极心理学的人可能会发展出像廉价的唐璜模仿品一样真实的"积极自我"。

发展出一个不真实的客体我的结果是什么？想象这样一个人：他富有创造性又同时被外在的金钱和荣耀所驱动，是一个技能卓越的管理者。他得到了一份有声望的工作，然而，随之而来的是巨大的管理责任。如果他根据自己擅长得到的来解释客体我，那么他将主要把自己看作是一个经理和一个有抱负的人，从而会接受这份工作。但是，在这份工作中，在完成规定的管理任务后，他几乎没有时间去做任何创造性的工作。他会喜欢这份新工作吗？这取决于他作为一个经理和一个有抱负的人的客体我是否是真实的。尤其是，如果他的真实自我是一个创造性的个体，那么这份有声望的工作将会有效地变成其创造力的棺材。用自我决定理论（Deci & Ryan, 1985a）的术语，我们可以这样说，他做了一个"决定"，而不是一个"选择"，因为后者需要整合所有相关的自我结构和高自我决定。在这种情况下，他可能仍然认为他的幸福与他不真实的客体我是一致的——根据思维链"我得到了我所想要的"，因此"我对自己感觉良好"，所以"我很高兴"——但他的心理幸福感会受到阻碍。总之，发展出一种不真实的客体我的结果很难用测量一般自尊和整体幸福感的量表来检测，但结果可能是戏剧性的和普遍的。

总之，主体我如何构建客体我的心理学理论指出，自我概念是根据语境、主观、动态地来解释的。因此，自我概念并不总是现实和真实的。如果自我概念不是真实的，它会阻碍而不是促进实现幸福感。

未来研究方向

综合本章提出的几个观点，在此提出 4 个需要讨论和实证研究的广泛问题。

1. 享乐自我：越多越好

自我的享乐观意味着——明确地或含蓄地，各个社会角色越美丽、越一致，那么自我概念在时间上越稳定，自我和整个人就会越好。实证研究有力表明，一般自尊越强，一个人对生活越满意。但是，研究也表明，一些高自尊的人有严重问题，并且不被他人所喜欢，甚至可能对那些威胁到他们自尊的人而言是危险的。此外，比他人评价更积极的自我概念本质上是一种错觉，是一种现实的内在表征，在许多重要方面与现实本身不同。因此，自我概念的享乐假设是有问题的，未来研究应该确定一个积极自我概念是真正积极的具体条件。我们可以预见至少 3 个未来研究的方向：

1. 可能存在一些对幸福感很重要但与自尊相冲突的变量。

2. 将自我概念概念化并作为两个独立的构念来衡量可能会很有趣，(1) 关注人的积极面；(2) 关注消极面。也许正是缺乏自我批评，破坏了高自尊的积极性。

3. 研究人员可能会考虑这一可能性，自尊和幸福感之间的关系是下凹的，所以幸福感的最高水平与积极但不极端的自尊水平是一致的。在这一点上，Grant 和 Schwartz

(2011)提出了"好东西太多"的观点,假设一般自尊和包括美德的许多其他气质性变量,如果在很高程度的程度上拥有它们,则对幸福感有积极的影响,但是如果在极高的程度上拥有它们,则对幸福感有消极的影响。我们将在第四章(格兰特和施瓦茨:倒 U 形曲线)回顾 Grant 和 Scwhartz 关于实现幸福感和美德之间关系的论点。

2. 实现自我:一个或多个积极自我?

自我的实现观是如此不同,以至于没有一个单一的终点来发展一个功能完善的自我。换言之,一个成功的自我是局部的成功,而不是整体的。这反过来意味着,自我的发展必然伴随着冲突和权衡。例如,一个人可能在工作相关的成就中非常成功,但是,因为这个成功伴随着对浪漫关系没有作用的心理结构的发展,因此在人际关系领域可能无法取得成功。未来研究应该调查是否真的有可能在心理幸福感的各个方面都得到成长,并且仍然能够在特定的终身努力中取得圆满成功。如果这确实是不可能的,那么取得局部成功所需要的权衡就应该成为心理学理论的 部分。在这一点,我们将在第四章(人格—文化匹配和主观幸福感)看到,在所有文化中,没有单一的人格特质模式能带来最高的幸福感,因此对于不同文化有不同的最佳人格。此外,我们将会在第四章(大五人格和创造性成就)看到,最大化主观幸福感的人格特质模式并不能最大化创造性成就,反之亦然。通过类比,人们想知道本章研究的各种自我调节过程是否也会发生同样的事情:一种自我调节模式可能在一种情境、一种生活中是最佳的,而另一种不同的自我调节模式在另一种情境、另一种生活中仍是最佳的吗?

3. 主体我和客体我的整合

那些解释主体我如何通过书写和重写自己的生命叙事来诠释客体我的理论令人着迷。但是,有限的实证和纵向证据表明,自我概念随着个人生命叙事的变化而在重要方面也发生了变化;然而,我们还不能排除相反的观点,即自我概念推动了个人生命叙事的书写。此外,未来研究应该调查生命叙事的建构是如何适用于那些缺乏文学兴趣的人,以及那些不太强调个人需要写出与众不同的生命叙事的文化成员;简单地说,可能有相当多的人继续着他们的生活,而没有真正写出任何长而清晰的生命叙事。

4. 关于自我调节我们还需要做什么

自我似乎有一项复杂的调节工作要做,尤其是在商业、艺术和科学领域中要作出重大发现和创新的时候。本章回顾的概念不足以解释如此程度的复杂性,以及为什么我们最终不会陷入自我的消失,正如在本章引言中 Kundrea 所描述的那样。因此,其他因素肯定也在帮助自我完成其困难工作中发挥了作用。我们将在接下来的章节中看到,应该调用大量其他构念来解释在艰苦和持久努力中的自我调节。特别是,第四章将考虑人格特质所起的自我调节作用。此外,第五章(情绪的自我调节)会考虑特殊类型的特质所起的自我调节作用,如元认知(适应性元认知和非适应性元认知),即对自己认知和情绪过程的信念。这些特殊特质,不同于普通的人格特质,它们是可以改变的:我们将在第八章(正念认知疗法和元认知疗法)中看到,特意针对这些特殊特质的新型心理疗法似乎在修复和提高病人自我调节消极情绪的能力上非常有效。

自我发展和理解练习

这个练习包括和你的自我构念"玩耍"，并研究它们在各种情况下的变化及其对你的自我概念的影响。你将进行一项小型的纵向研究，其中你既是参与者也是研究者。

参与者阶段

作为一项研究的参与者，你需要在两个不同的场合——我们称之为环节 A 和环节 B——填写相同的问卷，时间至少间隔一周，这样你第二次填写问卷时将不会记得你第一次的答案。

环节 A　首先，回想一个你自己**完全独立**进行的个人、学习或工作项目，这个项目开始时困难重重但你最终成功地完成了。把它写成一个简短的故事——就像给一个朋友写一封信或一封电子邮件那样——强调你在应对项目挑战时的想法、情绪和行为，以及作为**唯一的赢家**获得**成功**时你的感受。其次，完成《20 项陈述测试》——这在本章自我构念和自我过程的跨文化差异一节中呈现——并计算你的独立自我构念和互依自我构念的分数。最后，完成《罗森伯格自尊量表》(http://www.bsos.umd.edu/socy/research/rosenberg.htm)，并计算你的自尊得分。

环节 B　首先，回想一个你作为**团队成员**参与的个人、学习或工作项目，这个项目开始时遇到了很大的困难，但你们团队最终成功地完成了。把它写成一个简短的故事——就像给一个朋友写一封信或一封电子邮件那样——强调团队在应对项目挑战时的想法、情绪和行为，以及团队作为一个**整体**取得**成功**时感受到和分享的情绪。其次，完成《20 项陈述测试》并计算你的独立自我构念和互依自我构念的分数。最后，完成《罗森伯格自尊量表》，并计算你的自尊得分。

研究者阶段

一旦你作为参与者完成了两个环节的数据收集后，作为一名研究人员，你应该比较两个环节中你的自我概念和自尊得分，并回答下列问题：

(1) 环节 A 中你的独立自我构念得分是否比环节 B 中更高？

(2) 环节 B 中你的互依自我构念得分是否比环节 A 中更高？

(3) 环节 A 中你的自尊得分是否比环节 B 中更高？

(4) 根据你对前面问题的回答，如何用自我构念的心理学理论来解释观察到的变化？

(5) 最后，你如何把这一小型纵向研究发展为一个包括参与者样本的真实研究？

推荐网络资源和拓展阅读

网站

研究机构：

■ 自我决定理论：http://www.selfdeterminationtheory.org/。

■ 逆转理论学会：http://www.reversaltheory.net/org。

■ 纽约州立大学布法罗分校，国际创造力研究中心：http://www.buffalostate.edu /creativity/。

本章中回顾的部分问卷可浏览/下载，可在你的研究中自由使用：

■《罗森伯格自尊量表》(Rosenberg，1979)：http://www.bsos.umd.edu/socy/research/rosenberg.htm。

■《一般自我效能感量表》(GSES；Jerusalem & Schwarzer，1992；有多种语言版本：http://userpage.fu-berlin.de/health/selfscal.htm)。

■《有目的/超目的状态量表》(T/PSI；O'Connell & Calhoun，2001)：http://reversaltheory.net/org/about-the-theory/research/。

■《应对问卷》(COPE；Carver et al.，1989)：http://www.psy.miami.edu/faculty/ccarver/sclCOPEF.html。

■《简版应对问卷》(Brief COPE；Carver，1997)：http://www.psy.miami.edu/faculty/ccarver/sclBrCOPE.html。

阅读材料

■ Baumeister 和同事们(2003)对自尊构念研究的批判性元分析。

■ Ryan 和 Deci(2000)对自我决定理论的简述。

■ Oishi 和同事(1999)对生活满意度预测因子的跨文化差异的调查。

■ Chao(1995)对中美母亲养育行为及其对她们孩子自我构念影响的定性研究。

■ Ellliot 和 McGregor(2001)对 2×2 成就目标模型的实证验证。

■ Simonton(2000)对创造力多因素原因论的分析。

■ McAdams(1996)在人格研究领域的心理学构念分类(这有助于理解后面章节中回顾的各种构念)。

第四章

积极特质

引言

　　根据 Allport(1961)的说法,特质告诉我们一个人在很多情况下通常会做什么,以及一个人通常会选择什么样的情境。例如,一个有责任心的人在工作中往往是有条理的、守时的和可靠的,同时在与家人、朋友以及无关的人相互交流时也是如此,并将寻找那些欣赏并奖励尽责行为的工作和熟人。一种人格特质的关键特征是频率、强度和情境范围,在这些情境中产生了一系列行为并体验到各种情绪。因此,如果人们频繁地、强烈地在不同的生活领域产生特质相关的行为并体验到特质相关的情绪,那么他们就在很高程度上具有这一特质。特质是一种内在的倾向,随着时间(纵向上)和情境(跨情境地)的变化是相对稳定的。

　　如果一个特质所涉及的行为和情绪的范围更大,并且适用的现实生活环境的范围更广,那么该特质就比另一个特质更普遍。例如,我们可以说"外向"比"健谈"更普遍,这是因为:

　　(一)外向包括健谈以外的其他行为或情绪,如善交际、关爱、友善和自发性。

　　(二)外向通常在所有情况下都会"出来",而健谈只有在以语言交流为主的情况下才可能表现出来。

　　自然地,特质研究者的雄心一直都是确定并测量一组有限的最普遍特质,由它们可以得出所有更具体的特质。

　　特质可以看作是从"消极"端到"积极"端的连续体,例如内向—外向、好斗—温和、吝啬—慷慨。个体可以处于该连续体的不同点上,因此特质允许表现个体的独特性(如连续体上的一个点)和个体差异(如连续体上两个点之间的距离)。大多数特质心理学家认为,只知道一个人的一种特质并不足以理解一个人:一个人独特的特质模式是理解这个人整体功能的基础。

　　第三章集中论述了自我的两个概念——作为概念的自我和作为调节的自我——并分析了自我概念和自我调节如何影响主观幸福感和心理幸福感,以及这两个自我构念如何动态地交织在一起。但是,这两个自我概念都没有明确地考虑到人格特质。自我调节过程可以自主地快速变化,也可以为应对不断变化的情境而快速改变,但特质是稳定的个体倾向,为自我调节提供指导和约束。为了更好地理解幸福感,我们现在需要特别关注特质如何在自我快速和可塑的运作之上促进或阻碍幸福感。

在积极心理学出现之前,特质心理学家从来没有真正问过自己,一些特质是否总是"积极的",而其他特质是否总是"消极的"。如果问到这个问题,他们中的大多数人可能会回答:"每个特质可能对个体和他人产生积极或消极的影响,这取决于具体情境。"例如,毫无疑问,外向特质给一个高度拥有它的人带来享乐优势,因为,正如在第二章(情感的起源和结果)中看到的,它在日常生活中不断带来更愉悦的情感。但是,想象一下,如果一个外向的人被单独送去冥王星执行太空任务:没有能用来收发电子邮件和访问社交网络的互联网,这个外向的宇航员将在一路到冥王星再回到地球的路上经历一场人间地狱。因此,大多数特质心理学家认为,不可能有一种特质在不同的情况和时间下始终是积极或消极的。

Peterson 和 Seligman(2004)提出了一整套全新的特质——24 项**品格优势**组成了 6 种**美德**——他们声称这些特质在特定意义上始终是积极的:如果我们在日常生活中使用它们——无论是在工作中,在人际关系中,还是在休闲时——它们会持续促进愉悦的情感和**真实的幸福**,这是一种超越单纯的愉悦体验的幸福,源于对生活的投入感和意义感。此外,Peterson 和 Seligman 认为,不同于其他人格特质,个体自身的**标志性优势**——即一个人拥有程度最多的一组性格优势——如果一个人在日常生活中识别并培养它们,这些优势会随着时间而变化。最后,Peterson 和 Seligman 声称,培养个体自身的标志性优势是通往真实幸福的黄金之路。这一发展将伦理学置于心理学的核心,并在科学心理学和宗教传统之间架起了桥梁。

本章专注于特质的"积极性",回顾了支持和反对一些特质始终是积极的这一假设的证据。本章的第一节回顾了我们对大五人格特质的了解,以及它们如何影响幸福感。第二节回顾了我们所知道的从心理学理论中衍生出的更具体的特质,以及它们如何影响幸福感。第三节回顾了发展和应用品格优势和美德这些构念的进展。第四节回顾了古代和当代关于美德的概念,指出不同美德之间,以及美德与幸福感之间存在着权衡,根据这些权衡,没有任何一种特质能够真正始终保持积极。第五节概述了有待讨论的问题、持续的争论以及未来研究的方向。

大五人格

特质研究简史

特质研究已有近 80 年的悠久历史,起源于美国,后来发展到英国,在那里它变得简单明了,并最终回到美国,在此它得到巩固并达成广泛共识。为了识别和解释特质,研究者们非常依赖因素分析。一旦获得了结构效度,研究者们就会寻找预测效度的证据,换言之,他们测试了所识别特质的分数是否能预测相关的心理现象。

在美国,Allport 和 Odbert(1936)通过查看英语中的形容词和简短描述来开始确定人类的特质，并发现了超过 1.8 万个候选特质词语。通过内容分析，他们将这个数字降低到大约 4 500 个词语，表示相对稳定的特质。通过消除冗余的词语和隐喻，Cattell（1943）将该列表缩减至 171 个。然后，他要求人们根据这些词语来评价他人，得到了所谓的 O 评价。通过分析 O 评价中词语之间的关系，他确定了 40 组特质。通过对大量数据组进行因素分析，他最终确定了 16 种基本特质，将其命名为**根源特质**。在英国，Eysenck（Eysenck & Eysenck，1975；Eysenck，Eysenck，& Barrett，1985）通过分析自己选择的条目，将人格特质的总数降低至 3 个，他称之为**超级因素**。在美国，通过因素分析在大样本和代表性样本上的大量应用，Costa 和 McCrae（1992）将人格特质的总数确定为 5 个——他们认为，这些都是必要的并且足够了，迄今为止，他们的主张已经得到了广泛的认同。

大五人格

大五人格模型或五因素模型（FFM；Costa & McCrae，1992）包含的特质是外倾性、神经质、开放性、尽责性和宜人性。

外倾性普遍倾向于善交际和易冲动，体验到积极的情感，伶俐且自信。例如，相较内向者，外向的人更喜欢与人交谈，感觉生活节奏更快，更常感到精力充沛。通常，外倾性意味着友好、关爱和自发性。

神经质是一种体验到焦虑、喜怒无常、沮丧、脆弱和自我意识的普遍倾向。例如，相比情绪稳定的个体，神经质的人更频繁地感到无价值、悲伤或沮丧。通常，神经质意味着紧张、不安和脆弱。

开放性是一种打破常规、求知欲强、富于想象力、审美敏感度、认知/情感分化，以及参与经验的普遍倾向。例如，相较封闭的个体，那些开放性的人更有可能做白日梦并喜欢这样做，更有可能思考抽象的想法，以及更有可能尝试新方法来解决问题，即使他们可以坚持过去行之有效的方法。通常，开放性意味着独创性、想象力、好奇心和兴趣的广度。

尽责性普遍倾向于自律、勤奋，以及"脚踏实地"。例如，相比不认真的人，那些尽责的人会把自己的物品保持得更整洁和更有条理，并且他们更有可能在学习和工作努力中追求卓越。通常，尽责性意味着自律、可靠和坚持不懈。

宜人性是一种利他的、共情的、温暖的、随和的，并且乐于助人的普遍倾向。例如，相比令人不快的个体，和蔼可亲的人更愿意合作，更不愿与他人竞争，以及更不愿操纵他人来达到他们期望的目标。通常，宜人性意味着仁慈、善良和宽恕。

人格特质在我们的基因构成中扎根有多深？研究者们用同卵双胞胎和异卵双胞胎作为研究对象（例如，Bloom，1964；Loehlin，1992），通过评估每一个大五人格特质的**遗传率**（heritability）——一个特质中归因于基因而非环境的个体间差异的百分比——来解决这个问题。在一项基于整个瑞典双胞胎注册中心共计 12 898 对双胞胎的研究中，外倾性和神经质的遗传率估计都超过了 50%，而其他大五特质的遗传率估计可以忽略不计（Floderhus-Myrhed，Pedersen，& Rasmuson，1980）。这些结果在明尼苏达大学的双胞胎研究中得到了实质性的重复（Tellegen et al.，1988）。通过调查来自许多不同国家的双胞胎数据，最终得到了更有效的遗传率估计。Loehlin（1992）提出了总体的跨国遗传率估计，并发现了每一个大五特质都有显著遗传决定的证据。尤其是，开放性具有最高的遗传率系数(46%),其次是外倾性(36%)、神经质(31%)、宜人性(28%)和尽责性(28%)。通过对大量研究进行元分析,Plomin、Chipuer 和 Loehlin(1990)得出结论,大五人格特质中的总方差(100%)可以分解为:40%归因于基因,40%归因于环境,剩余 20%归因于未知因素。总之,大五人格特质深深地植根于我们的基因构成。

特质相对较强的遗传决定使研究人员假定,特质通过进化过程演变而来。尤其是,特质进化可能是因为它们支持那些适应性行为,这些行为能够延长个体和群体的生存并提高繁殖。Goldberg(1990,1993)提出了大五人格特质的生物语言学论证——称之为**基本词汇学假设**,在 3 个方面进行了阐述。首先,大五特质对于我们物种的生存至关重要,因为它们使群体内的合作成为可能。其次,一个群体评估其成员大五特质的能力给这个群体带来了进化优势。因此,所有语言一定发展出了可以利用大五特质的形容词。

大五特质是在什么时候以及如何支持生存的?我们已经在第三章(主体我和客体我)中看到,McAdams(1996)提出将大五人格模型视为"陌生人心理学":一个人在大五维度上的位置是人们在和陌生人打交道时首先想要收集的信息。因此,McAdams 的解释表明,能够在大五维度上评估人的进化优势仅限于最初熟悉新朋友的情况。更具体地说,Kenrick 及其同事(1990)认为,诸如外倾性和情绪稳定性——与神经质相反,这样的特质很可能促进交配和繁殖,而像尽责性和宜人性这样的特质很可能会促进合作和群体生存。总之,大五特质具有生存价值,因而在所有文化中都有伦理价值。

大五人格和主观幸福感

主观幸福感的大五特质,即高幸福和特质积极情感,以及低特质消极情感的组合,预测性如何?正如第二章(情感的起源和结果)中预期的,控制了测量误差,特质积极情感与外倾性特质之间是强相关,而特质消极情感与神经质特质几乎没有区别。这就出现了两个问题。第一,外倾性和神经质与生活满意度相关吗?其次,外倾性和神经质中是否存在与主观幸福感更具体相关的特定子成分?

Emmons 和 Diener(1985)在 74 名和 62 名美国大学生的两个样本中,详细调查了人格特质与主观幸福感的 3 个成分之间的关系。人格的测量使用《艾森克人格量表》(EPI;Eysenck & Eysenck, 1975)——把外倾性作为两个独立的子量表来测量,即**社交性**和**冲动性**——和 16PF(Cattell, Ebert, & Tatsuoka, 1970)——把人格作为映射到大五人格维度的 16 个特质来衡量;尤其,16PF 将神经质作为焦虑来衡量,包括**紧张**、**温柔**和**内疚倾向**等 3 个子成分。主观幸福感的测量使用《生活满意度量表》(Diener et al., 1985),特质情感测量使用 PANAS(Watson et al., 1988),作为日结日记,样本 1 连续记录 86 天,样本 2 连续记录 56 天。与主观幸福感相关最强的特质是外倾性和神经质,以及它们的子量表。表 4-1 显示了最相关的相关系数。所显示的各相关系数绝对值大于样本 S1 的 0.19 和样本 S2 的 0.22,至少在 $p<0.05$ 水平上具有统计学意义。

关于第一个研究问题,表中显示,在用来测量外倾性的量表和两个研究样本中,外倾性和生活满意度在 0.29—0.35 范围内呈中等程度正相关,而在用来测量神经质的量表和两个研究样本中,神经质和生活满意度在 -0.31—0.02 范围内是弱负相关。因此,生活满意度是由外倾性预测的,在较小程度上由情绪稳定性预测。

表 4-1　在美国大学生的两个样本中(S1 和 S2)，外倾性和神经质的
不同测量与主观幸福感各成分之间的相关性

问卷/因素/量表		主 观 幸 福 感					
		积极情感		消极情感		生活满意度	
		S1	S2	S1	S2	S1	S2
EPI	外倾性	0.31	0.32	−0.05	−0.01	0.29	0.30
	社交性	0.29	0.49	−0.08	−0.10	0.34	0.40
	冲动性	0.05	0.08	0.18	0.30	0.01	−0.07
	神经质	−0.31	−0.14	0.61	0.33	−0.31	−0.08
16PF	外倾性	0.55	0.28	−0.08	0.17	0.35	0.33
	温暖	0.34	0.39	−0.31	−0.20	0.21	0.18
	伶俐	0.52	0.22	0.01	0.23	0.39	0.23
	敢为性	0.48	0.33	−0.10	−0.02	0.38	0.22
	焦虑	−0.36	−0.02	0.54	0.44	−0.23	−0.13
	紧张	−0.24	0.00	0.46	0.28	−0.20	−0.16
	温柔	−0.14	0.06	0.34	0.26	−0.17	0.02
	内疚倾向	−0.31	−0.06	0.48	0.43	−0.07	−0.15

资料来源：相关系数选自 Emmons & Diener，1985。

关于第二个研究问题，表中显示，外倾性的社交性成分与积极情感和生活满意度的相关最强，而神经质的不同成分与生活满意度之间的相关没有显著差异。因此，社交性似乎是外倾性的关键成分，促进积极情感和生活满意度。

也许 Emmons 和 Diener(1985)研究中最有趣的结果是这一消极发现：所有其他人格特质都与主观幸福感无关。Diener 和 Lucas(1999)回顾了各种研究，这些研究表明实际上其他大五人格特质与主观幸福感之间的相关很弱且不一致，他们还提出开放性、尽责性和宜人性是否促进主观幸福感，取决于环境如何奖励源于这些特质的行为。尤其是，Diener、Suh 和 Oishi(1997)认为，宜人性和尽责性可能对主观幸福感有间接影响，因为在大多数社会环境中它们增加了接受强化的可能性。最后，Larsen 和 Diener(1987)提出，开放性可能会影响对事件的反应程度：高开放性的人可能有更强烈的积极和消极情绪。总之，大五人格的两个特质——外倾性和神经质——与主观幸福感紧密相关，另外三个特质可能在与环境的相互作用中变得相关。

大五人格和心理幸福感

Schmutte 和 Ryff(1997)在一个 215 对美国父母的样本中，调查了大五人格特质与心理幸福感 6 个成分之间的关系。表 4-2 显示了这两组变量的相关系数。所显示大于 0.15 的各系数至少在 $p<0.05$ 的水平上具有统计学意义。心理幸福感的每个成分至少与 3 个特质相关。人生目标和个人成长与所有 5 个特质都相关。神经质与心理幸福感的所

有 6 个成分都是负相关,而外倾性和尽责性与所有 6 个成分都是正相关。除了自主,宜人性与心理幸福感的所有其他成分都是正相关。最后,开放性与个人成长是正相关。

表 4-2 大五人格特质与心理幸福感成分之间的相关

人格特质	心 理 幸 福 感					
	SA	PR	AU	EM	PL	PG
神经质	−0.70	−0.45	−0.48	−0.70	−0.54	−0.20
外倾性	0.43	0.44	0.24	0.31	0.38	0.43
开放性	0.03	0.06	0.17	0.04	0.16	0.42
宜人性	0.37	0.52	0.14	0.35	0.28	0.32
尽责性	0.52	0.38	0.39	0.67	0.54	0.31

注:SA=自我接受(Self-Acceptance);PR=积极关系(Positive Relations);AU=自主(Autonomy);EM=环境控制(Environment Mastery);PL=人生目标(Purpose in Life);PG=个人成长(Personal Growth)。

资料来源:相关系数选自 Schmutte & Ryff, 1997。

一方面,心理幸福感和主观幸福感的模型趋于一致,对于这两种幸福感,神经质始终是消极的预测因子,外倾性始终是积极的预测因子。另一方面,心理幸福感和主观幸福感的相关模式有所不同,与主观幸福感相比,剩余的 3 个特质——开放性、宜人性和尽责性——与心理幸福感的联系更为紧密和一致。总的来说,与主观幸福感的指标相比,大五特质与心理幸福感指标的相关更为一致。

大五人格和协调—不协调幸福感

我们已经在第二章(主观幸福感和心理幸福感的实证比较)中看到,一旦控制了测量误差,心理幸福感和主观幸福感作为整体潜在构念是紧密相关的,以至于人们怀疑这两种构念是否是同一个。考虑到这两类幸福感与大五人格特质的关系有些不同,因此关注那些拥有不协调幸福感的少数个体是很有趣的,即那些心理幸福感高、主观幸福感低(高PWB/低 SWB)的人和那些心理幸福感低、主观幸福感高(低 PWB/高 SWB)的人。特质如何区分这两类不协调的个体?

Keyes、Shmotkin 和 Ryff(2002)在来自 48 个州共 3 032 名美国成年人的样本中调查了这个问题。首先,他们将参与者分为四组:低 PWB/低 SWB,低 PWB/高 SWB,高PWB/低 SWB,高 PWB/高 SWB。然后,他们使用判别分析——一种统计技术,有助于识别那些区分不同群体中大多数成员的因素——来测试大五人格特质是否能预测 4 个小组的成员。对协调个体之间的比较显示,相比低 PWB/低 SWB 组的人,高 PWB/高 SWB 组的人往往不那么神经质、更外向以及更有责任心。对不协调个体之间的比较显示,相比低PWB/高 SWB 组的人,高 PWB/低 SWB 组的人往往更开放、稍微更神经质和更有责任心。总之,这些发现表明,神经质对两类幸福感有始终消极的影响,而外倾性和尽责性对两类幸福感有始终积极的影响,宜人性则与两类幸福感没有关系。有趣的是,开放性似乎以牺牲主观幸福感为代价来促进心理幸福感,表明当富有想象力的白日梦者醒来面对残酷的现实时,他们可能面临情感缺陷的风险。

人格—文化匹配和主观幸福感

尽管有大量证据表明，大五人格模型作为一个整体存在于不同文化之中，并且每个特质在不同文化中都有相似的内涵，但大五人格特质的平均值在不同文化中有所不同，并且这些变化与价值观的文化差异密切相关（Hofstede & McCrae，2004）。例如，平均而言，北美（白）人的外倾性得分高于中国人，可以说是因为自信、积极情绪和社交性的价值观在西方个人主义国家更受推崇（如：McCrae & Allik，2002）。这就出现了有趣的问题：特质和幸福感之间的关系是否因文化不同而不同？是否一种文化越重视某一特质，它与幸福感的联系越紧密？更广泛地，人格和文化之间是如何相互作用影响主观幸福感的？

Fulmer 和同事（2010）假设，如果一种文化高度重视某一特质，那么该文化的成员往往在这个特质上得分更高。反过来，在这种文化中，如果一个人在这种特质上达到了很高水平，将会参与社会比较，并在环境中觉得自己"刚刚好"。因此，在那种文化中，那种特质将与主观幸福感紧密相关。Fulmer 和同事在来自 26 个国家共计 6 224 名大学生参与者的样本中，测试了人格-文化匹配假设（研究 1）。他们发现，一方面，外倾性与过去一周的一般生活幸福和积极情感之间存在联系；另一方面，相比外倾性低的国家，这种相关在外倾性高的国家中更强。这些发现支持了这样的假设，即外倾性的人格特质和文化环境之间的匹配调节了外倾性和主观幸福感之间的关系。

基于人格-文化匹配假设，对我们每个人来说，最好的办法是搬到一个我们的人格与普遍人格完全匹配的国家。在这样的文化中，我们的"积极"特质（如，外倾性）会更有效地促进主观幸福感，而我们的"消极"特质（如，神经质）将更少有效地阻碍主观幸福感。那么，我们应该收拾行李然后去一个文化与我们人格完美匹配的国家吗？

另一种可能——尽管不那么费力——是成为双语者。成为双语者需要内化两种文化的价值观，因此意味着个体变成双文化的人（LaFromboise et al.，1993）。Hong、Chiu 和 Kung（1997）提出，双文化主义具有**文化框架转换**的潜力，这是指双文化个体可能会在显著的文化刺激下突然变换价值观。或许最显著的文化刺激是语言本身：那么是否有可能双语者在说一种语言时表现出一种个性，在说另一种语言时表现出另一种个性？这个有趣的假设将我们在第三章（逆转）中回顾的逆转和多重耶克斯-多德森效应的概念扩展到了文化。

Ramirez-Esparza 和同事（2006）在来自美国和墨西哥的西班牙语-英语双语者中调查了这个研究问题。在研究 1 中，他们评估了美国（n＝168 451）和墨西哥（n＝1 031）单语者在大五人格特质上的文化差异，并发现，通常，前者在神经质上的得分低于后者，而在其余特质上的得分高于后者。在研究 2—研究 4 中，他们使用同一问卷的英语和西班牙语版本评估了 249 名双语者的大五人格特质，并比较了参与者使用两种版本问卷所评估的特质得分。他们发现，通常，在回答英语问卷时，双语者在外倾性、尽责性和宜人性上的得分较高，而在回答西班牙语问卷时，在神经质和开放性上的得分较高。因此，除了开放性之外，语言似乎以这样一种方式触发了文化框架的转换，双语者在使用西班牙语时倾向于表现出墨西哥式的个性，而在使用英语时倾向于表现出美式个性。总之，这些初步发现认为，人们可以通过学习和文化适应发展出多个人格剖析图，每一个都匹配一种特定文化，并且可以在多个人格之间突然转换以优化它们在不同文化背景下的适应性。

大五人格和创造性成就

人格与创造性成就有何关系？我们已经在第三章（社会情境中的创造性自我）看到，在一个人的头脑中生成一个创造性想法是非常困难的，并且让学界专家认可该想法是创新的更是难上加难。因此，我们会认为最有创造力的人的个性是想象力和坚韧的特殊组合。

Barron 和 Harrington(1981)对创造力文献进行了定性研究并得出结论，"创造性人格"是一组相对稳定的特征，包括广泛的兴趣、高度评价经验中的审美品质、喜欢复杂性、直觉、解决矛盾的能力、精力旺盛、自信、坚定自己具有创造力、自主、独立判断。这个描述虽然有些模糊，但暗示了大五人格特质与创造力之间的关系。

纯粹根据理论，McCrae(1987)认为，开放性应该会促进创造性成就，有两个原因：

（一）开放性促进参与开放式的任务，从而增加了创造性成就的可能性。

（二）开放性促使一个人通过实践获得智力和发散思维能力，反过来，所获得的技能增加了以后创造性成就的可能性。此外，McCrae 认为外倾性增加了被认为有创造力的可能性，因为外向的人更容易表现出他们的创造性成就，但这并不影响实际的创造性成就。相反，King 和同事(King, McKee Walker, & Broyles, 1996)认为，外倾性的伶俐成分促进了创造性工作中的投入和效率。此外，他们提出宜人性阻碍创造力，因为这是与他人合作并避免冲突的一种倾向，因此增加了从众行为的可能性。McCrae(1987)提出，尽责性增加了完成一个创新项目的可能性，而 King、McKee Walker 和 Broyles(1996)主张，尽责性对创造性成就的影响截然不同：

（一）积极影响，因为它会导致毅力。

（二）消极影响，因为它阻碍了想法的发挥。

最后，McCrae(1987)坚持，神经质会干扰创造性工作中的投入。

Feist(1998)通过对 83 个实证研究进行元分析检验了这些假设，这些研究评估了大五人格特质和创造性成就之间的关系，比较了科学家与非科学家、更有创造力的科学家与缺乏创造力的科学家，以及艺术家与非艺术家。他发现，相比缺乏创造力的个体，更有创造力的个体有更多的开放性和外倾性、更少的尽责性和宜人性，但他们在神经质上没有差异。开放性是各种研究中与创造力相关最紧密的特质，其次是外倾性。外倾性对创造性成就的影响完全归因于自信成分，而社交性并没有影响。

来自 Feist(1998)研究的 3 个发现对于本章目标来说特别有趣。首先，创造性成就——一种"积极"结果——通过两个"积极"特质（开放性和外倾性-自信）和两个"消极"特质（缺乏尽责性和缺乏宜人性）的组合而最大化。其次，低尽责性和难相处的组合相当于艾森克人格模型(Eysenck & Eysenck, 1975)中的高水平**精神质**——绝对不是一种好的特质。反过来，精神质促进创造性成就的事实表明，创造性的个体可以说是有点邪恶的，因此它支持了这一广泛原则，即消极有时可以促进积极。最后，神经质——发现它是主观幸福感和心理幸福感的"害群之马"——与创造性成就无关，支持了并非所有消极都会阻碍积极的广泛原则。总之，根据 Kuhn(1969)对科学范式如何变化的分析，就创造性成就而言，需要一定程度的韧性来面对他人对自己新想法的抵制，低尽责性和难相处，虽然它们在绝对意义上是"消极"的，但可能在情境中是"积极"的，因为它们保护潜在的创新者免受社会压力的影响。

创造性个体是否在社会上被认为有点邪恶？在美国，Getzels 和 Jackson（1962）将高创造性组中六年级至十二年级的学生与高智商组的学生进行了比较并发现，相比后者，前者认为自己不太被老师认可。在中国香港地区，Spinks、Mei-Oi Lam 和 Van Lingen（1996）调查了教师对他们理想的学生和有创造力的学生的隐含看法。理想的学生非常符合优秀中国孩子的日常表现，其特点是自律、尊敬父母和勤奋，而有创造力的学生非常符合创造性个体的普遍定义（Torrance，1965），其特点是好奇、自信和独立。这些研究表明，在西方和东方，相比对聪明且顺从的孩子的喜爱，教师对有创造力的孩子的喜爱更少一些。这并不是说有创造力的孩子被认为是邪恶的——他们只是被认为没那么好。

总之，Feist（1998）的研究结果表明，创造力需要权衡社会期望的特质与社会不欢迎的特质。最终结果是，雇用"创造性人格"的雇主很可能最后会得到一个头脑开放（高开放性）、自信（高外倾性-自信）、不那么勤奋、无组织、不可靠（低尽责性）、不友善、不听话和好胜（低宜人性）的员工——即绝对不是一个具有"快乐人格"的人。归根结底，创造力是有代价的，而一个想要它的雇主必须为此埋单。

存在始终积极和始终消极的特质吗？

本节一方面回顾了我们对大五人格特质之间关系的了解，另一方面回顾了对大五人格特质与主观幸福感、心理幸福感以及创造性成就——意味着自我实现潜能的实现——之间关系的认识。我们也谈到一些证据表明，特质与主观幸福感之间的关系受到文化的调节，当人格与文化完美匹配时，主观幸福感会达到最大。通过这些分析，根据特质的积极或消极程度，特质的等级顺序出现了。

外倾性预测了多至全部 6 个心理幸福感指标。无论是外倾性的社交性成分或奖励敏感性成分都能预测更多的特质积极情感、生活满意度和幸福。最后，外倾性的自信成分预测了更多的终身创造性成就。总之，外倾性是一个始终积极的特质，也是大五特质中最积极的特质。

神经质总是预测较少的主观幸福感和较少的心理幸福感，但它不会影响终身创造性成就。总之，神经质是一个不一致的消极特质，也是大五特质中最消极的特质。

剩下的 3 个特质介于外倾性和神经质之间，它们的相对顺序取决于人们赋予不同幸福感指标的权重。开放性实际上与主观幸福感无关；它预测更多的个人成长，但与心理幸福感的其他指标无关；并且它是终身创造性成就的主要预测因子。尽责性和宜人性很相似，因为它们实际上都与主观幸福感无关，并且它们总是预测更多的心理幸福感，但更少的终身创造性成就。总之，开放性、尽责性和宜人性并不是始终积极或始终消极的特质，因为它们并不总是与幸福感的各种指标相关。

是否有这样的大五特质组合，能够同时让我们的主观幸福感、心理幸福感以及创造力保持最高水平？你可以通过玩一个游戏来寻找答案。想象正处于可以自由选择你的人格的理想状态下：你会选择什么样的大五特质模式？例如，我的梦想是拥有最高的幸福和最高的创造力。因此，我会选择非常外向、情绪非常稳定、非常开放、非常不负责和非常难相处：有了这样的组合，我可以最大化幸福和创造力，从而我将拥有一切。我可以吗？那么低尽责性和低宜人性的副作用呢？当然，那些会损害我的心理幸福感，并且它可能会阻碍我与他人建立和保持良好关系的机会，也可能会妨碍我寻找共度一生伴侣的机会。看起来好像我真的不能拥有一切。你会怎么选？

特殊特质

五个或者更多？

大五人格模型是人格研究中最常用的。这是否意味着只有 5 个特质值得关注？或许解决这个问题的最好方法是回顾大五模型是如何发展起来的。

我们已经看到，特质研究是描述性和探索性的。每个特质的概念解释都是一种"添加"，为了解释为什么一种特质与某些心理变量有关。例如，外倾性与积极情感之间关系的发现促进了解释和进一步研究。后来发现，只有外倾性的社交性成分与积极情感有关（Emmons & Diener，1985）。这个结果促使了更多的解释和研究，最终人们发现，积极情感实际上与奖励敏感性有关，而反过来奖励敏感性又是外倾性的核心成分；因此也证实社交性是外倾性的副产品，而不是其核心成分（Lucas et al.，2000）。总之，大五人格模型是人格描述观的顶点。

相反，从理论开始，然后到数据，人们确定了一系列广泛的人格特质。本节回顾了与积极心理学特别相关的三组理论驱动特质。我们将试着确定其中一些特质是否始终是"积极的"。

人际行为环状模型和性别角色特征

从进化的视角来看，最基本的动物和人类特质是那些与生物性别有关的特质：男子气和女子气。在人类中，男子气和女子气当然也受到社会因素的影响，包括一种文化支持的性别角色，以及儿童适应这些角色的社会化方式。例如，在西方国家，一贯鼓励男孩玩武器玩具，女孩玩娃娃，除了通常的例外。这样，无论天生的性别相关潜能是什么，文化对个体发展其性别角色特征的方式产生了强大的影响。成人的性别角色特征是复杂和普遍的特质，有可能影响除交配和繁殖以外的各种行为。

Bakan（1966）认为，应将内化心理构成中的性别差异概念化为接近物质和社会环境的两种不同和普遍倾向中的相对个体差异：**能动**和**共生**。能动意味着自我和环境之间的分离，最终作用于环境，并改变环境。能动的原因是不满意环境现状或是环境中发生的变化。能动的目的是减轻紧张。通过修改环境来消除或减弱其不满意的方面，从而减轻紧张。相反，共生意味着自我和环境之间缺乏分离，最终与环境融合。共生的原因是对环境的接纳和爱。共生的目的是联合。这是通过将自己与环境中的物体，特别是与他人连接起来，建立一种关系来实现的，在这种关系中，不再认为个人的自我与他人的自我是有区别的。

Wiggins 和同事（Trapnell & Wiggins，1990；Wiggins & Broughton，1985）用 Bakan（1966）的概念化创造了人际行为环状模型，如图 4-1 所示。能动（或支配）是纵轴，而共生（或培养）是横轴。外倾性和宜人性可以在模型中表示为相对于能动轴顺时针旋转 45°

的正交轴。图中的 8 个点表示能动和共生的具体组合。环状模型解释了大五人格模型，将主要角色分配给能动和共生——因此是外倾性和宜人性——将次要角色分配给大五人格模型的其余 3 个因素。在这个意义上，环状模型可以看作是为大五人格模型提供理论基础的一次尝试。

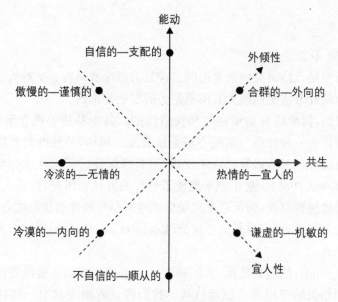

图 4-1　人际行为环状模型

资料来源：改编自 Wiggins & Broughton，1991，*European Journal of Personality*，5，343-365，John Wiley & Sons Ltd。

　　人际行为环状模型也被用来定义和解释性别角色特征作为表达性和工具性的性格，相当于社会定义的男子气-能动和女子气-共生的思维、感觉和行为方式。男子气的工具性成分和女子气的表达性成分可以表示为两个独立的特质——**工具性**和**表达性**——分别是人际行为环状模型中能动和共生的指标。工具性和表达性作为两个独立的特质可以使用《个人特征问卷》（PAQ；Spence，Helmreich，& Stapp，1974，1975；Spence & Helmreich，1978；http://www.utexas.edu/courses/pair/CaseStudy/PPB5 c1.html）和《Bem 性别角色量表》（BSRI；Bem，1974）有效和可靠地测量。通过应用 BSRI，Wiggins 和 Broughton（1985）发现，工具性与能动紧密相关，表达性与共生紧密相关。

　　性别角色特征因文化而不同吗？一些研究表明，尽管工具性和表达性的许多特征在所有文化中具有语义等价性，但在西方个人主义文化中区分男性和女性的一些特质，在东方集体主义文化中却与性别不太相关，甚至无关（Brannon，2005；Costa，Terraciano，& McCrae，2001；Sugihara & Katsurada，2002；Ward & Sethi，1986）。例如，对中国儿童和大学生的一系列研究表明，中国人表达性的性别差异较小，因此中国男性和女性在表达性上的差异没有西方人那么大（Chang & Holt，1994；Cheung，1996；Moneta，2010；Wong，Tinsley，Law & Mobley，2003）；这一发现被归因于中国人非常重视男女之间的相互关系。

　　性别角色特征是"积极的"吗？跨文化研究显示，即使在性别角色特征的定义和男女之间的差别程度上存在文化差异,性别角色特征在所有文化中都是社会所期望的。尤其是,像"善良"和"温柔"这样的表达性特征对男性和女性都是可取的,并且在个人主义文化中,女性比男性更适合这些特征,而在一些集体主义文化中,比如中国文化,这些特征男性和女性都适合。像"积极"和"自信"这样的工具性特征对男性和女性都是可取的,并且在个人主义和集体主义文化中,男性比女性更适合这些特征。这表明,工具性和表达性都能促进适应性的行为。

两种性别角色特征的组合呢?比较两组主要的个体:性别类型和双性化。性别类型组包括:

(一)高工具性和低表达性的男性。

(二)高表达性和低工具性的女性。

这些人符合性别的刻板印象,即男性是男子气的,女性是女子气的。双性化组包括工具性和表达性都很高的男性和女性;这些人背离了性别的刻板印象。Bem(1974)认为,双性化的个体应该比性别类型的个体更具适应性。

研究人员使用两个主要的竞争模型测试了工具性和表达性的幸福"积极性":**相加模型**和**交互模型**。相加模型假设,工具性和表达性对心理调整的贡献是相互独立的,因此心理调整只是工具性影响和表达性影响的总和。交互模型另外假设,工具性和表达性对心理调整有协同作用,因此心理调整是工具性影响、表达性影响以及工具性和表达性均高时影响的总和。并没有发现这两个模型中哪一个更优越(如:Francis & Wilcox, 1998; Hall & Taylor, 1985; Shifren & Bauserman, 1996)。总之,证据表明,工具性和表达性是始终积极的特质,如果一个人同时在很大程度上拥有这两者,那么它们可能会更加积极。

支持"双性化"假设的两个研究揭示了"工具性"和"表达性"的组合为什么会带来优势。Cheng 和 Cheung(2005b)发现,中国香港地区具有双性化性别角色取向的大学生比他们的性别类型同龄人具有更多的应对灵活性;对此,我们已经在第三章(压力和应对)中看到,应对灵活性似乎是最具适应性的应对元策略。Csikszentmihalyi(1996)采访了非常有创造力的人,要求他们报告在取得人生中一项重大创造性成就之前的经验和行为。他发现,这些人明显是双性化的,但交替表现他们的工具性和表达性。例如,在他们工作的某些阶段,他们是沉思的、善于接受的、甚至是无所事事的,而在其他阶段,他们是自信的、投入的、并全神贯注于他们的工作。这两个研究共同表明,双性化的优势并非源于将工具性和表达性同时应用于单个情况,而是源于从工具性功能模式转变为表达性功能模式的能力,反之亦然,这取决于情境的需要。

我们如何知道什么时候最好以男子气的方式行事,什么时候最好以女子气的方式行动?Cheng 和 Cheung(2005a)提出,灵活应对需要一些元认知自我调节,并且 Csikszentmihalyi(1996)的解释表明,创造性的双性化个体拥有敏锐的元认知意识和自我调节:为了优化他们的工作表现,他们知道什么时候停止能动并转向共生,反之亦然。但是如果元认知和自我调节确实是关键,我们真的可以说性别角色特征是始终积极的特质吗?会不会相反,性别角色特征是必要但不充分的个人资源,而使用这些资源所需要的元认知才是真正积极的幸福因素?你可能会喜欢阅读第五章(正念、适应性元认知和非适应性元认知),并找到你自己的答案。

因果定向

正如我们已经在第三章（内部动机、外部动机和自我决定）中看到的，Deci 和 Ryan (1985a)的有机体发展理论解释了儿童受到内部或外部动机驱使时，学习如何自我调节行为的发展过程。全部的发展结果出现在两个极端之间。一方面，在自主-支持和最佳挑战环境中长大的儿童，往往发展出强烈的内部动机、强烈的自我决定、高度内化原本不是内部动机的价值观，因此，需求在他们的自我结构高度整合。另一方面，在控制以及要么没有挑战性、要么威胁的环境中长大的儿童，往往发展出薄弱的内部动机、薄弱的自我决定和社会价值观的不完全内化，因此，需求在他们的自我结构中整合度较低。之后，该理论被用来定义和衡量针对特定调节方式的广泛取向，即**因果定向**，这些调节方式捕捉了成年人心理社会发展的总体结果。

因果定向是 3 种普遍的动机定向——**自主、控制和非个人**，代表不同的、共存的个人倾向，去感知自己行为的因果关系，并采取相应的自我调节方式。因果定向表示人们对自身行为因果关系的外显或内隐的理解。自主定向包括在活动中高度的经验选择和自由，以及把环境理解为信息性的并寻求自主机会的倾向。控制定向包括在外力或内力推动或控制下体验自己的行为。非个人定向包括在尝试掌控自己行为时感到无能和失控。关于动机，理论上自主定向促进内部动机，控制定向促进外部动机，而非个人定向促进无动机，即两种动机都不存在的状态。所有 3 种定向能够在同一个人身上共存，并且三者可以在特定情况下同时出现。为什么会这样呢？

想象一下，你无意中发现你的伴侣通过互联网社交网络与一个重要前任建立了联系，对此你并不开心。你会怎么做？考虑以下 3 种选择：

（一）你坦诚告知你的伴侣，向其解释这件事困扰着你，并询问对方这样的重逢意味着什么。

（二）你与伴侣对质，并威胁要离开，除非对方立即终止联系。

（三）你什么都不做，期望你的伴侣最终与前任停止联系。

选项（一）是自主定向的指标。选项（二）是控制定向的指标，选项（三）是非个人定向的指标。当然，如果在公开场合被问到，我们都会选择选项（一），因为这是最冠冕堂皇，也最抬高自我的。然而，在我们的私人空间里，我们可能会考虑所有这三种选择。那么问题是，你实施这些选择的可能性是多少？例如，（一）＝非常有可能，（二）＝非常不可能，和（三）＝有些可能，这种回答模式表明你是高自主定向，低控制定向以及中等程度非个人定向。这三种定向在同一个人身上共存，并且它们可以作为同一情境中的潜在反应被同时激活。

3 种因果定向可以使用《一般因果定向量表》（GCOS；Deci & Ryan, 1985b；由 Hodgins, Koestner, & Duncan 进行了扩展，1996；http://www.selfdetermination theory.org/ questionnaires/10-questionnaires/46)有效、可靠地测量。GCOS 的扩展版本包括 17 种假设情况，随后描述了 3 种可能的反应方式，每一种表示三种因果定向中的一种。要求受访者根据从 1（很可能）到 7（不太可能）的 7 点量表评估他们对 3 种可能反应的倾向。一个例子是，在你的朋友圈中，你选择花最多时间与之相处的人是：

（一）你花最多时间与之交流思想和感情的人。

（二）朋友中最受欢迎的人。

（三）最需要你的人。

回答（一）测量自主；（二）非个人；（三）控制定向。

在美国大学生的样本中，发现这三个量表之间彼此相对独立（Deci & Ryan，1985b）。

因果定向是大五人格特质的冗余吗？Deponte（2004）在 101 名意大利大学生的样本中，调查了因果定向和大五人格特质之间的关系。自主定向与宜人性（$r=0.27$）和外倾性（$r=0.29$）中等程度相关，这表明，与把自主等同于自私和反叛的刻板印象相反，自主自我调节的灵活性和无冲突性使人容易与他人保持温暖和积极的关系。控制定向与宜人性（$r=-0.47$）明显负相关，这表明，控制自我调节的刚性和易冲突性使人在与他人相处时变得冷漠无情。最后，非个人定向与神经质（$r=-0.48$）相当相关，与外倾性（$r=-0.33$）和尽责性（$r=-0.26$）是弱负相关，表明缺乏自我调节会破坏情绪的稳定性、与他人建立温暖关系的能力，以及成就情境中的生产力。总的来说，因果定向和大五特质之间的相关只是中等程度，这说明因果定向构成了一组不同的特质。

因果定向能预测幸福感吗？Deci 和 Ryan（1985b）在共计超过 1 000 名美国大学生和工人的混合样本的子样本中，调查了 3 种自主定向与影响幸福感的各种心理变量之间的关系。我们在这里只考虑 3 个幸福感指标。自尊与自主定向（$r=0.35$）是弱正相关，与非个人定向（$r=-0.61$）是强负相关，与控制定向无关（$r=0.01$）。外部心理控制源与自主定向（$r=-0.16$）是弱负相关，与控制定向（$r=0.29$）是弱正相关，与非个人定向（$r=0.52$）是明显正相关。最后，自我发展与自主定向（$r=0.43$）是中等程度的正相关，与控制定向（$r=-0.22$）和非个人定向（$r=-0.32$）都是弱负相关。这些发现证实，自主定向是一个始终积极的特质，非个人定向是一个始终消极的特质，而控制定向是一个混合价值的特质。尤其是 Deci 和 Ryan（1985a，1985b）提出，控制定向是否会导致更多的自尊，取决于它所促进的行为是否受到他人的积极评价和奖励。

总之，自主定向总是与积极特质和适应性行为联系在一起，使人能够灵活应对环境的需要，保持积极的自我意识以及与他人的温暖关系；因此，它是一个始终积极的特质。非个人定向总是与消极特质和适应不良的行为相联系，因此是一个始终消极的特质。最后，控制定向基本上与难相处联系在一起，根据情况可能会促进适应性或适应不良的行为；因此它既不是积极特质，也不是消极特质。

特质内部和外部动机

正如我们已经在第三章（内部动机、外部动机和自我决定）中看到，内部动机和外部动机最初被定义为状态变量，会随着情境和时间快速变化，并且在任何一个时间点上都是对立的。Amabile 和同事（1994）将内部动机和外部动机定义为类特质定向，要么通过工作投入来驱动，要么通过工作本身之外的某种手段来驱动。基本原理是，虽然一个人的内部和外部动机由于环境刺激和机会而在日常活动中随情境和时间变化，但人们在不同情境和时间下内部和外部动机的一般、平均倾向是不同的。

在研究中或工作领域内的特质内部动机和特质外部动机可以使用《工作偏好量表》（WPI；Amabile et al.，1994）有效、可靠地测量，包括 30 个条目，每一类动机使用 15 个条目进行测量。内部动机分为**乐趣**，即因有趣或满意而参与活动的倾向（例如，"能做我最喜欢的事情对我来说很重要"），和**挑战**，即处理和掌握复杂任务的自我奖励倾向（例如，"我喜欢解决对我来说完全陌生的问题"）。外部动机分为**外向**，即因别人的命令或他人的潜在认可而参与活动的倾向（例如，"我关心的是别人对我的想法会有什么反应"），和**报酬**，即为了获得与所付出努力成正比的奖励而参与活动的倾向（例如，"我强烈地意识到我的目标是取得好成绩"）。根据从 1（从不或对我来说几乎从来不是这样）到 4（总是或对我来说几乎总是这样）的 4 点量表对每个条目进行评分。

作为状态变量，传统上认为内部动机和外部动机是对立的。尤其是，人们已经系统地发现，在有趣的任务中引入外部激励，例如金钱和表扬，会降低内部动机（见：Deci & Ryan，1985a）。但是，作为特质变量，内部动机和外部动机是相互独立的（Amabile et al.，1994）：有些人在这两种动机上都很高，有些人都很低，还有些人是一个高一个低。

动机特质是因果定向的冗余吗？ Amabile 和同事（1994）在 500 名美国大学生的样本中实施了 WPI 和 GCODS（Deci & Ryan，1985b），发现特质内部动机与自主定向的相关最强（$r=0.36$），特质外部动机与控制定向的相关最强（$r=0.39$）。这些发现与自主促进内部动机而控制促进外部动机的观点是一致的。然而，这些相关比较弱，因此特质动机和因果定向可以看作是不同的构念。

动机特质是大五特质的冗余吗？ 有趣的是，关于这个问题的答案，目前还没有相关研究发表（顺便说一下，如果你正在为你的本科毕业论文寻找主题，这将是一个不错的选择）。但是，Amabile 和同事（1994）在 60 名大学生的样本中调查了动机特质与四种主要**心理类型**之间的关系，即**外倾—内倾、直觉—感觉、情感—思维**和**理解—判断**，使用 Myers-Briggs 类型指标（MBTI；Myers，1962；Myers & McCaulley，1985）进行测量。特质内部动机与所有心理类型都不相关，而特质外部动机与所有 4 种心理类型都是中等程度的正相关，这说明外部动机的人是外向的、脚踏实地的，并被他人所设定的结构和奖励所吸引。因为心理类型很好地反映了除神经质之外的大五人格特质（McCrae & Costa，1989），因此我们可以得出间接结论，特质外部动机可能与除神经质之外的所有大五人格特质相关，而特质内部动机是一种截然不同的特质。

动机特质与实现幸福感有关吗？ 正如我们已经在第三章（创造性自我）中看到的，研究一致发现，内部动机的状态促进创造力，而外部动机的状态阻碍它（见 Deci & Ryan，1985a，和 Amabile，1996）。Amabile 和同事（1994）通过观察特质动机和创造力之间的关系拓展了调查研究。他们使用《Kirton 适应-创新问卷》（KAI；Kirton，1976）在 284 名大学生样本和 268 名工人样本中测量了创造力。在两个样本中，特质内部动机与创造力之间是中等程度的正相关（$r=0.38$ 和 $r=0.41$），而特质外部动机与创造力之间是中等程度的负相关（分别是 $r=-0.39$ 和 $r=-0.18$）。Amabile 及其同事还使用同感评估技术（即，专家对创造性的评估）在各种大学生样本中评估了最终成果（如诗歌和绘画）的创造性。特质内部动机与所评估的创造性之间是从弱到较好的正相关，而特质外部动机与所评估的创造性之间是弱负相关。总之，特质内部动机似乎促进创造力，而外部动机似乎阻碍它。

许多研究调查了特质内部动机和外部动机对大学生学业成就的影响。Amabile 和同事(1994)发现,特质内部动机与学术成就测验(SAT)中的语言和数学得分是中等程度相关,该测验评估学术能力和智力,以及与心理学导论课程的期中考试成绩是中等程度相关,而特质外部动机与 SAT 分数和期中成绩都不相关。然而,以前的研究(Kahoe & McFarland,1975)揭示了一种稍微更复杂些的模式:特质内部和外部动机在预测课程成绩时与感知到的课程难度相互作用,内部动机在高挑战课程中预测更高的分数,而外部动机在低挑战课程中预测更高的分数。总之,这些发现表明,内部动机至少在学生面对复杂学习任务时促进学业成绩。但是,因为特质内部动机与智力有关,而智力影响过去和未来的学业成就,因此在统计上控制了学生过去的学业成绩,来测量动机特质对未来学习成绩的影响在方法论上是恰当的。有两项研究已经这样做了,一个是 1998—2001 年在中国香港地区进行的研究,一个是 2011 年在英国伦敦进行的研究。

中国香港地区的研究是在来自各种学习项目的 204 名大一学生中进行的。该研究在完成学习项目之前特别关注学期的平均绩点,并控制了中国香港地区高级程度会考(Hong Kong Advanced Level Examination,HKALE)的平均成绩,这是一个入学前的学术能力测验,等同于英国 A-Level 考试和北美 SAT 考试(Moneta & Siu,2002)。特质内部动机预测了更差的分数,而特质外部动机预测了更好的分数。此外,在为期 3 年的学习项目中,动机特质与整体学业成绩之间的关系没有变化。总之,中国香港地区的研究表明特质外部动机促进学业成就,而特质内部动机阻碍它。

伦敦的研究是在来自科学、社会科学、商业以及人文学科各个学习项目的 101 名大学生中进行的。该研究特别关注学期末所有考试的平均分数——以百分数表示,并控制了上学期所有考试的平均分数(Spada & Moneta,出版中)。动机特质对学习考试成绩没有直接影响,但通过一些中介变量产生了显著的间接影响。一方面,特质内部动机预测了更少的评价焦虑,学习中更少的回避应对,更少依赖表面的、死记硬背的学习方式,并且由于这些因素,成绩更好。另一方面,特质外部动机特征预测了更多的评价焦虑,学习中更多的回避应对,更多依赖表面的、死记硬背的学习方式,并且由于这些因素,成绩更差。总之,伦敦的研究表明,特质内部动机会促进学业成就,而特质外部动机阻碍它。

为什么这两项研究提供了截然不同的结果和结论?两项研究中的许多因素有所不同,包括文化、历史时间,以及在教学方式和学生评价上更具体的差异。Biggs(1992)和Salili(1994)认为,1980 年代末和 1990 年代初的中国香港地区教育体系是高度竞争和应试导向的,其特征是大班、灌输式教学和过多的作业——这肯定不是内在驱动学生奋斗、在课程和考试中表达创意并看到他们的创造力获得分数奖励的环境。因此,在千禧年末,在香港进行研究时,可能整体的教学环境仍然倾向于奖励外部动机的学生。

中国香港地区和伦敦研究之间调查结果的有趣矛盾指出,虽然特质内部动机有积极的含义而特质外部动机有消极的含义,但这些特质是否促进或阻碍表现——即实现幸福感的指标——很大程度上取决于情境。因此,看起来动机特质不能看作是始终积极或始终消极的特质。

是否存在始终积极和始终消极的特质?

本节一方面回顾了性别角色特征、一般因果定向以及内部和外部动机取向之间的关系,另一方面回顾了它们与实现幸福感之间的关系。通过这些分析,根据特质的积极或消极程度,产生了特质的等级顺序。性别角色特征是始终积极的特质,唯一不确定的是,当同时在很高程度上拥有它们时,是否会提供额外的适应能力,就像双性化个体一样。在3种因果定向中,自主是一个始终积极的特质,非个人定向是一个始终消极的特质,而控制定向是一把双刃剑,在控制环境中促进适应,在信息性的、自主-支持的环境中阻碍适应。最后,特质内部动机对表现有相当一致的积极影响,而特质外部动机对表现有相当一致的消极影响,但需要注意,情境因素能戏剧性地逆转这些特质的积极性-消极性。

品格优势和美德

美德、优势和真实的幸福

临床心理学在过去的几十年里取得了很大进展,可以说是因为它能建立一种基于证据的、达成共识的精神疾病综合分类系统,可以有效地应用于精神疾病的诊断、预防和治疗。在两种广泛认可的手册中,精神疾病的分类系统略有不同:美国精神医学会(1994)的《精神疾病诊断与统计手册》(DSM - IV)和世界卫生组织(2010)的《国际疾病分类》(ICD)。DSM - IV 和 ICD 可以被认为是人类问题的分类系统。Peterson 和 Seligman(2004)已经开发了他们称之为关于人类优势的等价分类系统。这是需要的,以便为积极心理学提供基础,尤其是支持它的主要使命——通过教育、指导和心理治疗引导人们走向真实的幸福。

Peterson 和 Seligman(2004)将他们的研究目标概念化为识别纵向和跨情境稳定的**品格优势**,这些优势可以通过相似性或协同作用被归类为更高阶的因素,称之为**美德**。每当我们把一种特质称为"优势"时,我们暗中对它做了道德判断。由于道德价值在各种文化中以及在同一文化的各个历史时期都有所不同,因此 Peterson 和 Seligman 特别关注普遍存在的品格优势,即在每一种文化和历史背景中都被认为是有价值和道德的特质。为了实现这一目标,他们分析了古代哲学和宗教对人类品格的观念,这些观念经过几个世纪的发展和传播,已成为当代社会普遍存在的文化资源。他们既考虑了来自东方的儒家、道教、佛教、印度教的传统,也考虑了来自西方的希腊哲学、犹太教、基督教和伊斯兰教的传统。

在他们的研究中,Peterson 和 Seligman(2004)只保留了那些符合表 4 - 3 中所述标准的品格优势。第一个也是最重要的标准是,要成为一种品格优势,一种特质必须以自我实现为中介来为**美好生活**做出贡献。什么是美好生活?Nakamura 和 Csikszentmihaly(2005)给出了一个简单而具体的答案:"美好生活是一种完全专注于自己所做事情的生活。"(p.89)Seligman(2002)提供了一个广泛而清晰的答案。根据他的说法,有 3 种不同类型的幸福,对它们的追求会导致 3 种不同的生活:**快乐的生活,充实的生活**,以及**有意义的生活**。在快乐的生活中,幸福是通过满足基本快乐而获得的,如性、陪伴和美食。在充实的生活中,幸福是通过一个三步骤过程实现的:

(一)确定自己的优势和美德——我们自身的价值。

(二)进一步加强它们。

表 4-3 Peterson 和 Seligman 用于确定品格优势和美德的 10 个标准

1	优势有助于自己和他人的自我实现，从而构成美好生活	必须
2	优势的道德价值与其可能产生的积极影响无关	必须
3	优势的展现不会贬低他人的优势	必须
4	优势的对立面没有积极的内涵	必须
5	优势是一种特质，因此表现在感觉、思想和行为上	必须
6	优势独立于分类系统中包含的其他优势	必须
7	优势是公认的	必须
8	优势受到一个或多个人的拥护	可选
9	优势的缺乏受到一个或多个人的拥护	可选
10	优势的发展受到社会机构的支持	必须

资料来源：Peterson & Seligman，2004。

（三）使用它们来提高自己的生活。

最后，在有意义的生活中，幸福是通过利用自身的优势和美德达成超越自我的目的来实现的。因此，优势的第一个也是最重要的定义标准是它的追求将促进真实的幸福，这种幸福超越了最简单版本的享乐主义原则，即最大化任何类型的快乐和最小化任何类型的痛苦。

Peterson 和 Seligman（2004）确定了组成 6 种美德的 24 种品格优势，如表 4-4 所示。Dahlsgaard、Peterson 和 Seligman（2005）探讨了高六分类的完整性和普遍性，并发现每种美德在不同文化中的惊人共性。然而，Peterson 和 Seligman（2004）警告说，美德中的优势分组必须谨慎对待，因为一些品格优势概念上可以分给不止一种美德。例如，一个调查有组织犯罪的检察官很可能需要勇敢——属于勇气美德——来发挥正义美德；更普遍意义上讲，人们可能争辩说，考虑到执行正义所隐含的报复风险，它总是需要勇气的，更不用说被认为是"严厉"的社会后果了。

表 4-4 Peterson 和 Seligman 确定的美德及其品格优势

美 德	品 格 优 势
智 慧	■ 创造力（原创性和独创性） ■ 好奇心（对新事物的兴趣） ■ 思想开放（批判性思维和基于证据改变一个人想法的能力） ■ 热爱学习（系统性和超越好奇心） ■ 洞察力（能够理解世界）
勇 气	■ 勇敢（身体上和道德上） ■ 毅力（直到完成的韧性和耐力） ■ 正直（诚实和真实） ■ 活力（热情和精力）
仁 爱	■ 爱（能够建立亲密和互惠关系） ■ 善良（同情和养育） ■ 社会智慧（情商）

（续表）

美　　德	品　格　优　势
正　　义	■ 公民精神(社会责任和团队合作) ■ 公平(给每个人公平的机会) ■ 领导力(公正有效地组织团体)
节　　制	■ 宽恕和仁慈(不心怀报复，并提供第二次机会) ■ 谦逊/谦虚(保持现实的自我概念) ■ 谨慎(有效评估风险，不承担过度的风险) ■ 自我调节(自律和自我控制)
超　　越	■ 对美和卓越的欣赏(在人类努力的所有领域) ■ 感恩(意识到别人的帮助并表达感激) ■ 希望(期望最好的并努力实现它) ■ 幽默(玩兴，并看到事物的光明面) ■ 灵性(对生命的意义持有一致和坚定的信念)

　　资料来源：Peterson & Seligman，2004。

　　Seligman(2002)以及 Peterson 和 Seligman(2004)提出，优势是通往美德的"路线"，如果一个人努力并长时间地提高同一美德中的一个或多个优势，那么最终会提升这种美德。这意味着美德的模型不同于使用因素分析验证的经典成分模型。在经典成分模型中，因素(在这个例子中是美德)被认为是造成这些方面(在这个例子中是优势)的原因。相反，在 Seligman 和 Peterson 的模型中，这些方面(优势)被认为是造成这些因素(美德)的原因，而这是论证优势改变将导致美德变化的概念基础。

　　这 6 种美德所涉及的心理过程各不相同。智慧主要包括支持信息获取、分析和整合的认知优势。勇气主要包括面对挑战和风险时支持目标导向行为的情绪优势。仁爱主要包括支持理解、同情和关心他人的人际优势。正义主要包括适用于公共利益概念的道德优势。节制主要包括支持情绪和行为抑制的元认知优势。最后，超越主要包括支持内在探索的存在优势。总之，每一种美德都涉及截然不同的心理过程。

　　我们应该用我们的优势和美德做些什么呢？Peterson 和 Seligman(2004)主张我们应该识别并培养它们。他们认为各种优势和美德功能上彼此相互独立，虽然它们可能是经验相关的，但是每个人都有不同的标志性优势。例如，一个人可能正义很强但勇气很弱，而另一个人可能勇气很强而正义很弱。这些人应该做些什么来追求充实的生活呢？Seligman(2002)以及 Peterson 和 Seligman(2004)主张，他们应该培养自己的标志性优势。这反过来意味着，对充实生活的成功追求并不需要一个人发展所有的优势和美德；一个人只需通过发展在充实生活开始时拥有最多的品格优势就能取得成功。

　　这 6 种美德和 24 种品格优势可以用《优势行动价值问卷》(VIA‑IS；Peterson & Seligman，2001；Peterson，Park，& Seligman，2006，可在 http://www.authentic happiness. upenn. edu/questionnaires. aspx 获取和评分）来测量。该问卷要求受访者对 240 个条目——每一种品格优势是 10 条项目——根据从 1(一点也不像我)到 5(非常像我)的 5 点量表进行打分。

　　Park、Peterson 和 Seligman(2004)进行了一项网络调查，对共计 5 299 名成人的 3 个

样本使用了 VIA – IS 和《生活满意度量表》(Diener et al.，1985)，并用各种方式估算了品格优势和生活满意度之间的相关。不出所料，发现所有 24 种优势和生活满意度都是正相关。有趣的是，希望、热情、感恩、好奇心和爱是与生活满意度相关最强的优势，而热爱学习、公正、对美的欣赏、创造力和谦逊/谦虚是与生活满意度联系最不紧密的优势。第二个研究充分证实了这些发现(Peterson et al.，2007)。总之，这些发现表明，相比成就领域的优势，人际关系领域的优势更有助于生活满意度。

优势和美德分类系统的实证检验

优势和美德的分类系统纯粹是在概念的基础上，通过确定不同文化哲学教导的异同而发展起来的。因此，询问 VIA – IS——旨在测量已确定的优势和美德——是否真正测量了应该测量的内容是有意义的。这个问题是通过测试使用 VIA – IS 测量的 24 种品格优势是否具有假设的六因素结构来解决的，其中每个因素代表一种美德。

Macdonald、Bore 和 Munro(2008)在澳大利亚一所大学的 123 名大学生中研究了 VIA – IS 的因素结构，发现 24 种优势并不符合假设的六因素结构，但同等符合一个单因素表征和一个四因素表征。Singh 和 Choubisa(2010)对印度一所大学 123 名大学生的数据进行了类似分析，发现 24 种优势很符合一个五因素表征。最后，Brdar 和 Kashdan(2010)对克罗地亚 881 名大学生的数据进行了类似分析，发现 24 种优势具有四因素的结构，并且主因素解释了量表条目分数总方差的近 50%，这说明 VIA – IS 主要测量了一个单一的美德超级因素。总之，这些研究表明，VIA – IS 并没有很好地测量 Peterson 和 Seligman(2004)的优势和美德分类系统，因此后者可能需要以减少美德数量的形式来重新阐述、修改和简化。

使用 VIA – IS 测量的 Brdar 和 Kashdan(2010)24 种美德分类基于以下 4 个因素：人际优势(公平、团队合作、善良、宽容、和爱)、坚毅(洞察力、判断力、独创性、智力和勇猛)、谨慎(热情、希望、好奇、幽默和坚持)和活力(审慎、自我管理、坚持、谦逊/谦虚和灵性)。这四个因素之间的相关是 0.61—0.73，因此都比较强。所以，毫不奇怪 Brdar 和 Kashdan 发现这四种美德与幸福感的测量几乎具有相同的相关模式。尤其是，所有 4 种美德都与生活满意度($r=0.34—0.49$)，与自主、能力和关系需要存在相关($r=0.26—0.47$)，以及与快乐生活、充实生活和有意义生活的幸福取向也相关($r=0.17—0.48$)。总之，这些研究结果表明，VIA – IS 主要测量了一种单一的超级美德，而这反过来又与享乐幸福感和实现幸福感的一系列指标呈正相关。

美德和大五人格特质有何不同？仔细阅读表 4 – 4 中所示的品格优势列表，可以很容易地发现这两个特质模型之间的对应关系。例如，仁爱的所有 3 种优势似乎都属于宜人性的范畴，而勇气(毅力和正直)和节制(自我调节)的特定优势似乎属于尽责性的范畴。我们将注意力转到 Brdar 和 Kashdan(2010)确定的 4 种美德上，人际优势似乎意味着外倾性和宜人性的组合，坚毅非常接近于开放性，而谨慎自然是尽责性的复本，然而活力在大五人格模型中似乎并没有对应。实证上，发现优势与大五特质相关(Macdonald et al.，2008)，并且 Park 和同事(2004)在他们论文的讨论部分报告说，他们有数据表明，优势对生活满意度的预测高于大五人格特质的贡献。综上所述，很可能优势会增加主观幸福感回归方程的预测力，但是考虑到将优势整体组织为美德的不确定性，这个研究问题需要进一步的概念和实证研究。

优势和美德的实证识别

Allport 和 Odbert(1936)首创的心理词汇学方法最终确定和验证了大五人格模型，如果使用这一方法对品格优势和美德进行实证研究，那会怎么样？有点自相矛盾的是，Allport 和 Odbert 在查看英语的形容词和简短描述时，遇到了许多"品格评价"，如"不道德"和"慷慨"，这些评价可能有助于识别品格优势；然而，他们将其排除在外，认为它们不适合描述人格。自此，人格心理学在很大程度上忽略了品格优势和美德，仅有少数例外（如：Cawley III，Martin，& Johnson，2000；De Raad & Van Oudenhoven，2011）。

De Raad 和 Van Oudenhoven(2011)将心理词汇学方法应用于荷兰语，向 200 对参与者，主要是大学生，提供了一份先前挑选出来的 153 个美德描述词列表，并要求他们对自己及其同伴进行评价。结合自我评价和他人评价的主成分分析（一种类似于探索性因素分析的统计技术）显示了 6 种成分或美德的存在，如表 4-5 所示。基于这些美德的标签和描述，De Raad 和 Van Oudenhoven 的社交性和活力美德分别与 Peterson 和 Seligman(2004)的仁爱和勇气美德非常吻合。此外，De Raad 和 Van Oudenhoven 的成就和尊敬美德分别与 Peterson 和 Seligman 的智慧和节制美德相当吻合。最后，De Raad 和 Van Oudenhoven 的利他主义和谨慎美德似乎在 Peterson 和 Seligman 的系统中没有对应。表面上看，利他主义和谨慎似乎是普遍存在的美德，适用于荷兰文化以外的许多文化，但它们在 Peterson 和 Seligman 的系统中被忽略了。因此，研究结果表明，适用于荷兰文化的心理词汇学方法产生了一种更广泛、更全面的美德分类系统。

表 4-5   De Raad 和 Van Oudenhoven 识别的美德，将心理词汇学
方法应用于荷兰语及其描述

美　德	特　征
社交性	■ 爱 ■ 友谊 ■ 快乐 ■ 支持 ■ 同理心 ■ 关心他人
成　就	■ 雄心 ■ 责任感 ■ 始终如一 ■ 能动
尊　敬	■ 礼貌 ■ 善良 ■ 谦虚 ■ 遵纪守法

（续表）

美　德	特　征
活　力	■ 可靠 ■ 勇敢 ■ 足智多谋
利他主义	■ 仁慈 ■ 慷慨
谨　慎	■ 正直 ■ 敏锐 ■ 独立 ■ 冷静

资料来源：De Raad & Van Oudenhoven，2011。

是否存在始终积极和始终消极的特质？

本节回顾了品格优势和美德，以及它们与大五人格特质、主观幸福感和心理幸福感之间的关系。我们已经看到，Peterson 和 Seligman（2004）的概念方法和 De Raad 和 Van Oudenhoven 的（2011）的实证方法产生了部分重叠的六美德分类系统。因此，需要更多的研究来确定一个全面、公认的美德及其品格优势的分类系统。

尽管关于美德和优势的研究仍在进行中，但毫无疑问，迄今为止已经确定的品格优势和美德都是积极的特质，无一例外。他们实际上不仅仅是"积极特质"；它们是**道德特质**，即积极特质也构成道德行为的标志并引导人格的道德发展。本章前几节中分析的积极特质，情况并非如此。例如，特质内在动机可以看作是一个积极特质——因为它促进支持心理幸福感的认知、情绪和行为——但不是一个道德特质，因为没有任何社会制度将内在动机的个体描述为供他人效仿的道德榜样。总之，根据"社会公认的定义"，品格优势和美德是积极的特质。

虽然对于品格优势和美德的准确数量、意义和结构仍然不确定，但实证证据（Park，Peterson & Seligman，2004）表明，优势和美德：

（一）与大五人格特质相关，但与它们又有所不同。

（二）预测生活满意度和其他可能的幸福感指标，超过了大五人格特质对相同结果变量的影响。

因此，尽管还需要更多的研究，但品格优势和美德是积极的特质，因为它们与主观幸福感和心理幸福感有着独特的经验关系。

品格优势和美德是始终积极的特质吗？这是一个更复杂的问题，需要分解成两个不同的问题。首先，拥有太多某一优势或美德是否可能会阻碍幸福感？例如，拥有太多的仁爱或爱是否可能会导致自我毁灭？其次，拥有太多某一优势或美德是否可能阻碍另一优势或美德？例如，拥有太多的仁爱或爱是否可能会阻碍创造力或成就？为了探究这些可能性，我们接下来将讨论一些古代和当代的美德概念，这些概念说明了普遍存在的权衡取舍,因此也提出了一个普遍原则:我们不能拥有一切。

从孔子和亚里士多德,到施瓦茨、夏普和格兰特

孔子

孔子于公元前551年左右在中国的曲阜附近出生。他被公认为是中国的主要哲学家。他自己没有写书,但《论语》(Leys, 1997)讲述了他的生活,逐字逐句地记录了他与弟子和来访者之间一些激烈的交流生动地描绘了孔子关于品格优势和美德的观念。由于《论语》完全集中在道德上,人们会认为孔子是一个有点乏味的人。然而,他的自我概念却恰恰相反:

> 叶公问子路孔子是个什么样的人,子路不知道该怎么回答。孔子(对子路)说:"你为什么不这样说,'他这个人,发愤用功连吃饭都忘了,快乐得把一切忧虑都忘了,连自己快要老了都不知道,如此而已'。"

> (Leys, 1997, p.31)

毫不奇怪,当孔子把他的注意力转向人们如何追求美德时,他警告说,"吾未见好德如好色者也(我没见过喜欢美德如同喜欢美色一样的人)"(p.41),这似乎表明,孔子分类系统中的第一个核心美德是不要太自以为是。接下来,我们将讨论孔子与 Peterson 和 Seligman(2004)美德概念化的五个重要区别。

孔子主要关心的是政治,即为构建和谐社会而不懈和灵活的奋斗。对孔子来说,社会和谐是"更好",所以改变人类使之更好的每一次尝试都包括提升社会和谐。对孔子而言,道德应该在一定程度上推动政治,使政治成为道德的自然延伸。因此,孔子的幸福观本质上是社会导向的。然而对于西方心理学家来说,幸福主要在于人,其次才是人与他人之间关系的质量,对孔子来说,幸福主要在于人与他人之间的关系以及履行自身社会角色的能力。

关键的社会角色是政府和家庭角色。在每一个角色中,孔子都强调两个人之间的二元关系,而一般在二元关系中,一个成员是从属于另一个成员的。5 种**主要二元关系**是君臣、父子、夫妻、兄弟和朋友(Yang, 1993)。不论它在权力等级中的重要性或地位,每个角色都是平等的,因为它允许履行它的人在角色运用中表现出色,从而有助于社会和谐。在个人层面,履行作为人的角色所需要的关键美德是仁爱,所有其他核心美德都源自此。因此,孔子与 Peterson 和 Seligman(2004)美德概念化的第一个重要区别是,他认为仁爱对于任何其他美德的存在都是必不可少的,而在 Peterson 和 Seligman 的概念化中,一个没有仁爱的人也有可能拥有很高程度的其他美德。

令人惊讶的是,无论是 Peterson 和 Seligman(2004)的美德概念分类,还是 De Raad 和 Van Oudenhoven(2011)的美德实证分类,都不包括善良美德,但这可能是最简单的美德,也是世界各地的父母和导师在试图让孩子融入社会时最常提到的美德。相反,孔子对善良给出了精确而实际的定义:

子贡说:"假如有这么一个人,他能给老百姓很多好处又能周济大众,怎么样? 可以算是仁人了吗?"孔子说:"岂止是仁人,简直是圣人了! 就连尧、舜尚且难以做到呢。至于仁人,自己要站得住,同时也使别人站得住;自己要事事行得通,同时也使别人事事行得通。能够就眼下的事实选择例子一步步去做,可以说就是实行仁道的方法了。"

(Leys,1997,p.28)

因此,孔子与 Peterson 和 Seligman(2004)概念化的第二个重要区别是,他把善良包括在源于仁爱的核心美德之中。

与 Peterson 和 Seligman(2004)相一致,孔子认为智慧是源于仁爱的一个核心美德。此外,孔子比较了智慧与善良:

不仁的人不能长久地居于贫困中,也不能长久地居于安乐中。有仁德的人安于仁(实行仁德便心安,不实行仁德心便不安),聪明的人利用仁(他认识到仁德对于他长远而巨大的利益,他便实行仁德)。

(Leys,1997,p.15)

虽然智慧和善良都是仁爱的表现——因此缺乏仁爱意味着缺乏这两种美德——但是它们与仁爱的关系有很大不同:前者"使用"它去获得,后者"存在"于其中。根据 Bakan(1966)的理论,可以说孔子把智慧看作是一种能动美德,而善良是一种共生美德。这反过来又意味着智慧和善良之间存在一定程度的不相容,因为在与他人的任何关系中,智慧促进成就,而善良促进团结。因此,孔子与 Peterson 和 Seligman(2004)概念化的第三个重要区别是,他的观点包括了跨活动情境和社会角色的核心美德之间的潜在权衡。

在孔子的教学观中可以看到不同美德之间的潜在权衡,他把这种权衡表现为师生之间的一种二元的等级关系。既然教学情境涉及成就和关系,那么谁是理想的老师、一个好老师、或一个聪明的老师? 孔子的立场很明确:

可以同他谈,却不同他谈,这是错过人才;不可以同他谈,却同他谈,这是浪费言语。聪明人既不错过人才,也不浪费言语。

(Leys,1997,p.75)

相反,无限的善良会导致老师不管怎样都教每一个学生。孔子认为智慧是教学的基础,这一观点可能影响了中国的谚语"师傅领进门,修行在个人",这又为教师的善良设置了尖锐的边界。因此,孔子与 Peterson 和 Seligman(2004)概念化的第四个重要区别是——除了仁爱,这是最重要和必要的美德——各种核心美德在所有情境和社会角色中并不等价:一些美德——如尊重和服从——在一些情境中是主要的,例如履行儿子的角色时,以及其他美德——如智慧——在其他情境中是主要的,如履行教师的角色时。反过来，这意味着对孔子来说，只有一个美德——仁爱——人们应该寻求最大化，而所有其他美德需要在情境中按其应有的程度进行评估和追求。总之，对孔子而言，只发展自己的标志性优势是不明智的，因为在有些情况下，这些优势是无用甚至是有害的，而其他优势是有用的。

《论语》经常使用"和谐"这一概念，并且各种语句表明，一个品德高尚的人可以通过发展内在平衡，避免极端的"过度"和"不足"来促进社会和谐。内在平衡的概念是《中庸》的主题，这本书要么是孔子的孙子子思写的，要么是不知名的儒家学者写的。《中庸》指出，品德非常高尚的人会在对立的情绪和斗争之间找到平衡，并且通过这样做，对事件的进展产生有利影响：

> 喜怒哀乐各种感情没有表现出来的时候，叫做中；表现出来以后符合节度，叫做和。中是天下的根本；和是天下普遍遵循的规律。达到中和的境界，天地便各在其位了，万物的生长就茂盛了。
>
> (The Internet Classic Archive by Daniel C. Stevenson,
> Web Atomics，1994 - 2009a，Chapter 1)

也许孔子提出的支持平衡优于"过度"和"不足"的最有力的心理学和可检验的论点是，平衡促进面对持久挑战的韧性：

> 孔子说："人人都说自己聪明，可是被驱赶到罗网陷阱之中，却不知道如何躲避。人人都说自己聪明，可是选择了中庸之道，却连一个月也不能坚持下来。"
>
> (The Internet Classic Archive by Daniel C. Stevenson,
> Web Atomics，1994 - 2009a，Chapter 7)

因此，孔子与 Peterson 和 Seligman(2004)概念化的第五个重要区别是，他将人的理想道德发展定义为在适当程度上拥有和发挥各种美德。

亚里士多德

亚里士多德在公元前 384 年生于希腊。他是公认的古希腊主要哲学家之一，也是西方哲学思想的奠基人。他写了关于各种主题的大量书籍，并将他的伦理和美德概念浓缩在《尼各马可伦理学》(The Internet Classic Archive by Daniel C. Stevenson, Web Atomics，1994 - 2009b)中。他将美德视为个体正常运转的表现，因此也是通往**幸福**的道路，这可以看作是与 Seligman(2002)真实的幸福概念非常相似的一种幸福。他还把美德看作是智力的必要补充，并认为当美德和智力都得到发展时，会达到了最高的幸福水平。因此，亚里士多德对伦理和美德感兴趣，主要是因为他想要确定最有利于实现幸福感的性格类型。接下来，我们将讨论亚里士多德与 Peterson 和 Seligman(2004)美德概念化的 4 个重要区别。

亚里士多德认为**实践智慧**对美德至关重要，如果没有它，所有美德的益处都将被浪费:"因为一个决定了结局,另一个让我们做导致结局的事情"(The Internet Classic Archive by Daniel C. Stevenson, Web Atomics, 1994－2009b, IV 13)。例如,一个品格好的人看到他人处于危险之中会尽力帮忙,但没有实践智慧,他可能会冒不必要的风险,对任何人都没有好处,这是一种鲁莽行动,而不是勇敢行事。因此,勇气美德,以及其他任何美德,都需要实践智慧才能存在,并在道德行为中表现出来。同样地,实践智慧它本身并没有用;为了变得有用,实践智慧需要美德。正如 Moss(2011)认为,对亚里士多德美德而言,美德是一种非智力状态,其功能是提供目标的内容;在这个特定意义上,只有美德才能使目标正确。因此,实践智慧和美德是彼此的必要条件:"没有实践智慧就不可能有严格意义上的善,没有道德美德,就不可能有实践上的明智。"(The Internet Classic Archive by Daniel C. Stevenson, Web Atomics, 1994－2009b, IV 13)。总之,实践智慧本身并不是一种美德,但它决定了当前情况下的适当美德及其适当水平,并引导美德走向它的终点。

亚里士多德与 Peterson 和 Seligman(2004)美德概念化的第一个重要区别是:

(一) 他分清了实践智慧和理论智慧。

(二) 他不认为实践智慧是一种美德。

(三) 他认为实践智慧对所有美德的存在都是必不可少的。因此,亚里士多德应该会批评 Peterson 和 Seligman(2004)的美德模型,通过指出,例如,没有实践智慧的仁爱只是一种模糊的、未经证实的渴望,想要做些什么来帮助别人——一种"理论"美德,但没有机会成为真正的美德并产生有效的道德行为。

亚里士多德认为,每一种美德都有其应有的存在和表达程度,也就是说,每一种美德都有"中庸之道":

> 凡行为有 3 种倾向,其中两种是过恶,分别是过度和不及,另一种是德性,即遵守中道(mean),三者互相反对;其中,两过恶是两极端,它们彼此相反,同时它们又都和中道相反。由于一半总是比小部分为多,较大部分为少,所以中道在激情和行动上,比之不及,总是过度;比之过度,总是不及。
>
> (The Internet Classic Archive by Daniel C. Stevenson,
> Web Atomics, 1994－2009b, II 8)

中道本身就是美德,它既是性格状态,也是道德行为。因此,亚里士多德与 Peterson 和 Seligman(2004)美德概念化的第二个重要区别是,他认为一种美德拥有太多将会促进非道德行为,并阻碍实现幸福感。尤其是,亚里士多德会批评 Peterson 和 Seligman(2004)开出的只培养个体自身标志性优势的处方,因为一种美德的过度发展不会导致道德行为。

对亚里士多德来说,每一种美德都很重要,而道德行为除了实践智慧的发展之外,还需要所有美德的发展。因此,亚里士多德与 Peterson 和 Seligman(2004)美德概念化的第二个重要区别是,道德行为需要品格的全面道德发展。因此,亚里士多德会批评 Peterson 和 Seligman(2004)只培养个体自身标志性优势的处方,因为只发展一小部分优势会导致畸形的品格，类似于胳膊长腿短的身体一样。

总之，亚里士多德认为所有美德都很重要，所以都应该发展。此外，所有美德都应发展到其应有的程度，并且应该在情境中根据其应有的程度加以运用。对于每一种美德，他规定在品格上发展一种内在的中庸之道，在行动上发展外在的中庸之道。他认为，一个人可以通过习惯来练习内在的中道，从而学习外在的中道。一旦内在的中道最终成为一种稳定的状态，一个人就会获得最高的道德美德作为第二天性。总之，亚里士多德的美德概念化更类似于孔子而不是 Peterson 和 Seligman(2004)，特别是关于每一种美德的最佳平均发展以及培养所有美德的需要。下文将重点讨论亚里士多德的观点如何影响当代心理学家的美德概念化。

施瓦茨和夏普：实践智慧的心理观

在一篇论文中，Schwartz 和 Sharpe(2006)认识到 Peterson 和 Seligman(2004)所确定的品格优势和美德的重要性，但他们从三个方面表达了对基本概念模型的不同意见：

（一）优势和美德在功能上应该是相互依赖的。

（二）亚里士多德的适度原则应该通过寻求它们的相对平衡而应用于所有优势和美德的全面发展。

（三）亚里士多德的实践智慧概念应该被看作是在情境中恰当运用优势和美德的基本先决条件。

基于亚里士多德的论点，Schwartz 和 Sharpe(2006)认为"优势并没有附带应用条件"(p.382)，因此在每一种情况下，个体都需要确定美德的相对关联性（如，哪些美德最适用于这种情况？）、相关美德之间可能存在的冲突，以及为取得积极结果应该运用相关美德的具体方式。他们认为，这三个问题——相关性、冲突和具体性，只能用实践智慧来解决。

对实践智慧的需要可以通过道德困境来最好地说明。亚里士多德认识到，在每一个特定的活动情境中，不同的美德都能用，而且它们经常相互冲突。例如，思考一名法官，他必须对一个被陪审团成员排除合理怀疑而认定有罪的人作出判决。有两种冲突的美德可以应用于这一情境：正义和仁慈。法官应该照章办事吗——从而运用正义美德——或者宽恕并当庭无罪释放——从而运用仁慈美德？这两种行动的后果可能是什么？如果罪犯完全由于判断错误而犯了罪，那么严厉的判决可能是一种过度惩罚，这可能会摧毁一个好人的生活。如果相反，罪犯蓄意无情的犯罪，那么仁慈的判决可能会强化罪犯的有罪不罚感和重申罪行的决心。有没有任何直接的、"程序上的"，或管理上的方式来计算正义和仁慈美德之间的平均值？没有，因为根据亚里士多德的说法，正义和仁慈并不是完全对立的美德。尤其是，正义是介于残酷和软弱这些恶习之间的美德，而仁慈是介于残酷与冷漠这些恶习之间的美德。因此，正义和仁慈只有一种共同的恶习，因而它们只是部分地相互对立。这反过来意味着，为了找到正义与仁慈之间的"中庸之道"，这个例子中的法官不得不求助于实践智慧；没有它，正义和仁慈在情境中是无用的，并且判决更有可能是错误的。总之，这个例子表明，不管一个人的意图有多好，在特定情境中决定自己的行动方向时，单纯的意图并没有多大帮助。

Schwartz 和 Sharpe(2006)认为,在特定环境中恰当地运用美德需要实践智慧的 3 个成分——辨别力、洞察力和想象力,这些个人资产并不包括在智慧美德中,也不包括在 Peterson 和 Seligman(2004)分类系统的任何其他美德中。此外,他们认为实践智慧并不是只包括达成个人目标所需要的技能;它还包括行善的意愿,即为了促进共同利益而不只是自身利益而采取行动的意愿。因此,Grant 和 Sharpe 将实践智慧看作是一种执行功能,引导美德在特定环境下朝着共同利益的方向发展。我们将在第六章中回顾一些理论,这些理论可能捕捉到了这个复杂且潜在相关的执行功能的某些方面。

格兰特和施瓦茨:倒 U 形曲线

"好事过头"是什么意思?"好事"意味着该"事物"是一个可以预测某些积极结果的变量,因此可以称之为"积极事物"。"过头"意味着,超过了某个特定阈值,这个"积极事物"不再预测积极的结果,甚至预测更少,因而变成了"中性事物",或者甚至是"消极事物"。直观地,"好事过头"意味着纵轴上的积极结果(例如,幸福)与横轴上的"事物"(例如,正义美德)之间是下凹的或倒 U 形关系,因此幸福随着正义而增长,直到达到一定的正义阈值,超过这个阈值幸福就随着正义而下降。每当有一个倒 U 形关系,预测变量的阈值得到了最优结果(即,结果变量的最大正值);任何超过阈值的预测变量的增加都会导致次优结果。总之,倒 U 形关系是亚里士多德适度主张的一种数学和图形表征。这个数学表征与我们在第三章(逆转)中提到的耶克斯-多德森效应相同,是关于学习、表现、快乐情调和唤醒之间的关系。

在一篇论文中,Grant 和 Schwartz(2011)回顾了一些实证研究,指出 Peterson 和 Seligman(2004)确定的 4 种美德——智慧、勇气、仁爱、正义,与幸福感之间的关系是下凹的,正如人们根据亚里士多德的原则所预期的那样。例如,研究发现,高水平的**学习导向**——一种类似于智慧美德中热爱学习的构念——会降低团队的业务表现(Bunderson & Sutcliffe, 2003),可以说是因为学习使注意力资源远离任务焦点并可能导致探索行为,而这种行为产生回报的可能性很小。研究发现,在任务练习上的顽强毅力——勇气美德中的一种品格优势——会降低个体的工作表现(Langer & Imber, 1979),可以说是因为它导致了过度学习和僵化的思维。研究还发现,花费大量时间在志愿服务上——符合仁爱美德的一种行为,会减少心理幸福感(Windson, Anstey, & Rodgers, 2008),这可能是因为它增加了工作负担,并占用了做其他能促进自身幸福感的活动的时间和精力。最后,研究发现,对工作组织的高度承诺——正义美德中忠诚优势的表现,会减少报告本组织内非法行为的意愿——在正义美德中与公平相反的行为(Somers & Casal, 1994),这可能是因为忠诚和公平之间容易相互冲突。

总之,Grant 和 Schwartz(2011)得出结论,大量实证证据表明,倒 U 形模型一方面如实地表现了实现幸福感与品格优势和美德之间的关系,另一方面表示了美德之间的关系以及同一美德内优势之间的关系。这个模式符合广泛的亚里士多德命题,即如果过度拥有或运用美德,它们会变成恶习。从这个角度看,品格优势和美德"在一定范围内积极的",因此不能看作是始终积极的特质。

未来研究方向

综合本章几个观点，在此提出 4 个需要讨论和实证研究的广泛问题。

1. 有多少美德以及有哪些？

令人不安的是，Peterson 和 Seligman 的美德分类系统与使用 VIA-IS 确定的实证因素结构之间的重叠是有限的。此外，令人费解的是，Peterson 和 Seligman 的美德分类系统与使用心理词汇学方法产生的分类系统之间的重叠也是有限的。未来的研究应该就普遍美德的结构和意义达成广泛共识。

2. 美德之间的权衡与畸形身体模型

批评者指出，Peterson 和 Seligman 的分类体系忽略了不同美德之间的功能权衡，因此 Peterson 和 Seligman 提出只培养自身标志性优势的处方可能会创造出可怕的性格，就像畸形的身体一样。一旦确定了优势和美德的数量和性质，研究者们必须评估美德相互依赖的程度，并在此评估基础上制订任何旨在提高品格的可能干预措施的计划。在这一点上，我们已经在第二章（未来研究方向）中看到，心理幸福感和主观幸福感的模型被批评是"健身者模型"，因为它们提倡全面和无限制地发展幸福感的所有成分。这里，Peterson 和 Seligman 的模型被批评是"畸形身体模型"，因为他们主张无限制地发展一组有限数量的品格优势和美德。这两种批评有什么共同之处？两者都指出，在未来的研究中需要考虑以下方面的限制：

（一）幸福感指标之间可能的权衡和幸福感预测因子之间可能的权衡。

（二）幸福感指标与其预测因子之间可能的曲线关系。

3. 美德的情境依赖和实践智慧

对日常生活中道德困境的分析显示，无论一个人的意图有多好，以这样一种方式行事是非常困难的：

（一）顺利地在相互竞争的道德义务之间进行权衡。

（二）在这种情况下，使个人行动所产生的效果达到最好。

根据亚里士多德和一些当代心理学家的说法，这只有在主体拥有丰富的实践智慧时才能实现。未来研究应该确定实践智慧的关键成分及其指导美德运用的机制。第五章将考虑一些个人资产（如乐观、注意控制和元认知）它们包含了实践智慧复杂结构的许多方面。

4. 我们真的能改变优势和美德吗？有什么风险？

不管 Peterson 和 Seligman 给出的培养自身标志性优势的处方是否正确，目前尚不清楚是否真的可以改变一个人的品格优势和美德。亚里士多德认为，如果一个人在日常生活中养成内外适度的习惯，这是有可能的。然而，正如所有社会期望的特质一样，存在这样的风险，即品格提升的努力可能会变成一个自我欺骗的旅程，走向一种浮夸的状态。未来研究应确定品格干预的可行性及其可能产生的副作用。第八章（幸福提升干预）将检验这些试图通过干预品格优势来提高幸福感的初步干预研究。

自我发展和理解练习

最好是小组练习。小组任务是讨论下列问题(没有正确或错误答案)并达成一致的答案。对于每一个大五人格特质:

(一)请说明,如果一个人在该维度上是高水平或低水平,那么他的进化和/或社会优势是什么。例如,低外倾性(即高内倾)或高神经质(即低情绪稳定性)的好处是什么?

(二)请说明,如果一个群体的成员在某一维度上具有一定的个体差异分布,那么这个群体的进化和/或社会优势是什么。例如,群体中有高神经质或低宜人性的成员有什么好处?在一个群体中,情绪不稳定的个体是否有"最佳"比例?

(三)你对上述问题的回答有什么道德意义?尤其是,是否存在一种绝对且始终不道德的特质,并因此在社会上不受欢迎?如果有,你为什么认为这种特质在进化过程中"幸存"了下来?

推荐网络资源和拓展阅读

网站

可供阅读和咨询的网站:

■ "人格的伟大思想"回顾了人格心理学领域中前景广阔的研究发展: http://www. personalityresearch.org/。

■ Daniel C. Stevenson 的网络经典档案,Web Atomics(1994 - 2009a,1994 - 2009b), 亚里士多德的《尼各马可伦理学》,孔子的《论语·庸也》以及许多其他经典著作: http:// classics.mit.edu/。

本章中回顾的部分问卷可浏览/下载,可在你的研究中免费使用:

■ 测量大五人格特质的无版权限制条目库: http://ipip.ori.org/。

■《个人特征问卷》(PAQ;Spence, Helmreich, & Stapp, 1974,1975;Spence& Helmreich,1978): http://www.utexas.edu/courses/pair/CaseStudy/ PPB5c1.html。

■《一般因果定向量表》(GCOS;Deci & Ryan, 1985b;由 Hodgins, Koestner, & Duncan, 1996 扩展): http://www. selfdeterminationtheory. org/ questionnaires/10-questionnaires/46。

■《优势行动价值问卷》(VIA - IS;Peterson & Seligman,2001;Peterson, Park, & Seligman, 2006),可在 http://www. authentic happiness. upenn. edu/ questionnaires. aspx 测验并评分。

阅读材料

■ Dahlsgaard 及其同事(2005)对美德和人类优势理论的简述。

■ Schwartz 和 Sharpe(2006)关于实践智慧构念在积极心理学中的作用的论文。

■ Grant 和 Schwartz(2011)对许多研究的元分析表明，拥有太多某一"积极"特质会带来消极后果。

■ Feist(1998)对人格特质与艺术和科学领域中创造性成就之间关系的元分析。

第五章

乐观和情绪的自我调节

引言

第三章强调，为了表现出适应性行为，个体需要激活许多自我调节过程。然而，我们在第四章中指出，通过对自我调节过程以及这些过程在情境下产生行为的方式施加约束，一个人的人格特质和性格优势会对幸福感产生重要影响。最后，在第四章（从孔子和亚里士多德，到施瓦兹、夏普和格兰特）里，我们讨论和论证了由亚里士多德提出、其同时代的心理学家们总结出来的结论，即目的和倾向不足以产生"正合适"的行为；个体还需要"实践智慧"，这种智慧是心理宝藏的另一种资源。亚里士多德写道，实践的智慧本身不是一种功效，但是它能引导情绪和功效走向正确的目标。本章节试图回答这个问题：什么是实践智慧的关键组成部分，这些关键部分又是怎么影响幸福感的？

本章节将关注实践智慧概念中的心理构念，尽管不是每一个都很完美。这些构念特征相似，意味着它们的测量看起来像人格特质的测量，但因为它们更具有可变性，又跟人格特质不一样。同样地，这些构念某种程度上比起人格特质来更有吸引力，因为一个人为了变得更好更有可能实际作出改变，从而获得幸福感。在第八章（正念认知疗法和元认知疗法）里，我们将看到实践智慧的两个特征类似的方面——正念和元认知——成了心理疗法的主要新形式，并且表现出显著成效。

在一项开创性研究中，Seligman、Master 和 Gree（1968）发现，当一个智慧生物被反复施加厌恶刺激并且无法逃开，这个生物最终就会停止逃避，即使有机会逃走，它也不会逃；也就是说，有机体习得了无助。**习得性无助**的存在证明了智慧生物的基本行为准则：有机体不会产生意志行为，除非它们对行为的结果有充分的积极期望。这就意味着**乐观**是意志行为的前提条件。唐·吉诃德天性乐观，但他的错觉将他的乐观消耗殆尽。因此，意志控制需要更多力量，包括对通往成功的可能路径的可行性认知表现，也是广义上**希望**（hope）概念的关键因素。事实上，任何一条通往成功的途径都是在与他人的互动中实现的，所以成功需要获得认同以及合作的能力。这就要求我们具备**情绪智力**中的关键因素，即准确理解个体自身以及他人情绪的能力。本章的第一节将回顾关于乐观、希望、情绪智力我们都知道些什么,这些构念是如何与幸福感相联系的。

与理想世界不同,现实世界经常出现适应不良的人(Sternberg,2006),这些问题要么没有明确的解决途径,要么有多种解决途径,要么无法解决,要么受到不明事物的阻碍,基本上无法适应。面对这些问题的时候,我们不可避免地感受到了消极情绪。起初自我调节还能将消极情绪隐藏起来或者帮助解决问题。为了达到并且保持一个有适应性行为的状态,就需要4种主要的情绪调节模式:

(一)注意控制(也就是注意力集中于某项任务,并且当不需要时能迅速转移注意力的能力)。

(二)正念(也就是能有意识地时常察觉到周围发生了什么,个体自身内部发生了什么)。

(三)元情绪(也就是个体对自身基本情绪的情绪)。

(四)元认知(即对个体认知以及情绪过程的认知)。

本章的第二节将回顾关于注意控制、正念、元情绪和元认知我们都知道些什么,以及这些是怎样与幸福感联系的。第三节将概述一些讨论的开放性议题,正在进行中的争论,以及未来研究的方向。

乐观、希望、情绪智力

乐观

在日常用语中,乐观代表一种一切进行顺利的感受。在认知心理学领域一项针对经验研究的大规模元分析研究里,Matlin 和 Stang(1978)总结道,大多数研究将人类描述成对积极有先天的倾向,用认知术语来说,就是在回忆和自我评价时有积极倾向。此外,大多数人对未来都是期待幸福的,那些当下感觉幸福的人会期待未来更加幸福。进化心理学家提出,乐观某种程度上是由遗传决定的,并且由于在进化中乐观给个体和群体带来的优势,从而变得越来越普遍(如:Buss,1991)。尤其是,Tiger(1979)提出面临危险时,乐观有利于个体抵抗焦虑,帮助个体将注意力集中于当前的任务,有助于人们像往常一样顺利完成日常活动。

科学研究对乐观采取两种不同的定义。Seligman 及其团队将乐观定义为一种个体**解释风格**(如:Buchanan & Seligman,1995;Peterson,2000)。乐观主义者倾向于将生活中发生的糟糕事件归因为外部、不稳定、特定的原因,而悲观主义者则倾向于做内部、稳定、普遍存在的归因。举个例子,一名乐观的足球运动员在错失点球时可能倾向于将失误归结于强风影响足球的运行,因此是外部、不稳定、特定的原因导致的结果。相反,悲观的足球运动员更倾向于将失误归因于长期无法应对压力,所以是自身、长期、普遍存在的原因导致了这个结果。

发现习得性无助后(Seligman,Maier,& Geer,1968),Seligman 及其团队证明了狗、兔子和人类都能以类似的方法获得悲观情绪。在反复经历了不可控的不良事件后,它们产生了其行为和行为结果之间没有必然联系的信念(Maier & Seligman,1976;Peterson & Park,1998)。如果这种习得的行为—结果无关性信念泛化到其他情境中,人们就会普遍产生未来的结果与个人努力无关的预期,这就是悲观的本质(Peterson,2000)。在解释风格理论的一项重要发现里,Seligman(1998)提出,通过经历由行为产生的积极结果,从而使人们产生行为结果和行为直接存在必然联系的信念,并将这种行为—结果信念泛化到各种情境中去,人们就能够获得乐观。

使用《归因风格问卷》(ASQ;Peterson 等人,1982)可以准确有效地测量个体在乐观和悲观归因风格上面的差异。ASQ 包含 12 个假设情境,6 个消极情境 6 个积极情境。在每个情境中,要求被试想象描述的事件正在他们身上发生,要求被试报告他们认为引起事件的主要原因是什么,并且将主要原因在 3 个维度上进行评估:

(一)内部—外部维度。

(二)稳定—不稳定维度。

(三)普通—特殊维度。

12×3 个维度上的得分相加可分别得到乐观解释风格和悲观解释风格的总分。两个分量表并不呈正相关或者负相关,也就是说使用 ASQ 测量的乐观不仅仅是悲观的对立面,同一个人身上乐观和悲观可以共存。

关于解释风格作用的经验研究主要集中于学业成就方面。Seligman(1998)指出,乐观解释风格能促进学业表现,如果乐观解释风格缺失,资质和天赋就会荒废。过去已有的证据似乎可以证明。比如,Peterson 和 Barrett(1987)发现,在对学术能力和压力进行变量控制后学业表现出现了差异,开始具有乐观解释风格的大一学生比悲观解释风格的学生表现更好。另一方面,Bridges(2001)发现,在预测学生学业成就方面解释风格和入学能力测验并不一样。总之,要明确是否乐观解释风格确实能促进学业成绩,将悲观解释风格调整成乐观解释风格是否有益,还需要更多研究证实。

Scheier 和 Carver(1985;Carver & Scheier,2003)将乐观定义为通常相信生活中好事多于坏事的倾向。而且,他们提出这种普遍期望在横向和纵向上都是稳定的,也就是说,这是一种特征。乐观倾向可以用《生活取向测验》(LOT,Scheier & Carver,1985)来有效测量,也可以用该测验的修订版(LOT－R;Scheier,Carver,& Bridge,1994;获取网站 http://www.psy.miami.edu/faculty/ccarver/sclLOT-R.html)进行测量。LOT－R由 10 个项目组成。其中 3 个项目措辞比较积极(如"不定期地,我经常期望最好"),用于测量乐观维度;3 个项目措辞消极用于测量悲观维度(如"我几乎从不奢望事情会按照我想要的方式进行");剩下 4 个项目是填充项(如"我非常喜欢我的朋友")。项目得分采取五分制,从 1 分(非常不赞同)到 5 分(非常赞同)。首先,将悲观维度的项目进行反向计分,其次,计算乐观维度和悲观维度 6 个项目的平均分,对测验得分进行线性处理。乐观和悲观分量表并不呈正相关或者负相关,也就是说使用 LOT－R 测量的乐观也不仅仅是悲观的对立面。有趣的是,中国版本 LOT－R 量表的乐观和悲观之间负相关比较小,暗示了西方的期望值概念并不完全适用于中国以及其他东方文化(Lai et al.,1998)。在这一点上,我们看到第二章(情绪的跨文化差异)里,亚洲人积极情绪和消极情绪的相关性要比西方人小,这种文化差异归因于对立面的辩证观念贯穿东方文化;同样的辩证思想可能就是中国人乐观和悲观相关性较小的原因。

LOT 和 ASQ 的乐观相关系数较低(Relley et al.,2005),意味着倾向性乐观和乐观解释风格是明显有区别的构念。倾向性乐观研究范围更广。

大量实证研究发现,倾向性乐观与更优的健康状况、健身习惯、从疾病中恢复的速度有关(Scheier & Carver, 1992)。例如,Scheier 和 Carver(1985)发现,在压力较大的学术研究时期,乐观对本科生体征预测效力下降。另外,Scheier 等人(1989)发现,手术后病人的乐观预示着更快的康复过程,比如在床上坐起来,走动,以及重新开始正常生活。最后,Shepperd、Maroto 和 Ebert(1996)发现,冠心病病人的乐观可以预测其健身习惯。

大量实证研究发现,乐观与心理适应有关。比如,比起悲观主义者,乐观主义者的自我意象更加积极(Scheier & Carver, 1992),对他们的社会支持水平更满意(Fontaine & Seal, 1997),需要时更可能寻求社会支持(Scheier et al., 1986),就像适应大学生活一样能更好地适应生活变化(Aspinwall & Taylor, 1992)。研究发现,与消极相关的抑郁症状以及痛苦也跟乐观有关(Change, 1998;Scheier。Beck-Seyffer & Scheier, 1999;Boland & Cappeliedz, 1997;Marshall & Lang, 1990),当然也跟生活满意有关(Boland & Cappeliez, 1997;Chang, Maydeu & D'Zurilla, 1997;Chang, Asakawa & Sanna, 2001;Mysers & Diener, 1995)。

倾向性乐观的多种功能使人们越来越相信,这种构念可能就是大五人格特质的集合。倾向性乐观确实与情绪稳定性以及外倾性密切相关;此外,宜人性与责任心解释了高于情绪稳定性和外倾性所能解释水平的乐观的额外变量(Sharp, Martin & Roth, 2011)。尽管和其他特质密切联系,对大五人格特质进行统计学控制时,乐观和悲观仍然是幸福感和生活满意度的重要指标(Quevedo & ABella, 2011)。总之,即使和大五人格特质中的四个有关,倾向性乐观尤其有助于幸福感和生活满意度的获得。

大量实证研究(可以参考 Scheier & Carver, 1992 以及 Scheier, Carver, & Bridges, 2001)表明,倾向性乐观与多使用适应性竞争策略有关(如接纳,对消极事件的积极理解,幽默),同时少采取适应不良的竞争策略(如否认,胡思乱想,脱离现实)(适应和不适应竞争概念可以回顾第三章的压力与竞争一节)。一般来说,乐观通常与直面竞争相关,而悲观通常与逃避竞争相关。这支持了普遍认可的观点,就是无论问题有多困难,对最终成就充满信心的人会不断尝试挑战,而对努力付出的回报持有怀疑的人则会受到干扰,陷入胡思乱想,最后放弃尝试。

研究发现竞争是联系乐观和适应性的关键中间变量(Scheier & Carver, 1992)。关于中间传递过程有 3 个互补假设:

(一)乐观主义者对待生活中的困境不像悲观主义者那么严肃(Blankstein, Flett, & Koledin, 1991)。

(二)积极期望能更有效解决问题,从而更少导致不利结果(Scheier & Carver, 1992)。

(三)乐观产生积极影响从而减少抑郁症状(Chang & Sanna, 2001;Peterson, 2000)。

这些假设的合理性在 Carver 和 Scheier(1981, 1990, 2000)的自动控制模型里有涉及,可以回顾第二章内容,人们能不能努力尝试去实现目标取决于他们对成功的期望是不是足够积极。如果追逐目标的行动充分,就会倾向积极;反之,过程不充分,就会倾向消极。因此,由于对成功有更高期待,乐观主义者理论上在竞争中更有适应性,能更有效率地实现目标,在努力尝试过程中能增强积极影响同时减少消极影响。

实证研究一致表明,倾向性乐观是一种积极特质,可以促进更好的健康和适应,有更多方法应对压力,以及获得更多的幸福感。然而,许多研究者指出,极高水平的乐观也伴随着风险。例如，Haaga 和 Stewart(1992)提出极端乐观可能会导致个体高估自己应对挑战的能力。Milam 及其同事(2004)补充，极端乐观可能导致期望无法满足，无法实现乐观的"最佳"收益(p.177)。Seligman 及其同事(1995)规定要教孩子"准确的乐观"(p.298)，而不是极端乐观。Carver、Scheier 和 Segerstorm(2010)承认，事与愿违时仍固执坚持，乐观可能带来不利影响，但总结来说，研究者一致认为乐观带来的好处要比损失多。然而，如果确有其事，有人可能会争论乐观和成功之间的联系，是由于其他变量的有效作用才存在的，是那些变量将一厢情愿的乐天想法变成了胜利表现。

希望

Snyder 及其同事(1991；Snyder，2000)提出**希望理论**来解释，一些情境里源自乐观的积极思维是如何成为意志思维的，导致适应行为的。他们将希望定义为由 3 种思维构成的积极特质：

（ ）**目标思维**，即设定明确目标的能力和意愿；

（二）**策略思维**，即发展实现目标的可行策略的能力和意愿；

（三）**动力思维**，即发挥所需战略直到达成目标的动机的能力和意愿。

为了意志行为有动力，目标就得有趣；通常，难度适中的目标比容易的目标更适合策略和动力思维(Snyder et al.，2002)。策略就是达到目标的可行途径，在复杂又困难的情境中有很多障碍，有许多途径可供选择尤其重要(Snyder，Rand，& Sinmon，2005)。动力是目标行为的动力成分，代表一个人能开始并且保持目标行为的信心(Snyder et al.，2003)。

希望理论认为一个人为了拥有希望且有适应性目的行为，这三种思维构成都是必需的(Snyder，2002)。特别是，没有明确有趣的目标，策略和动力就完全没用武之地。此外，没有动力的策略思维不可能产生目标行为。最后，没有可行策略的动力可能会产生行为，但几乎不可能产生有组织的适应行为。策略思维和动力思维通常在同一个人身上是相关但又不同的变量，两者要结合起来，为了产生适应性目标行为，两者缺一不可。

策略和动力思维的个体差异可以用《成人希望量表》(AHS；Snyder et al.，1991)进行有效测量。AHS 有 12 个项目，其中 4 个项目用于测量策略思维(比如，"任何问题都有很多解决方式")，4 个项目用于测量动力思维(比如，"我对生活充满信心")，剩下的 4 个项目作为补充(比如，"大多数时候我感觉疲劳")。此外，一份未公开发表的手稿还提出了《修订版斯奈德希望量表》(RHS；Shorey et al.，2007)。

希望理论认为，比起缺少有意希望的人，拥有有意希望的人在追逐目标时更容易成功，能获得更多的积极情绪体验和更少的消极情绪体验(Snyder，2002)。几项研究发现，更好的学业表现及运动成绩与希望有关(如：Marques，Pais-Ribeiro，& Lopez，2009；Snyder，2002)，支持了成就情境下希望有助于目标实现的假设。另外，还有一些研究发现，希望与生活满意有关(如：Gilman，Dooley，& Florell，2006)，在青少年中，希望能缓冲消极事件给生活满意度带来的影响(Valle，Huebner，& Suldo，2006)，支持了希望培养主观幸福感的假设。

然而，这些发现有些不确定性，因为这些发现在倾向性希望效能的主要竞争解释因素——倾向性乐观里没有得到控制。Carver 和 Sheier(2003)的乐观理论和 Snyder 的希望理论(2002)有共同之处，他们都解释了为什么普遍积极期望可以促进幸福感。然而，两种理论的区别在于：前者关注对积极结果的普遍期望，而后者关注实现目标的情境中个人动机的积极评价。关键问题是：

(一) 乐观和希望是两个不同的变量吗？

(二) 如果是，它们都是主观幸福感和心理幸福感所必需的吗？

通过测量美国一所中西部大学591名本科生的乐观、希望、主观幸福感和心理幸福感，Gallagher和Lopez(2009)综合处理了上述问题。首先，他们采用验证性因子分析来控制测量误差，得到了乐观因子和希望因子之间0.66的估计相关数，这就意味着乐观和希望某种程度上存在部分重叠但又是明显不同的变量。然后，如表5-1所示，通过采用结构方程模型控制测量误差，Gallagher等人得到了两个变量对幸福感的标准化回归分析。总的来说，乐观与主观幸福感更相关，而希望与心理上的幸福感更相关。特别明显的是，乐观能很好地预测自我接纳程度和生活满意度，而希望能很好地预测生活的意义和个人成长。总之，希望特质是对心理幸福感预测因子类别的一个全新而强有力的补充。

表5-1 乐观和希望(预测变量)对幸福感指数(效标变量)的结构性回归

幸　福　感	积　极　期　望	
	乐　观	希　望
心理幸福感		
自我接纳	0.68	0.26
积极相关	0.47	0.30
自主性	0.07	0.49
环境控制	0.51	0.44
生活意义	0.23	0.73
个人成长	0.09	0.70
主观幸福感		
生活满意	0.66	0.14
积极情绪	0.24	0.54
消极情绪	—0.15	—0.12

资料来源：标准回归系数选自 Gallagher & Lopez，2009。

情绪智力

人们通常认为情绪和理性截然不同，甚至有时候将情绪视为理性的对立面。Mowrer(1960)尖锐地反驳了这个观点，并且主张情绪是"智力的高阶表现形式"。Salovey和Mayer(1990)首先提出情绪智力概念，并将情绪智力定义为能力，包括：

(一) 评价和表达情绪的能力。

(二) 调节情绪的能力。

(三) 利用情绪促进推理的能力。

总的来说,Salovey 和 Mayer 认为,情绪智力是一种理解自己和他人情绪的能力,并将这种情绪理解作为有助于思考和行动的信息加以利用。随后,许多研究者提出了他们对情绪智力的定义(如:Bar-On, 1997;Epstein, 1998;Goleman, 1995)。所有这些新的定义正如 Salovey 和 Mayer 所主张的那样,都将情绪智力定义为一种应该用自陈问卷来评估的人格特质,而不是一种用客观表现测试来评估的能力。

Goleman(1995)的情绪智力概念对大众影响最广,也引发了无数讨论与争议。他将情绪智力定义为由 5 个相关联部分构成的人格特质,包括:

(一)情绪的自我觉知(如,知道自己的真实情绪)。

(二)情绪的自我管理(如,在经历负面事件后减少焦虑,恢复好心情)。

(三)情绪的自我激励(如,能够延迟满足)。

(四)识别他人情绪(如,移情)。

(五)管理他人的情绪(如,支持和激励他人)。

Goleman 认为,情绪的自我觉知有助于做出正确的决策,情绪的自我管理有助于应对压力,利用情绪的激励作用有助于实现目标,识别他人情绪有助于与他人建立并保持良好的关系,而管理他人的情绪则有助于有效领导他人。最后,他宣称情绪智力比其他一般智力更能预测学术、职业和人际关系方面的成就。许多学者认为这一观点属于推测性的(如:Roberts, Zeidner, & Matthews, 2001),因为当时可用的数据远不能证实它。

在一篇论文里,Davies、Stankov 和 Roberts(1998,研究 2)对 300 名美军空军新兵施用了 10 个情绪智力测量工具(既有能力测验,又有自陈问卷)和一个自陈问卷来进行五大人格特质测验。对所有测量因子进行因素分析,结果显示:

> 自我报告的情绪智力……与神经质、外倾性、宜人性以及语言能力相关……而认知能力和情绪智力之间的联系很弱。(Davies et al., 1998, p.1005)

总之,"很少有情绪智力是独一无二,并且心理上是健全的"(p.1013)。从 Davies 和他的同事们留下来的余热中,人们对开发情绪智力的心理测量做出了新的尝试。接下来我们将关注两种研究范式:一种是 Mayer 和 Salovey(1997)将情绪智力作为一种能力来进行研究;另一种是 Schutte 及其同事们(1998)将情绪智力作为一种人格特质进行研究。

Mayer、Salovey 和他们的同事(Mayer, Caruso, & Salovey, 1999;Mayer, & Salovey, 1997;Salovey, Bedell, Detweiler, & Mayer, 2000;Salovey, Mayer, & Caruso, 2005)提出了情绪智力的四分支能力模型,如表 5 - 2 所示。情绪智力的每一个分支都包括一系列独特的能力。**情绪感知与表达**需要能准确识别和表达自身的情感,这是情绪智力存在的必要分支。**情绪促进思维**指在思维过程中能利用情绪智力,尤其涉及对情绪影响思维的理解,同时通过调节情绪来从不同角度处理问题。**情绪理解**包括分析、解释、用语言表达自己和他人情绪的能力,特别涉及理解复杂的情绪以及这些情绪存在的意义和动态变化。最后,**情绪管理**包括情绪的自我调控和管理他人情绪的能力,这涉及个体在经历不愉快经历后,如何运用正确的策略恢复到积极状态,例如进行体育锻炼、放松,或者在写作中消除情绪障碍(如:Pennebaker, 1997)。

表 5-2 Salovey 等的情绪智力四分支能力模型

分 支	能 力
情绪感知与表达	● 识别个体自身心理和生理上的情绪
	● 识别他人的情绪
	● 准确地表达情感以及与之相关的需要
	● 区别准确的/真实的和不准确/不真实的感觉
情绪促进思维	● 在相关情绪的基础上调整思维
	● 产生情绪有助于判断和记忆
	● 利用情绪转换欣赏多种观点
	● 利用情绪状态促进问题解决和创造性
情绪理解	● 理解不同情绪之间的关系
	● 理解情绪产生的原因和结果
	● 理解复杂的情感、情绪组合以及矛盾的状态
	● 理解情绪的转换
情绪管理	● 敞开心胸接受各种感觉，无论愉快或者不愉快
	● 监控、反思情绪
	● 能产生、延长，或摆脱某种情绪
	● 控制自己的情绪
	● 管理他人的情绪

资料来源：Salovey, Mayer, & Caruso, 2005。

Mayer、Salovey 和 Caruso 开发出了《梅尔-萨洛维-卡鲁索情绪智力测验》(MSCEIT)来测量个体在情绪智力 4 个分支上的个体差异。MSCEIT 是一个客观表现测验，测验要求被试解决问题，其答案按照正确与错误来计分。正确答案来自最常见的答案或者专家给出的答案。MSCEIT 包含 141 道题。通过要求被试根据表情(量表 A)以及抽象的图片(量表 E)正确识别情绪，来测量情绪感知与表达。情绪促进思维的测量，是通过提问被试某些情绪是如何促进思维的(量表 B)，以及这些感觉之间如何相关的(量表 F)来实现的，如热度和光照。通过提问被试情绪和情境之间的联系(量表 G)，以及解释情绪是如何随着时间变化的(量表 C)，来测量情绪理解。最后，通过要求被试评定情绪在处理特定情境过程中的适当性(量表 H)和有效性(量表 D)来测量情绪管理。

Mayer、Salovey 和 Caruso(2002)认为 MSCEIT 只是一个单维度测量工具，因此在研究和应用过程中要注意采用 MSCEIT 总分进行评价。然而，一系列研究表明，MSCEIT 总分和分量表得分的信度较低(如：Føllesdal & Hagtvet, 2009)，并且 MSCEIT 的 8 个子量表和理论模型结构不符合(如 Keele & Bell, 2008)。除此之外，MSCEIT 可以很好地预测大五人格特质和一般智力，从而得出结论：情绪智力，不仅仅是一般智力和人格(Schulte, Ree, & Carretta, 2004, p.1059；同样的结论也见于 Fiori & Antonakis,

2011)。最后，MSCEIT 的四个分支和一般智力以及大五人格特质以不同方式存在相关，因此 Fiori 和 Antonakis 建议用分量表得分代替总分来检验所有关于情绪智力控制一般智力和人格的假设。

Shutte 和同事(1998)开发出了《情绪智力量表》，来测量情绪智力作为一种人格特质时的个体差异，这个量表通常被称为《Shutte 自陈量表》(SSRI)。SSRI 包括 33 个项目，测量个体识别和理解情绪的程度(例如，我知道我的情绪为什么发生变化)，激发和调节自己与他人情绪的程度(例如，当别人难过的时候我能帮他们感觉更好)。被试通过五分制打分来报告自己的反应，1 对应非常不同意，5 对应非常同意。

Shutte 和同事认为 SSRI 是单维度测量工具，因此在研究和应用中推荐使用 SSRI 总分。然而，一系列研究表明 SSRI 有多因子结构(Davies et al.，2010；Ferrándiz，2006；Petrides & Furnham，2000)，还有研究表明 SSRI 总分和大五人格特质相关程度从中等相关到强相关(Brackett & Mayer，2003；Ferrándiz et al.，2006；Saklofske，Austin，& Minski，2003)。比如，Ferrándiz 及其同事在 115 名西班牙大学生样本中发现，情绪智力与外倾性($r=0.43$)、对经历的开放性($r=0.39$)、神经质($r=-0.29$)相关。总之，检验自陈情绪智力控制人格的假设似乎是有道理的。

情绪智力对幸福的特殊意义是什么？Brackett 和 Mayer(2003)在 207 名美国本科生样本中发现，MSCEIT 总分和 SSRI 总分之间相关性很低($r=0.18$)，意味着这两个量表测量的是不同构念。MSCEIT 总分和主观幸福感之间相关很低($r=0.28$)，与总体客观幸福感不相关($r=-0.05$)。而 SSRI 总分与主观幸福感存在相关($r=0.69$)，与客观幸福感相关很低($r=0.22$)，这就表明，比起能力情绪智力，特质情绪智力更能预测幸福感。但是这个结论有待证实，因为对于人格特质，Mayer 和 Brackett 没有测试情绪智力和幸福感之间的关系，即使他们的数据库里已经有大五人格特质的测量结果。Extremera 和同事(2011)对一个 349 名西班牙本科生的样本，测量了能力情绪智力和幸福感之间的关系。他们测试情绪智力和控制人格差异统计影响 12 周后，发现 MSCEIT 总分既能预测主观幸福感又能预测客观幸福感。能力情绪智力对幸福感独一无二的影响是有限的，但统计学上是显著的。总之，这些研究表明，情绪智力可能在促进快乐和幸福方面发挥特别但有限的作用。然而，鉴于现有的情绪智力测量方法的不确定性，这个结论有待证实。

情绪的自我调节

注意控制

本书第二章的情绪理论解释了情绪的起源和结果，但没有明确考虑个体是否调节、怎样调节自己的情绪。情绪的自我调节指个体通过增强或者抑制自己的情绪反应从而主动调整情绪的能力。情绪的自我调节最简单的形式是行为，包括有意避开之前经历过的令人厌恶或愉快的刺激。例如，一个人可以不参与洞穴冒险以降低遇到老鼠的可能性，从而减少对老鼠的负面情绪。同样的道理，需要集中精力备考的学生可以通过关闭手机和休息，来降低积极情绪，从而阻止任何对社交活动所产生的兴奋。

情绪的自我调节更复杂的表现形式是注意力调节，包括集中注意力，或将注意力从引起情绪的刺激上转移。例如，一个人可以通过转移对老鼠和对自身的老鼠内部表征的注意力来降低负面情绪。同样的道理，学生可以通过关注在即将到来的考试中取得好成绩来激励自己努力备考。有意识地集中和转移注意力以调节情绪的能力，叫做**注意力控制**。

当经历负面情绪时，注意力控制是一种抑制自动"战或逃"反应的能力，同时能促进对感知到的挑战或威胁探索更复杂、更具适应性的反应（Derryberry & Reed，2002）。具体来说，注意控制包括处理和组织刺激以保持积极情绪状态的能力、延迟满足的能力和应对环境变化的能力（Rothbart et al.，2004）。作为一个整体，注意控制理论上被认为是执行功能的一个外在组成部分（Mathews，Yiend，& Lawrence，2004），是认知功能的一大类，能帮助组织信息，产生计划，协调思维和行为以实现目标，从而支持意志控制。

注意控制的个体差异在儿童身上有明显体现（Rothbart & Derryberry，1981），在实验室环境中也可以使用自陈问卷有效可靠地测量成人的注意控制（Derryberry & Reed，2002，2009）。目前已经确定了注意控制的 3 个方面：

（一）**注意集中**（即保持注意力在手头任务上的能力）。

（二）**注意转移**（即迅速将注意力转移到另一个任务上的能力）。

（三）**思维的灵活控制**（即快速将注意从一个新角度转移到新任务或已知任务上的能力）（Derryberry，2002）。

《注意控制量表》（ACS；Derryberry，2002；http://dionysus.psych.wisc.edu/Wiki/index.php? title=Attention_Control_Scale_%28ATTC%29）可以有效可靠地测量注意控制的三个方面，这是一个由 20 个项目组成的自陈量表，其中 9 个项目测量注意集中（如，"当我试图将注意力集中在某件事上时，我很难阻止思维分散"，反向计分），7 个项目测量注意转移（如，"我能很快从一个任务切换到另一个任务"），还有 4 个项目测量注意灵活性（如，"需要的时候我可以迅速对一个新话题产生兴趣"）。参与者按照 1~4 打分汇报自己的反应，1 对应"总是如此"，4 对应"几乎从不"。

注意控制确实会影响享乐幸福感吗？Derryberry 和 Reed（2002）发现，用 ACS 测量作为单一结构的注意控制，发现它与外倾性存在正相关（$r=0.40$），与焦虑特质存在负相关（$r=-0.55$），这个结果与注意控制对情绪有双重影响的假设一致：注意控制可以培养积极情绪，防止消极情绪。除此之外，对青少年的研究有力证明，自我报告的注意控制和一系列精神疾病症状（包括焦虑、抑郁、攻击性）存在负相关（如：Muris，Mayer，van Lint，& Hofman，2008；Muris，Meesters，& Rompelberg，2007）。最后，Spada、Georgion 和 Wells（2010）在一所英国大学的 142 名本科生样本中发现，注意集中和注意转移与焦虑状态呈负相关（相关系数分别为-0.40 和-0.38）。总之，注意控制及其某些方面似乎可以促进享乐幸福感。

注意控制会影响实现幸福感吗？理论上说，它应该会。来自认知神经科学研究的大量证明确定了目标导向的注意系统和刺激驱动的注意系统（Posner & Rothbart，1998；参考 Pashler，Johnston，& Ruthroff，2001）。目标导向的注意系统对由知识、期望和当前目标引起的注意进行自上而下的控制，而刺激驱动的注意系统对显著刺激产生的注意进行自下而上的控制。注意控制应当允许面临困境的人更容易从刺激驱动注意系统转移到目标导向注意系统，从而增强工作记忆的处理能力，提高认知效率也就是任务中所需的精力或资源的比例。一项实证研究支持了这种预测（Cermakova，Moneta，& Spada，2010），这项对英国一所大学 240 名本科生的研究发现，当期末考试前一周大学生体验到目标导向和刺激驱动的注意系统均过载，注意控制预示着更深度和更少表面的学习方法。总而言之，尽管这些证据还不成熟，但注意控制很可能在产生享乐幸福感的过程中起重要作用。

正念

在第二章（情绪、感觉和心境）我们讨论了情绪和感觉之间的区别，其中感觉是对那些通过意识门槛的情绪的知觉。情绪，尤其是那些困扰和威胁自我的情绪，不一定会浮现在意识中，这个观点可以追溯到弗洛伊德的精神分析。弗洛伊德（1925）认为来自本能的自我威胁冲动会引起焦虑，而焦虑又会激活**防御机制**。防御机制是自我保护自己免受真实或想象中的威胁伤害的功能。最原始的防御机制是**抑制**，这个机制是将令人不安的想法和欲望埋藏在无意识之中。罗杰斯（1963）某种程度上和弗洛伊德看法一致，他认为人在寻求**一致性**——即自我认知和现实之间没有差异和冲突。每当特定的经历挑战一个人的自我结构——自我概念及其价值系统时，冲突和焦虑就会出现，这反过来又可能会激活**否认**（经验的存在）以及**扭曲**（经验的意义）的防御。弗洛伊德和罗杰斯都认为，抑制情绪短期内有好处，但会导致神经过敏，因此长远来看会很费力。

Gross 和 John（2003）设计了一份简短的调查问卷来测量个体在压抑情绪方面的差异（例如，"我把情绪憋在心里"），他们在美国本科生样本中进行了一系列研究，以检验压抑对主观幸福感的影响。在研究 2 中，他们发现压抑与通过发泄来应对的行为之间存在负相关（$r=-0.43$），这证实了压抑者表达沮丧的情况较少，可能也很少意识到它。在研究 3 中，他们发现压抑和积极影响存在负相关（$r=-0.33$），和消极影响存在正相关（$r=0.39$）。此外，和非压抑者相比，压抑者对他人的积极情绪表达较少，而消极情绪的表达则与非压抑者没有区别。总之，弗洛伊德和罗杰斯关于压抑会阻碍幸福感的预测得到了支持。

正念被广泛视为压抑的对立面。正念是有意识地、持续地意识到正在进行的经验（Brown & Ryan，2003），因此它的本质就在于"存在"，正如哈尔·阿什比导演的电影提到的。这个概念来源于东方佛教传统，这些传统都规定通过冥想来培养当下的意识（Baer，Smith，& Allen，2004）。当下意识通常被认为有助于防止持续性思考——包括高度的自我意识、过度监控、对令人不安的事件和相关负面情绪的深思，因此有助于在面临挑战时恢复和保持积极的心态。总之，除了行为和注意的自我调节外，正念被认为是第三种自我调节负面情绪的重要方式。

关于正念的几个概念已被提出。最初，研究人员将正念视为一种单维结构。《正念注意意识量表》（MAAS；Brown & Ryan，2003；可以在网站 http://www.selfdeterminationtheory. org/questionnaires/10-questionnaires/61 上找到）用 15 个项目（如，"我发现自己做事情的时候没有注意"，反向计分）可以有效可靠地测量作为单维结构的正念，按照 6 分制打分，1 代表"总是如此"，6 代表"几乎从不"。

研究人员随后开始发展正念的多维概念。Bishop 及其同事（2004）提出区分正念的两个组成部分：**注意力调节**和**接受的非评判性态度**。注意力调节是指将注意力导向正在进行的体验,不压抑情绪,也不被那些情绪的内容所困扰的过程。接受的非评判性态度指以开放、超然、接受、甚至是好奇的态度接受已确定的经历的过程。正念的这两个基本组成部分都有这样一个信念:无论第一眼看到的想法、情绪、情况有多糟糕,它们都是暂时的事件,某种程度上是现实的信号,但不是现实本身。

在开发测量正念的主要问卷时,研究者提出了更复杂的多维表征。《肯塔基正念技能量表》(KIMS;Baer et al.,2004)可以测量正念的 4 个组成部分:(一)**观察**(即,一个人密切关注正在进行的思想和感觉的程度);(二)**有意行为**(即,与自动化行为相反的行为);(三)**非批判接受**(即,对经历的想法和感觉接受的开放性程度);(四)**描述**(即,将经历表达为语言的能力)。KIMS 后来发展为《五维正念问卷》(FFMQ;Baer et al.,2006),它将非批判接受分为两个部分:

(一)**内部体验的非评价化**(即,不评价个人内心想法和感觉)。

(二)**内部体验的非现实化**(即,允许思想和情感自由流动而不去限制或放任)。FFMQ 用 39 个项目有效可靠地测量个体在正念的五个组成部分上的差异,这些项目按照五分制从 1(从不或很少为真)到 5(经常或总是为真)打分。

Brown 和 Ryan(2003)阐述了正念促进幸福感的两个主要原因:

(一)敏锐的意识状态可能促使人们去选择满足自主性、能力和相关基本需求的行为,这在第三章(内部动机、外部动机和自我决定)进行了回顾。

(二)意识可以增强一个人从事活动得到的乐趣。

Brown 和 Ryan 以美国大学生和普通成年人群为实验对象,研究他们 MAAS 单维正念和一系列幸福指标之间的关系。他们发现,正念和神经质、消极情感、焦虑状态、抑郁状态存在负相关,和积极情感、自尊、乐观、生活满意、自我实现以及所有 3 种基本需求之间存在正相关。

Baer 及其同事(2006)对 613 名美国本科生进行了 5 个主要正念测量,包括上文提到的 MAAS 和 KIMS,他们发现对同一结构不同测量方法具有强收敛。此外,他们还发现所有正念的单一结构测量都与情绪智力以及经验开放性存在正相关,与神经质存在负相关。最后,他们调查了正念 FFMQ 5 个组成与情绪智力、经验开放性、神经质之间的关系,在这 5 个组成中,描述与情绪智力的相关性最强($r=0.60$),观察与开放性的相关性最强($r=0.42$),内部体验的非评价化与神经质相关性最强($r=-0.55$)。

Brown 和 Ryan(2003)与 Bishop 及其同事(2004)提醒将正念的组成与正念的结果混淆会有风险。Baer 及其同事(2006)承认他们关于正念的五维构念是有风险的,但是他们认为正念的两个组成部分是可以确定的:避免自动情节和不带评价和反应的观察经验。总而言之,到目前为止已有的证据表明,正念及其一些组成部分可能在导致享乐幸福感和实现幸福感中都发挥相关作用。

元情绪

到目前为止,我们含蓄地假定情绪是积极或消极的。根据这个看似显而易见的原则,恐惧情绪应该总是消极的,而快乐情绪应该总是积极的。然而,乘坐云霄飞车会引发一种令人惊讶的兴奋恐惧,而看到失去的亲人的照片会引发一种戏剧性的悲伤。这些以及其他情绪矛盾表明,情绪的积极和消极是一个棘手的问题,在某些情况下,不愉快的情绪可以是积极的,愉快的情绪也可以是消极的。因此,享乐取向认为"更好"是一种具有最高积极情绪和最低消极情绪状态的观点可能过于简单。

近年来,哲学家们引用元情绪的新概念来解释情绪的矛盾性(Jager & Bartsch, 2006),元情绪即对个人情绪的情绪。Gottman、Katz 和 Hooven(1997)在心理学中引入了元情绪的概念,用来表达父母对子女情绪表现的情绪反应。Greenberg(2002)将元情绪定义为次级情绪(即伴随基本情绪的情绪)的子集,也就是对基本情绪产生的次级情绪,比如在特定情况下,由于感到羞愧而生气。最近,Mitmansgruber 及其同事(2009)提出,元情绪解释了情绪逃避———一种不体验情绪和改变情绪的意愿(Hayes et al., 2004)———和缺乏正念,这些构成了另一种形式的情绪自我调节。他们还假设,周期性的、类似性格的元情绪会影响幸福感。

为了检验他们的假设,Mitmansgruber 及其同事(2009)首先开发出了《元情绪量表》(MES),这是一份包含 28 个项目的 6 分制问卷,从 1(对我来说根本不符合)到 6(对我来说完全符合)。MES 可以有效可靠地测量个体在 4 种消极元情绪和 2 种积极元情绪上的差异,消极元情绪包括愤怒(例如,"我一直对自己愚蠢的情绪反应感到生气")、蔑视或羞愧(例如,"当我做错事的时候,很长一段时间内我都不能原谅我自己")、强迫控制(例如,"我一直强迫自己振作起来")、抑制(例如,"我跟自己的情绪对抗"),积极元情绪包括兴趣(例如,"消极情绪为我提供关于自己的有趣信息")、关怀(例如,"当我经历强烈的负面情绪时,我会安慰和鼓励我自己")。

然后 Mitmansgruber 及其同事对 334 名奥地利大学的本科生和德国一家诊所的 297 名住院患者进行研究,研究 6 种元情绪与生活满意度和心理健康之间的关系。两个样本中,消极元情绪都与生活满意度和除生活目标之外的心理健康其他组成部分呈负相关,而积极元情绪与生活满意度和除生活目标之外的心理健康其他组成部分呈正相关。此外,这些相关性在控制经验和正念的回归分析中也存在。最后,他们对奥地利一所大学的 222 名医学生进行调查,研究元情绪和大五人格特质之间的关系。消极元情绪与神经质呈负相关,与外倾性呈正相关。积极元情绪与神经质呈负相关,与外倾性、开放性、宜人性都呈正相关。总之,除了生活目标之外,积极和消极元情绪特征都与大五人格特质显著相关,是主观和心理健康强有力的预测因子。

元情绪研究目前还处于早期阶段,但是初期的发现很有前景。元情绪的概念理论上很有趣,因为它能解释为什么消极情绪不总是消极。例如,一个兴趣元情绪高的人,会以一种更哲学的方式去应对基本的消极情绪,对引起主要消极情绪的事件作出反应,就好像在学习一堂课一样。反过来,如果兴趣元情绪成为生活中的习惯,它就可能在最初的负面情绪出现时降低甚至消除它们;这样人们在生活中最终会经历更低程度的消极影响。总而言之,元情绪的概念可能解释为什么基本情绪有时候并不能支配人们,如果有积极元情绪去处理消极情绪,那么消极情绪带来的经历就不会成为幸福的障碍。

适应性元认知和非适应性元认知

元认知指个体对自身认知调节的认识和信念,以及通过反思和问题解决来解构和理解它们的能力(Flavell，1979)；通常被定义为"关于认知的认知"。对元认知的研究最早出现在发展心理学和教育心理学领域(Flavell，1979；Nelson & Narens，1990)，后在临床心理学领域得到应用(Wells & Matthews，1994；Wells，2000，2009)，最近又被应用于积极心理学领域(Beer & Moneta，2010)。

Wells 和 Matthew(1994)以及 Well(2000,2009)的心理功能障碍理论侧重于适应不良的元认知，并假设这些元认知驱动个体对外部刺激和内部状态做出反应。该理论将元认知信念定义为关于个体自身认知和内部状态的信息，以及可能影响两者的应对策略。该理论认为，心理功能障碍是由(a) 持续性思维、(b) 注意力的不良使用和(c) 不适应应对造成的，这些共同构成了**认知-注意综合征**(CAS；Wells，2000)。理论上非适应性元认知导致 CAS，并且当个体遇到问题时 CAS 变得活跃。

Wells 和 Matthew(1994)的理论假设，当面临有问题的情境时，个体运作两种不同模式：**客观模式和元认知模式**。在客观模式下，个体将思想解释为事实，而在元认知模式下，个体将思想解释为线索，这些线索随后要进行评估。客观模式理论上只有在真正有威胁的情况下才有效，而在其他情况中无法正常运作，因为它培养了持续性思维从而导致不适应应对。元认知模式理论上是全面有效的，因为它加强了基于证据的信念阐述，因此产生适应的有效应对。该理论的一个关键预测是，比起在适应不良元认知特质上得分高的个体，在面对问题情境时，适应不良元认知特质得分低的个体更有可能采用元认知模式。

我们可以使用《元认知问卷》(MCQ；Cartwright-Hatton & Wells，1997；http://onlinelibrary.wiley.com/book/10.1002/978047013662)研究非适应性元认知特质，或者可以用其简化版(MCQ‐30；Wells & Cartwright-Hatton，2004；http://www.mct-institute.com/therapist-resources.html)来测量 5 个相关联的特征：(1) **对担忧的积极信念**，即个体认为担忧有用的程度(例如，"为了保持条理，我需要担心")；(2) **关于担忧不可控和危险的消极信念**，即个体认为担忧不可控制和危险的程度(例如，"我不能忽视我担心的想法")；(3) **认知自信**(缺乏)，即个体对自身的注意力和记忆缺乏自信的程度(例如，"我不相信我的记忆")；(4) **控制思想所需的信念**，即个体应该在多大程度上抑制自己的思想(例如，"我应该一直控制我的思想")；(5) **认知的自我意识**，即个体关注自己内心、监控自己的程度(例如，"我监控自己的思想")。MCQ‐30 能有效可靠地测量 5 种元认知特质的个体差异，每个特质通过 6 个项目来进行测验。项目按照四分制评分，评分范围从 1(不同意)到 4(非常同意)。

Wells 和 Cartwright-Hatton(2004)对一所英国大学的 182 名学生和员工的混合样本研究，发现 5 种非适应性元认知特质都与持续性思维的测量有关，包括担忧、强迫症状和焦虑特质。Spada、Mohiyeddini 和 Wells(2008)用 SEM 对 1 304 名英国学生和工人的混合样本进行研究，研究非适应性元认知特质和消极情绪之间的关系，他们发现焦虑状态只能通过对担忧的积极信念进行预测，而抑郁状态只能通过对担忧的积极信念、认知自信(缺乏)、控制思想所需的信念来预测。Spada 和 Moneta(2012)在对伦敦大学 528 名本科生的研究中发现，非适应性元认知特质作为单一潜在变量更多预测评价焦虑、回避应对和期末考试前一周更表面的学习方法。最后，Beer 和 Moneta(2012)对伦敦 212 名工人和大学生的研究发现，非适应性元认知作为单一潜在变量，预示着生活中面对压力时更容易出现不良应对(如否认、使用药物、行为脱离、自我分心)。总之,非适应性元认知是无法获得快乐和幸福的有效预测因素,但它们似乎不能预测幸福的成功指标,如积极情绪、深入的学习方法和适应性应对。

Beer 和 Moneta(2010,2012)研究适应性元认知预测幸福的成功一面。他们做了两个初步假设:

(一)客观模式和元认知模式如果在适当的环境中被激活并且有策略地将挫折转化为成功的机会,就都有助于成功。

(二)客观模式和元认知模式的适当使用需要自发的元认知信念,支持个体面对挑战时在原始情绪反应里找到替代的方法和灵活的目标,以及 Mitmansgruber 及其同事(2009)发现的兴趣元情绪。基于这些假设并从访谈数据提取,他们开发出《积极元认知和积极元情绪问卷》(PMCEQ; Beer & Moneta, 2010),来有效可靠地测量 3 种适应性元认知特质的个体差异,每个特质由 6 个项目来测量:(1)**消除持续性思维和情绪的信心**(如,"当忧郁战胜我时,我能奋力控制我的低落情绪",反向计分);(2)**有信心将自己的情绪理解为线索,抑制即时反应,并且为解决问题调整思维**(如,"我可以停止任务消极思维,并专注于在这种情况下我能做的事情");(3)**有信心设定灵活可变有层次的目标**(如,"当进展缓慢且困难的时候,我可以随时调整,采取逐步消除障碍的方法")。这些项目按照四分制评分,评分范围从 1(不同意)到 4(非常同意)。

Beer 和 Moneta(2010)对伦敦一所大学的 475 名本科生进行研究,发现消除持续性思维和情绪的信心与非适应性元认知特质相反,因此不作为一个独立的特质;而将情绪理解为线索、抑制即时反应、为解决问题调整思维以及设定灵活可变有层次的目标的信心,明显与非适应性元认知有区别,而是与内部动机有关。此外,Beer 和 Moneta(2012)对伦敦 212 名工人和大学生的混合样本研究发现,这两种特质作为单一的潜在变量,预示着在日常生活中应对压力时,个体作出适应性反应(即积极应对、规划和策略的运用、使用功能支持和积极重构)。总之,早期证据表明,适应性元认知可能是成功获得快乐和幸福的有效预测因素,并且补充了非适应性元认知特质,作为整个幸福感构成的元认知预测因素。

未来研究方向

综合本章提出的几个观点,在此提出 5 个大问题,需要讨论和进行实证研究。

1. 实践智慧的核心特征

本章开始就明确了亚里士多德实践智慧结构的因素。在第四章(亚里士多德)我们可以看到对亚里士多德来说,实践智慧决定了适合当前形势的美德及其适当水平,并因此引导情绪和美德走向正确的方向。本章所研究的所有构念都很好地解释了如何通过调节和引导情绪来实现一些困难的目标,但无法解释如何选择正确的目标。不过,有一个是例外。只要正念能洞察一个人自我的情绪,它就可以帮助个体选择与之适应的目标,并促进实现个体真正的感觉和基本需求。

我们可能会得出结论，基于真实感受的目标是"正确的"。真的如此吗？亚里士多德可能会与其他不相信人性本善的哲学家辩论，为了"正确的"目标，应该促进共同利益，有时候还要凌驾于个人感觉之上。如果这个论点是正确的，那么目前为止积极心理学可能已经错过了也许是人类最积极的品质，即选择目标的决心和能力，最大化的共同利益。

2. 放弃的美德

除了正念，本章所有构念都解释了实现目标成功或失败的原因，因此含蓄地说放弃是不好的。但是，在4种情况下，放弃是正确的：

1. 当目标无法实现时，放弃是正确的，因为这样可以节省时间和精力，继续追求另一个可实现的目标。

2. 如果在接近目标过程中了解到更多目标，并且意识到最初的想法不正确，那么放弃就是对的。

3. 如果在实现目标的过程中，发现了一个更好的目标，那么放弃就是正确的。

4. 如果目标是正确的而环境发生了变化，原来的目标在变化了的环境里不再正确，那么放弃就是正确的。未来应该研究持续实现目标时的能力和意愿，并根据需求放弃和改变目标。

3. 准确的乐观还是差不多算准确？

过度乐观可能会有与我们在第三章（自尊）和第四章（格兰特和施瓦茨：倒U形曲线）中讨论过的过度自尊和过度美德类似的缺点。出于这个原因，塞利格曼建议教孩子"准确的乐观"。这就导致一个问题：我们能否去掉一个词、说我们应该只教给孩子"准确性"？令人惊讶的是，关于乐观主义对表现和幸福感的影响研究，从来没有控制被试在评估手头任务难度水平和技能水平时的准确性。未来应该研究评估任务难度和技能水平时，广义上积极偏差的影响，而不仅仅是准确性的影响。

4. 消极情绪的自我调节对人际关系质量的影响

我们将在第七章（情感-创造力枷锁中缺的螺栓：消极情绪和课外活动：发展的和消极的体验）看到，消极情绪是人际关系的"必要之恶"，在创造性工作和意志发展中它们甚至可能产生积极成果。因此，代表自我调节负面情绪的能力和意愿的构念——主要是注意控制、正念、元情绪和元认知，应该是有助于适应经历、处理负面情绪，成为发展更深入和更成功人际关系的个人资源。总之，关于情绪自我调节能力的情境效应的研究看起来是一个很有前途的领域。

5. 微弱情绪的实践智慧：心流

在第二章中，主观幸福感的享乐定义模型因假设"情感越积极越好"（未来研究方向）、"情感越消极越糟糕"（未来研究方向）而遭到批评。在本章中，我们已经看到负面情绪对有良好自我调节能力的个体不一定有害。正如前面提到的，有证据表明如果适当地进行自我调节，负面情绪甚至可以促进幸福。

但是，一个更基本的问题出现了：我们真的需要所有这些情绪——不管是积极的还是消极的——以达到最佳功能吗？我有一次半夜在一个大城市的医院接受了紧急手术,负责夜班的是一位 60 多岁的医生,从他的表情可以看出他见多识广;他表现出了表面上的同理心和真正的精神病态,手术台上他的欢迎词是:"嗯,是的,他们就是不想让我们退休。"他完全没有感情用事,整个过程中全神贯注于手上的任务。尽管缺乏感情,他仍然漂亮地给我做完了手术。难道他做得这么好是因为他几乎没有感情吗? 我们将在第六章中考虑这种可能性,这一章涉及"心流",一种情绪薄弱并且高度专注于任务的状态,通常与良好的工作表现有关。

自我发展和理解练习

本练习包括对你进行得并不那么顺利的相关成功经验之一的定性分析。你需要进行一项小型访谈研究,在该研究中,你将同时扮演被试和研究者的角色。

参与者阶段

设想一个项目,开始时困难重重,但你最终设法解决了困难获得全面成功。这可以是个人的努力也可以是专业上的努力,在努力过程中你需要回忆起你主要的思想、情绪和行为。你还需要确定阶段和转折点。具体地说,你是什么时候、怎样意识到你成功实现或者至少接近实现你的目标的? 当你感觉到自己的个人经历的要点都在脑海中很清晰地浮现并且组织好的时候,把它写成 2～5 页长的故事,把文档保存起来以备将来使用。

研究者阶段

写完你个人故事两天后,拿出你写的文档逐句进行分析。对每一单元文本,确认能否用本章学习到的构念(如乐观、希望、情绪智力、注意控制、正念、元情绪和元认知)去解释那些你在单元里描述的思想、情绪或者行为。例如:

1. 在那个阶段,你对自己努力的最终结果是乐观还是悲观? 这些期望是如何影响你之后的想法、情绪和行为的?

2. 你用过情绪智力吗? 如果用过,是以什么方式?

3. 你体验过元情绪吗? 如果有,元情绪是怎样影响你之后的想法、情绪和行为的?

如果某个构念适用于本单元,就将它作为标签或注释添加到本单元。同一个单元你可以自由添加多个构念标签。当你解释并注释了整个文本时,回答以下问题:

1. 在你的文档注释里,哪个构念出现次数最多?

2. 在解释为什么你的努力能获得成功的时候,这个构念是最重要的因素吗? 如果不是,哪个构念是决定你获得成功最重要的因素?

3. 在你努力的过程中,至关重要的构念是以什么方式影响你的行为的?

推荐网络资源和拓展阅读

网站

本章提到的一些问卷可以在你自己的研究中免费查看/下载和使用：

1.《生活取向测验（修订版）》(LOT‑R；Scheier, Carver, & Bridge, 1994)：http://www.psy.miami.edu/faculty/ccarver/sclLOT-R.html。

2.《注意控制量表》(ACS, Derryberry & Reed, 2002)：http://dionysus.psych.wisc.edu/Wiki/index.hph?title=Attention_Control_Scale_%28ATTC%29。

3.《正念注意意识量表》(MAAS, Brown & Ryan, 2003)：http://www.selfdeterminationtheory.org/questionnaires/10-questionnaires/61)。

4.《元认知问卷》(MCQ；Cartwright-Hatton & Wells, 1997)：http://onlinelibrary.wiley.com/book/10.1002/978047013662。

5.《元认知问卷（简化版）》(MCQ‑30；Wells & Cartwright-Hatton, 2004)：http://www.mct-institute.com/therapist-resources.html。

阅读材料

1. Carver 及其同事(2010)对乐观研究的元分析。

2. Gallagher 和 Lopez(2009)试图从经验上弄清希望和乐观对幸福感的影响。

3. Schulte 及其同事(2004)的实证研究，评估情绪智力的构建区别于一般智力和人格的程度。

4. Brown 和 Ryan(2003)正念注意意识量表(MAAS)的验证性论文。

5. Cartwright-Hatton 和 Wells(1997)对《元认知问卷》(MCQ)的验证性研究。

第六章

心　流

引言

20 世纪 70 年代早期,Mihaly Csikszentmihalyi 采访了外科医生、攀岩者、作曲家、舞蹈家、国际象棋选手和运动员,请他们回顾自己在最具有挑战性阶段经历的事情,并将这些发现写进自己的重要著作《超越无聊与焦虑》(1975/2000)。这些采访得到了丰富的文字描述,虽然这些描述来自不同背景、不同领域的不同人,但主要分享了 6 个主题:

(一) 集中**关注**当前活动,注意力集中在一个狭窄的刺激范围之内(例如,"当我开始时,我真的关闭了全世界")。

(二) **行为与意识融合**("我完全沉浸在自己正在做的事里……我无法将自己和正在做的事区分开")。

(三) **自我意识缺失**(例如,"我意识不到自己和自己的问题")。

(四) **对自己行为的控制感**(例如,"我感到自己十分强大")。

(五) **活动明确的反馈**(例如,"你感觉不到自己有各种需求,往往相互矛盾,在你")。

(六) **本身具有目的的经验**(autotelic experience),也就是说,活动本身就是终结,因此执行这个活动不需要外部奖励(例如,"写作即诗歌")[autotelic 这个词是两个希腊语单词 auto(自己)和 telos(目标)的结合]。Csikszentmihalyi 将这六个主题归结起来命名为**心流**(flow),并开始寻找它的起源和作用。

心流是一种高度专注于任务,认知效率增强,使人感觉与所从事活动融为一体的深层的内部享受状态。简单地说,心流是乐趣,因为任何一种日常生活活动——无论是社会称之为"工作"还是"休闲",都可能导致心流;因此,如果发现心流在日常生活中经常出现,我们将过上更愉快、更充实的生活。

然而,心流除了提供享受和内在舒适之外还有其他好处吗?引进心流概念 30 年之后,Csikszentmihalyi(1996)采访了 91 位科学、商业和艺术领域的杰出人士,请他们报告自己构思新想法并将这些想法变成重大创新而被同行认可之前的经历。强烈而经常性的心流成为每个创新背后的重要主题。

心流理论认为，心流通过促使此时此刻的快乐体验而直接影响主观幸福感（Csikszentmihalyi，1982）。此外，该理论还认为心流对主观幸福感有长期持续的间接作用，因为它可以激励一个人去面对和掌握不断增加难度的任务，从而获得终身成长（Csikszentmihalyi，1990）。因此，心流理论构成了对快乐论和实现论的主观幸福感的综合方法，这个方法有潜力给出答案，即怎样构建一个结合享受、满足和成就的幸福生活的答案。

在积极心理学领域，说到和其他构念的关系，心流可以说是无处不在、无时不在。心流概念与内部动机概念有关，在第三章（内部动机、外部动机和自我决定）和第四章（内部动机和外部动机特质）我们已经讨论过这点，但对这种关系的性质还没有达成一致看法。只要日常生活中心流经常出现，就说明个体深刻接触到了真正的幸福，这点在第四章（美德、优势和真实的幸福）讨论过了，但还不清楚心流是真正的幸福的先行表现还是结果。尽管有这些不确定性，也可能就是因为存在这些不确定性，人们广泛研究起心流，尤其是在组织心理学和运动心理学这种人类的极限表现占据至高地位的领域。

不出所料，坏消息是心流的运行已经被证实是一项极其复杂的任务。因此，本章首先回顾实证研究中心流被概念化并测量的不同方式，然后继续分析讨论目前为止我们所了解到的关于心流的起源和作用。最后概述了开放讨论的议题，正在进行的争议，以及未来研究的方向。

心流的测量方法和模型

心流问卷及心流的第一模型

现在为止，你可能也问过自己这个问题：我有心流吗？为了回答这个看似简单的问题，Csikszentmihalyi 设计了《心流问卷》（Csikszentmihalyi & Csikszentmihalyi，1988）。问卷中有3句话生动地描述了心流体验：

（一）我的思想没有游离。我没有在想别的事情。我完全投入我所做的事情中。我的身体感觉很好。世界似乎与我隔绝了。我很少意识到自己和自己的问题。

（二）我的注意力集中像呼吸一样，从来没有想起它。当我真正开始后，我对周围环境真的没有注意。我想电话可能响过，门铃可能响过，房子也可能烧起来了之类的。一旦开始，整个世界都与我无关，一旦停下来，我又会回到这个世界。

（三）我全心投入所做的事情中。我没有把自己和自己所做的事情分开（Csikszentmihalyi & Csikszentmihalyi，1988，p.195）。

这些句子包括了心流的3个核心要素：**注意集中**（如"我的注意力集中像呼吸一样，从来没有想起"），**合并行动和意识**（如"我没有把自己和自己所做的事情分开"），以及**自我意识缺失**（如，"我很少意识到自己和自己的问题"）。然后问卷会问你是否有过类似的经历，对所有3种描述心流的语句只需要简单回答"是"或"否"，这样就可以将被试分为经历过心流的人（**心流者**）和没有经历过心流的人（**非心流者**）。接下来问卷要求心流者自由列出他们经历心流时的活动；研究者可以将这些心流活动分为"工作活动"或"休闲活动"。接下来问卷要求心流者报告两个或两个以上心流活动，选择一个最能代表文中描述经历的活动，也就是最佳心流活动。最后，问卷要求被试用访谈获取的数值量表（Csikszentmihalyi，

1975/2000)来评估他们的主观经历,包括从事最佳心流活动(仅心流者)和其他活动的主观经历(心流者和非心流者),如学习或者花时间和家人待一起,比如"我获得了我做得怎么样的直接线索"以及"我享受这种经历和运用自己的技能"。

心流问卷的主要优点是它提供了心流的定义,找到心流的关键因素,简单估计心流的人口流行率,也就是经历过心流的人所占人口的百分比(如学生群体或工人群体)。该问卷还可以根据不同的活动(如工作还是学习)以及特指的活动(如考试或踢球)对总人口流行率进行分类。

意大利米兰大学的研究人员用心流问卷对青少年样本和工人样本进行了大范围的跨文化研究,发现:(一)心流普遍存在;(二)培养心流的特定活动由文化塑造形成,因此不同文化之间存在差异;(三)所有文化里心流更可能发生在工作或结构化休闲活动里(如:Delle Fave & Massimini, 2003; Massimini, Inghilleri, & Delle Fave, 1996)。

由于心流可能受到重要历史事件的影响,研究 2008 年全球经济衰退后收集的数据就很有意思。图 6-1 显示了来自各行各业的 367 名受过高等教育的英国工人日常生活中发生心流的流行率,其中主要有 85 名管理人员、61 名卫生专家、61 名行政人员、23 名 IT 专家、23 名顾问、20 名投资银行家、16 名商人、15 名研究人员以及 63 名其他职业者(Moneta, 2012b)。33% 的被试报告说他们生活中没有经历过心流(即非心流者)。报告说自己经历过心流并选出最能代表心流经历描述的活动是工作活动的人(工作心流者)占了 28%,那些被试大多数选择了工作中的某一具体活动,这些具体的活动各有不同因此不能进行进一步分类。报告自己经历过心流并选择休闲活动作为最能代表心流描述的人(休闲心流者)占 39%,他们所选的休闲活动范围广泛,其中运动和阅读写作是最常出现的。总之,研究结果表明,心流是普遍存在的,但在工作中不容易实现,至少在当前的历史背景下不容易实现。

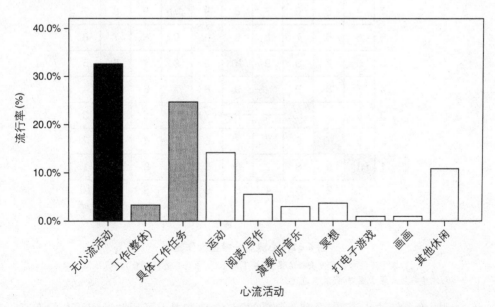

图 6-1　基于 367 名受过高等教育的英国从业者样本的心流在日常活动中的流行率

资料来源:数据来自 Moneta, 2012b。

　　既然心流可以出现在各种活动中，那么每个活动适合心流产生的共同特征是什么呢？为了回答这个问题，Csikszentmihalyi（1975/2000）提出了第一个心流状态模型。模型假设，在充满挑战的任何一个时刻（如医生做手术时或者国际象棋大师比赛时），人们会评估感知活动中的挑战以及完成活动所需能力，并根据活动进行的顺利程度调整他们的预期。模型将努力过程中的体验分为 3 种状态：心流、焦虑和无聊，表现为技能笛卡儿空间的未重叠区域。当感知到的挑战与执行活动过程中感知到的能力比例相等时，就会出现心流；当从活动中感知到的挑战超过了执行活动过程中感知到的能力，就会出现焦虑；当从活动中感知到的能力超过了感知到的挑战，就会产生无聊。

　　为了更准确理解模型所包含的内容，就要进行操作化定义。图 6-2 展示了一种可行的操作定义。想象一下，挑战、能力和心流都可以用 10 分制量表进行测量，测量范围从 1（低）到 10（高）。单元格里的数字代表一个人在相应挑战和能力值情况下预期的心流强度。阴影部分单元格，就是挑战等于能力的情况，代表心流状态；对角线上面的单元格，也就是挑战大于能力的情况，代表焦虑状态；对角线下面的单元格，就是能力大于挑战的情况，代表无聊状态。从图中可以看出，阴影部分单元格中，心流强度达到最大值 10，此外，所有阴影单元格里面的心流强度保持不变（如，当挑战为 1 能力也为 1 时，心流强度为 10；当挑战为 10 能力也为 10 的时候，心流强度还是 10）。这意味着挑战与能力的平衡是唯一影响是否进入心流状态的东西。最后，努力是一种动态的、不完美的、追求心流状态的"行走"，不断向更高水平的挑战和能力前进。

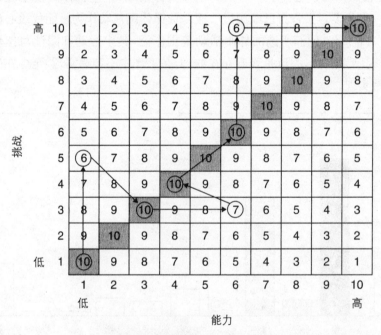

图 6-2　心流第一模型操作图

注：单元格里的数字代表心流强度（按 1 到 10 从低到高进行测量）。阴影部分单元格的挑战等于能力，代表心流状态。

　　该模型明确了导致心流、焦虑和无聊的过程，它动态揭示了行动者和活动的交互。在识别心流、描述相关经历、估计流行率方面，心流问卷是很有效的测量方法。但是，日常生活中我们无法对图6-2的心流理论模型进行检验,这一局限性促生了接下来要介绍的新测量方法和理论模型。

经验抽样法和四象模型、八分模型

最初的经验抽样法(ESM; Csikszentmihalyi, Larson, & Prescott, 1977; Csikszentmihalyi & Larson, 1987)找到8名被试,让他们持续一周每天对自己随身佩戴的寻呼机上随机产生的电子信号作出反应并进行汇报。每个信号出现后,被试在经验抽样表(ESF)上提供答案。抽样表前几个问题重建了一个人听到寻呼机"哔哔"声时从事的活动及背景,然后抽样表展示了被设计用来测量一系列感受强度的量表,包括测量心流的核心元素(即注意集中、自我意识和控制感),以及活动中挑战和能力的关键预测变量。ESF主要优势在于它不像传统的纸笔问卷,它会在被试参与日常活动和自然环境中提出相关问题,从而将记忆误差降到最低,生态效度实现最大化。ESF主要难题是它产生了大量难以分析和理解的数据。

为了检验挑战和能力促进心流产生的假设,Csikszentmihalyi及其同事不得不开发新的心流模型——四象模型(Csikszentmihalyi & LeFevre, 1989)和八分模型(Massimini, Csikszentmihalyi, & Carli, 1987; Delle Fave & Massimini, 2005),以及总结分析从ESF中获得的数据的新方法。如图6-3所示,**四象模型**将体验世界分为4个主要状态——心流、焦虑、无聊和冷漠,呈现为挑战能力笛卡儿空间,空间象限的两轴变化都是为被试分别标准化的,其中0代表观察者在一周的学习中收集到的平均水平。

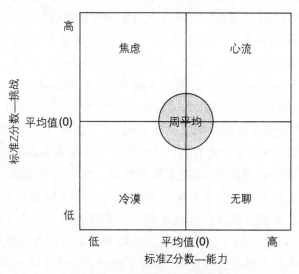

图6-3 心流状态的四象模型

如图6-4所示,八分模型把体验分为8个状态,呈45°的扇形区域("通道"),每个挑战技能笛卡儿空间的两轴变量都是按照四象模型一样独立标准化的。两个模型的相似之处在于,它们都将心流表示为一种状态,在这种状态中,被试感知到的挑战和能力都大于周平均水平,并且彼此相对平衡,不同之处在于八分模型将状态分类得更详细。这两个模型都跟图6-2所示的初始模型不同,因为它们说明如果挑战和能力直接存在平衡,并且

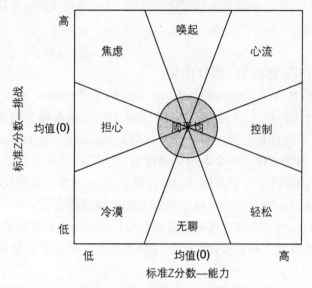

图 6 - 4 心流状态的八分模型

资料来源：改编自 Delle Fave & Massimini, 2005。

这两个变量的得分都低于平均水平，那么这个人会体验到的是冷漠，而不是像初始模型中所说的体验到心流。

Massimini 及其同事（Massimini & Carli, 1988；Massimini, Csikszentmihalyi, & Carli, 1987）第一次用八分模型分析来自意大利米兰 47 名高中生的 ESM 数据。他们发现，主观体验许多方面的平均得分——如注意力集中和感觉强烈，在心流区（高挑战/高能力区）最高，在冷漠区（低挑战/低能力区）最低。这些发现在大量不同年龄和不同文化背景的样本中得到重复验证（Carli, Delle Fave, & Massimini, 1988；Csikszentmihalyi, 1990, 1997；Delle Fave & Bassi, 2000；Delle Fave & Massimini, 2005；Haworth & Evans, 1995）。这些研究结果与挑战和能力促进心流产生的假设一致。

那么挑战和能力相对平衡的影响又是什么呢？"平衡"一词意味着当变量相等时，会发生一些特殊的事情。以双组分胶为例：只要在粘在一起的表面使用一种组分，胶水就会失效；如果你使用相同数量的组分，胶水效果最好。这些发现是否表明对于心流也会发生类似的事情？不完全对。如果简单地挑战和能力对体验分别有单独的影响，那么用四象模型和八分模型也可以得出这些发现。认识到这点，研究者开发出了统计回归模型（见 Moneta, 2012a），用来将挑战和能力的影响从两者平衡的影响中抽离出来。基于不同样本和不同体验方面的研究发现，尽管平衡的影响小于挑战和能力的影响，但平衡对体验质量的影响要超过挑战和能力的影响（Ellis, Voelkl, & Morris, 1994；Moneta & Csikszentmihalyi, 1996, 1999；Pfister, 2002）。

总而言之，ESM 的使用和心流新模型相结合，既可以调查日常生活中的心流状态，又可以测量个体感知到的挑战和能力以及它们之间的平衡对心流的影响。然而，目前为止所进行的研究都受到两个问题的影响。

（一）正如 Ellis 及其同事（1994）所指出的，许多调查的体验方面跟心流结构并非明确相联系,因此不能作为心流的指标,尤其是,像"警觉—困意"、"主动—被动"或"悲伤—快乐"这样的变量理论上从来没有作为心流不可分割的一部分。

(二)用于测量体验的量表的结构效度从未用标准的心理测量方法估计过,如探索性因素分析和验证性因素分析。这一局限性促生了接下来要介绍的新测量方法和理论模型。

标准心流量表和成分模型

研究者开发了几种标准化量表来测量心流(Bakker,2008;Engeser & Rheinberg,2008;Keller & Bless,2008;Schüler,2010)。这里选择 Jackson 和 Eklund(2002,2004)开发的《心流状态量表-2》(FSS-2)和《倾向性心流量表-2》(DFS-2),因为它们与 Csikszentmihalyi 等人(Jackson & Csikszentmihalyi,1999)的最新心流概念有关,他们将心流作为一种状态和一种特质进行研究时,这两个量表是用得最多的。

Jackson 和 Csikszentmihalyi(1999)将心流描述成由九个成分组成的状态。其中 6 种是 Csikszentmihalyi 开始研究心流时就已经确定的,本章一开始已经列举出来了,包括:注意力集中、行为与意识融合、自我意识缺失、控制感、活动明确的反馈、本身具有目的的经验。其余 3 种已经出现在最近的研究里:**挑战与技能动态平衡,明确的近期目标,时间意识的丧失或者时间加速**。体验挑战与技能间的动态平衡,意味着当处于心流状态时,人们通常会认为该活动是有要求的,而他们有满足其要求的能力。此外,有明确的近期目标意味着,当处于心流状态时,人们对自己想要做什么有强烈的感觉,并且能实现活动过程中的每一步。最后,时间意识的丧失或者时间加速,意味着在心流状态下,人们意识不到时间的流逝,或者感知到时间在加速或减速。

Jackson 和 Csikszentmihalyi(1999)认为这九个成分作为心流结构的相关维度,可以在确定心流强度或心流水平时进行权衡。如果所有成分都达到最高水平,那么这个人就处于最强烈、最复杂、最有序的心流状态。如果某些成分达到最高水平而其他成分处于中等水平或较低水平,那么不同成分对心流的影响会汇总成不那么强烈、复杂、有序的心流状态,而不是理想的心流状态。

Jackson 和 Eklund(2002,2004)将心流九成分观用于测量作为一个状态、一个一般特质的心流(即倾向在大量情境里频繁、强烈地体验心流),以及作为特殊特质的心流(即倾向在特定活动比如学习、运动、工作或休闲中频繁而强烈地体验心流)。这样,类似于内部动机,心流无论状态还是特质变量都可以进行研究(内部动机作为状态的定义,详见第三章内部动机、外部动机和自我决定;作为特质的定义,详见第四章特质内部和外部动机)。他们开发、提炼并验证了两份标准问卷:《心流状态量表-2》(FSS-2),用于测量作为状态的心流强度,以及《倾向性心流量表-2》(DFS-2),用于测量作为一般特质或特殊特质的心流强度(Jackson & Eklund,2002,2004)。总之,成分法提供了心流的全面定义,形成了对心流作为状态和特质的测量方法,这在心理测量学上比心流问卷和 ESM 更有效更可靠。然而,成分法存在两个问题。

第一,成分模型与研究者结合心流问卷以及 ESM 提出的模型自相矛盾,这个模型忽视了心流的前因后果(即某些情况下可以引起心流的因素)和心流的指标(即某些情况下心流引起的体验与行为）。尤其是，在本章前面提到的所有 ESM 研究中，挑战和能力间的动态平衡被视为心流的预测指标（即增加一个人在给定情境下体验心流可能性的因素）。类似的问题在心流其他成分中也存在。例如，清晰的近期目标和明确的反馈可以作为增加心流体验可能性的因素，而不是心流本身的表达。因此，还需要进行更多概念上的工作，以便将心流的九个组成部分分为心流的前因和心流的指标。

第二，即使将心流成分的数量限制在三个关键组成——专注、行为与意识融合、自我意识丧失，成分法也会有问题。例如，假设 3 个关键组成分别用 5 分量表从 1（低）到 5（高）进行测量，总分计算为 3 个成分的平均值。吉米在野外遇到一条蛇，他注意力得分为 5，行为与意识融合、自我意识的丧失得分均为 1，则心流平均值为 2.33，略低于量表的中点。这是否意味着吉米有一点心流？也许吧，但是看上去他更有可能处于焦虑状态。海伦快要睡着了，她注意力得分为 1，行为与意识融合、自我意识的丧失得分均为 5，则心流平均值为 2.33。这是否意味着海伦也有一点心流？也许，但更有可能的是，当她抱着柔软的枕头时是处于一种无聊或放松的状态。除了吉米和海伦的例子外，成分法除了无意识状态下，在几乎所有情况下都会给每个人一个心流得分。这和心流问卷的心流操作化形成鲜明对比，操作化定义要求心流的 3 个关键组成——注意力集中、行为与意识融合、自我意识的丧失都同时存在，从而定义为精神状态的心流。

总体评价

本节按照时间顺序介绍了几个模型，包括原始模型、四象模型、八分模型和成分模型，及其测量方法——心流问卷、经验抽样法、成分法标准量表，研究者开发出这些方法并用于进行心流研究。分析表明，虽然心流的概念自第一次提出以来一直保持相对稳定，但心流的模型和操作化随时间发生了实质性变化，并不完全一致。就测量方法而言，心流问卷是测量心流流行率最好的方法，EXM 是测量主观经验和心流在日常生活中的最好方法，成分模型的标准化量表是测量完成活动或作为一种状态的心流强度最好的方法。没有一个单独的模型—方法组合总是赢家。总之，这些观点趋向得出以下结论，心流是真实且有重要意义的现象，研究者不得不付出更多努力去掌握它。

心流的起源

自我决定论和心流

心流从何而来？正如我们在第三章（内部动机、外部动机和自我决定）与第四章（因果定向）中看到的，自我决定论（Deci & Ryan, 1985a；Ryan & Deci, 2000）提供了一个全面的框架，在这个框架里广泛的积极现象包括心流，可以用内部动机、所有人类共同的基本需要、人与环境的相互作用和发展过程来解释。具体来说，自我决定论指出，心流状态是内部动机行为的关键指标："心流概念代表了一个描述性维度，可能意味着内部动机更纯粹的例子"（Deci & Ryan, 1985a, p.29）。

自我决定论和心流理论都强调内部动机行为对能力的需要，同时需要提醒的是，前者假定内部动机需要**最佳挑战**（例如，略微超过个人能力的挑战），而后者假定心流要求挑战和能力都处于较高水平并且保持相对平衡。根据自我决定论,在自我决定任务中心流体验可以理论上解释为递归的五步过程,如图6－5所示:

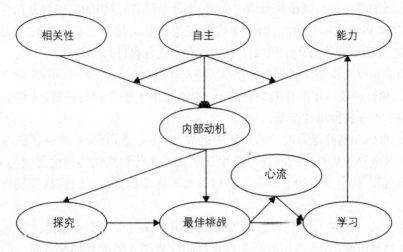

图6－5　当一个人从事内部动机行为时,基本需求、内部动机、心流和行为如何相互影响的假设递归模型

注:此图是对图3－2的扩展。

(一)内部动机驱使个体从事高挑战/高能力任务,这些任务可以提供最大的学习机会。

(二)任务中高挑战与高能力并存促进心流产生。

(三)心流促进学习。

(四)学习满足能力的需要。

(五)能力需要的满足促进内部动机。

该模型表明,最佳挑战通过心流媒介,直接或间接地促进学习。反过来,这也就意味着,如果心流出现,就会有更多更高质量的学习。

然而,一个简单的问题就可以质疑本章:内部动机和心流是同一个变量吗?两者结构的重叠部分可以参考用心流的九成分模型来评估。在心流的指标中,只有自我体验——代表活动的内部驱动力,而不考虑活动本身的外部目标和奖励——在概念上与内部动机重叠。因此,如果自我体验不包含在心流指标里,这两个构念是不同的。

自我体验是否应该被视为心流的定义组成部分? Rheinberg(2008),Engeser 和 Schiepe-Tiska(2012)认为不应将自我体验当做心流的组成部分,因为在某些情况下,心流可以由外部目标触发,并且可以在没有内涵的活动中发生。这个观点可以看作是奥尔波特(1961)功能自主性概念的一个具体例子。根据这个概念,一项活动可以因外部原因开始,然后变成自我奖励,从而内在受到激励。总之,如果心流的概念化和测量中不包含有意成分,内部动机和心流就是两个不同变量,自我决定论则为这两个变量之间的关系提供了简单的解释。

自我目的论和目的性人格

心流理论把人描述成一个按照3种不同目的行动的系统:**遗传目的、文化目的**和**自**

我目的(Csikszentmihayi, 1982)。遗传目的是一种追求快乐和目标的动力,这些在人的机体中被遗传编码,如饮食、健康或性满足。文化目的是一种寻求维持社会与经济成功的动力。自我目的是一种增强**精神负熵**的动力,也就是说,在意识的有序与复杂性中重组并增长,人们体验到愉悦和有所值,而不考虑任何遗传和文化的提示或强化。心流理论假设,有利于心流的主观体验产生的最佳条件是人们被自我目的所驱使。

自我目的论以两步循环过程为特质(Csikszentmihayi & Massimini, 1985):

(一) 如果在一项给定的任务中,感知到的能力小于感知到的挑战,个体会体验到焦虑并且通过学习新技能重建平衡。

(二) 如果感知到的能力大于感知到的挑战,个体会感到无聊,并且试图通过增加任务的困难等级或寻求更具挑战的任务来重建平衡。遗传和文化目的论是朝向固定状态、自我平衡的过程,而自我目的论是一个朝向感知到越来越高水平的挑战和能力的无止境的最大化过程。

心流理论认为,3 种目的性以怎样的层次组织存在有很大的个体差异。有些人主要受文化和生物动机驱动;有些人主要受自我目的性驱动并形成**目的性人格**。具有目的性人格的人在发现挑战、发展技能方面有更大的倾向和能力,因此他们日常生活中更可能发现心流。

目前还没有标准量表可以用于测量作为一个特质或者一组特质的目的性人格。ESM用来对"目的性很强的人"这一概念进行操作,即那些花大量时间在高挑战/高能力环境中的人,发现比起非目的性很强的人,目的性很强的人在那些环境中的体验质量更高(Asakawa, 2004, 2010)。这些发现表明高挑战/高能力情境对目的性很强的人有吸引力。Rathunde(1988)观察到目的性很强的人更可能成长于复杂家庭,因为这种家庭给孩子提供了高挑战和高支持的结合。总而言之,Nakamura 和 Csikszentmihayi(2005)将目的性人格的构建列在心流研究最有希望的研究中,但得出来的结论是人们对促进目的性人格发展的条件知之甚少,对人们在日常生活中系统性发现心流的倾向也不甚了解。

文化对心流的影响

Funder(2001)指出心流描述了"一种相当孤独的幸福"(p.356),其中个体与他人是分割的。他论证了最佳体验,比如一个禅宗佛教徒肯定需要"意识到自己和他人的关系"以及"意识到整个宇宙的联系"(Funder, 2001, p.357)。这个观点质疑了关于集体主义文化成员间心流的不变性,他们比个人主义文化成员更看重相互联系。一些研究者随着这个趋势分析了文化差异的 3 种形式:(一) 心流流行率差异;(二) 与心流有关的活动的差异;(三) 挑战/能力比例的差异,这个比例对心流最有益,因此可以命名为**最佳挑战/能力比**。

两项研究用心流问卷来解决关于心流流行率的差异以及经历心流的活动差异的问题。在第一项研究中,Delle Fave 和 Massimini(2004)调查了 52 个居住在意大利北部的瓦尔泽人、50 名意大利南部的村民、60 个居住在意大利营地的吉卜赛人(罗姆人)、63 名来自爪哇岛的印度尼西亚人、27 名来自德黑兰的伊朗人的心流流行率。在整个样本中,心流的流行率为 92%,在各个子样本之间没有发现明显差异。然而,在最有益的心流活动中发现了明显的文化差异。值得注意的是，工作心流在意大利人和印度尼西亚人中更普遍，学习心流在伊朗人中更普遍，家庭与社交活动中的心流在罗姆人中更普遍，而宗教活动心流只在印度尼西亚人和伊朗人中被报告为有益于心流的活动。总而言之，这些研究表明文化不影响心流体验的可能性，但会影响更可能发生心流的社会环境和活动类型，特别是与 Funer(2001)的观点相反，罗姆人在与他人交流和感觉与他人联系时体验心流显然没有问题。

在第二项研究中，Asakawa 调查了 315 名日本本科生的心流流行率，发现他们当中 73％的人体验过心流。这个比例低于 Delle Fave 和 Massimini(2004)对混合文化样本的报告，但高于 Moneta(2012b)对一个同时期英国职工样本报告的比例(67％)。因此，本研究结果不能支持心流在集体主义文化中不那么普遍的假设。

两项研究采用 ESM 来解决问题关于最佳挑战/能力比例差异的问题。在第一项研究中，Asakawa(2004)用四象模型对 102 名日本大学生关于注意力集中、幸福感、愉悦感、激活、满意度、对活动的感知控制、对未来目标的重要性感知、和成就感的得分进行分类。他发现，当挑战和能力都很高时，主观体验的这些方面都达到了最大值。因此，日本学生似乎和北美与欧洲学生一样，有着 1：1 的最佳挑战/能力比例。

在第二个研究中，Moneta(2004)用一个回归模型调查 269 名中国香港大学生和 573 名美国十二年级学生享受活动、对活动感兴趣的最佳挑战/能力比例，其中美国学生是 Alfred P. Sloan 青少年和社会发展纵向研究中 11 309 个高中生的子样本(Csikszentmihayi & Schneider，2000)。对于美国学生样本，在高挑战/高能力情境下享受程度和兴趣程度是最高的，而对中国学生样本在低挑战/高能力条件下情绪是最高的。因此，中国香港地区大学生在兴趣和享受方面的最佳挑战/能力比侧重于技能，因此可以推断，当他们感知到自己的能力超过活动需要时，他们更可能达到心流状态。

Asakawa(2004)和 Moneta(2004)的发现提出了两个问题：

(一) 中国香港地区大学生和日本大学生都是亚洲人，都有集体主义价值观，为什么他们的最佳挑战/能力比不同？ 一个合理的答案是，除了个人主义和集体主义，还有文化因素影响着最佳比例。

(二) 为什么高能力/低挑战状态会对中国香港地区和其他亚洲学生来说是积极的？ 在心流理论中这是一种无聊或放松的状态。一个合理的答案是，在特定文化里，如道教和儒家原则上强调谨小慎微、注重细节、保持积极主动与接受能力之间的平衡、与他人的联系，这种状态培养了一条通往心流的更谨慎、更具实践性的路。

总之，支持和反对心流文化差异的证据都是有限且混合的。心流是普遍存在的经验，它的流行率在不同文化中似乎没有区别。文化确实会影响人们体验心流或者更强烈地体验心流的活动类型。一些文化因素，包括但不限于个人主义和集体主义，似乎影响最佳挑战/能力比，也就是最有可能产生心流的情况。有两个重要的研究问题尚未解决：

(一) 不同文化背景的人感知到和描述的心流状态是否不同？(二) 不同文化背景的人是否也认为心流具有同样的意义？ 因此，在这个有发展前景的研究领域，还有很多事情可以做。

心流的结果

心流与创造力

正如本章开头所说，Csikszentmihayi（1996）尽可能对各领域的创新者进行访谈表明，频繁密集的工作心流是每个创造性想法成长为全面创新的普遍前提。但"小创意"呢？也就是那些我们大多数人生活中更普遍、更常见的创新形式是否也是如此？

心流和创造力的直接联系见于一项对音乐系学生的研究（MacDonald，Byrne，& Carlton，2006）。45名本科生被分成3人一组，每个小组创作一段音乐。每次的小组会上，学生完成一个ESF，测量学生会议期间的心流强度。所有小组完成任务后，24名作曲专家对每一段作曲的创造力进行评分。心流强度的小组平均分与作曲创造性的小组平均分呈正相关。

心流—创造力的联系的间接证据来自一项开创性的ESM研究，该研究对208名被老师认为在数学、科学、音乐、体育或艺术方面表现出才华的青少年进行了调查（Csikszentmihayi，Rathunde，& Whalen，1993）。研究发现青少年在与天赋相关的活动中处于高挑战/高能力的时间比例，可预测他们未来4年也就是成年早期是否继续从事天赋相关领域的活动。其他研究变量包括天赋班成绩、主观承诺、达到的最高天赋水平、老师的评价，均不能预测天赋参与度。学习能力倾向测验（SAT）分数是预测成绩和老师对学生评价最好的指标，然而参与高挑战/高能力活动的频率是唯一可以预测一个人在其天赋领域的学校课程里取得进步的指标，从而可以得出结论："通过最佳体验，天赋得到发展"（Csikszentmihayi et al.，1993，p.252）。鉴于某一领域的天赋是对该领域做出创造性贡献的前提，该研究还表明，通过天赋发展的媒介，青少年时期的心流可以促进终身的创造性成就。

心流与运动表现

Jackson和Roberts（1992）调查200名大学生运动员在比赛中的心流强度和运动表现之间的关系，这些运动员来自不同个人项目，包括游泳、田径、体操和网球。这些运动员完成了3次FSS-2前测，第一次回顾他们比赛时的一般表现（平均成绩），第二次回顾他们的最好表现，第三次回顾最差表现。心流在最佳表现中比在一般表现和最差表现中更强烈。这些发现表明，心流对运动表现有作用，但需要注意的是，这些研究可能受到相关研究和回顾性研究的典型方法影响，这些研究通过让人们回忆在特定场合的感受来评估自变量——在这个例子中是心流强度。尤其是，心流和表现之间发现的联系也可以用记忆偏差来解释，比如，运动员可能在最佳表现中回想起更强烈的心流，因为成功对他们关于比赛的回忆增添了光彩。

其他相关和回顾性研究发现了心流对个体表现的间接影响。两项对马拉松运动员的研究发现，赛跑时的心流与跑步时间没有联系（Stoll & Lau，2005；Schüler & Brunner，2009）。然而Schüler和Brunner发现，训练中的心流与赛前更激烈的训练有关，后者反过来又跟更好的表现有关。这样的发现表明，心流通过促进任务动机，从而间接地促进运动表现。

一项研究提供了强有力的证据支持了团体运动里的心流—表现联系(Bakker et al., 2011)。研究被试是 398 名来自荷兰 45 个杰出队伍的足球运动员及其教练。足球运动员根据一场特殊的比赛完成了心流状态量表,而教练对每个球员在那场比赛中的表现进行评估。一个队伍的平均心流得分(即团队级别的心流)在平局或者获胜的比赛中要比输球的比赛中要高,并且与教练对团队评估的平均表现有关(即团队级别的表现)。因此,虽然通常被认为是一种单独体验,心流似乎是一种团队资源,是团队与其他团队竞争时团体表现的促进因素。

心流与工作表现

Bakker(2008)通过对 147 名荷兰人力服务专家的抽样调查,研究了工作心流强度与同行评定的角色表现(如"实现工作目标")、角色外表现(如"自愿提供组织不作要求但有利于提升组织整体形象的功能")之间的关系。他用他的《工作心流问卷》(WOLF;Bakker,2008)来评估心流强度,以测量心流 3 个相关因素:专注度、工作乐趣和内部工作动机。工作乐趣与角色表现相关,内部工作动机与角色外表现相关。这些发现表明心流促进工作表现,但需要说明的是,目前还不清楚 WOLF 测量的是心流还是内部动机,所以也可能是内部动机而不是心流提升了工作表现。

心流与学业表现

Engeser 和 Rheinberg(2008)用《心流简化量表》(FSS;Rheinberg,Vollmeyer,& Engeser,2003)对本科生进行了两项纵向研究,以检验学习中的心流假设,他们假设在学期末考试前一周测量的心流能更好地预测学业表现。第一项研究对 246 名选修统计学课程的学生进行调查,发现在期末考试前一周,学生在解决一道复习题时出现的心流与期末考试成绩相关。第二项研究对 61 名志愿参加法语课的学生进行调查,发现在学期中两次测量课堂上的心流与课程最终成绩(即课堂参与成绩与期末考试成绩的结合)相关。两项研究中,当研究人员在被试参加课程前统计控制基线时,心流和学业表现之间的联系是显著的。因此,学习中的心流似乎对学业成绩有积极影响。需要说明的是,我们在第二章(情感的双重本质:进展的信号和原因)中看到,控制好上学期成绩的前提下,在学期中期的学习活动中经历的积极情感,预示着整个学期的成绩更好。因此,也可能是积极情感提高了学业成绩,而不是心流。

心流与情绪

心流会让我们感到更快乐吗?这个问题看起来很简单,但事实证明这是一个极其难回答的问题。研究这个问题需要正视两个固有的问题。

第一,当处于深度心流状态时,被试没有填写任何问卷——他们只是忙于处理"心流任务"。被试通常会在心流状态出现几分钟甚至几个小时后回到正常世界,回答关于心流的问题。对由此得到的结果,我们并不清楚这些答案是涉及心流体验的数值,还是它之后的余波。因此,我们应该明确区分心流之前和之后经历的积极情感与心流本身。

第二，通过增强对任务的专注度，心流反过来与感官以及社会环境隔离开来。Moneta 和 Csikszentmihayi(1999)提出，心流对任务的投入降低了情绪进入意识的速度。对有的人来说，这种降低是适度的，因此仍然可能有大量对心流的感知进入意识中，而对另一些人来说，这种降低是如此强烈以至于无法体验到快乐。第一种情况下，这个人有资源去感知和表达各种各样的情感，而第二种情况下，一个人会处于几乎没有情感的状态。只有在第一种情况下心流才会对总体高水平的积极情感有影响。因此，用 ESM 评估高挑战/高能力情况下主观体验时，我们不应期待能观察到积极情感的爆炸式影响。

无论是用四象模型还是八分模型，早期 ESM 研究发现，积极情感的各个方面（如感到快乐、感到强大、希望做这项活动）通常在高挑战/高能力情况下达到顶峰(Massimini & Carli，1988；Csikszentmihayi & LeFevre，1989)。两项研究对 208 个美国天才青少年进行调查(Csikszentmihayi，Rathunde & Whalen，1993)，对这个问题进行了深入研究。第一项研究中，Csikszentmihayi 和 Rathunde(1993)测试了 20 个日常活动的幸福得分，发现只有 7 项活动的最大幸福得分出现在高挑战/高能力区间。因此，在那些最可能产生心流的条件下，幸福感不是最大的。第二项研究中，Moneta 和 Csikszentmihayi(1996)用专门的回归模型来评估体验的 4 个方面的最佳挑战/能力比：专注、参与、快乐和希望从事该活动。他们发现，专注和参与的最佳比理论上接近 1∶1，而快乐和希望从事该活动的最佳比偏向于能力，即当能力大于挑战（小于 1∶1）时体验的这两个方面达到最大化。因此，不存在能同时最大化主观体验所有方面的最佳挑战/能力比。底线就是我们无法拥有一切：如果我们遵循挑战＝能力的方式通向心流，在这条路上我们会失去一部分快乐。

那么心流和心流后的快乐之间有什么样的关系呢？会不会一旦我们从心流中回归，我们会感到比进入心流之前更快乐？只有一个实证研究检验了被试参与实验任务的心流强度和控制基线后体验到的积极情感之间的联系，结果也没能支持假设(Keller，Bless et al.，2011，实验 2)。作为一个单独实验，没有得出明确的结论，还有待更多尝试去解决这个重要问题。

心流频率和幸福感

Asakawa(2010)以 315 名日本大学生为样本的研究，为日常生活中心流频率与享乐幸福感和实现幸福感指标之间的关系提供了证据。他采用增强版的心流问卷，问完是否有心流体验后，继续问那些体验发生的频率，按照 7 分制量表进行测量，评分范围从 1（一年几次）到 7（一天几次）。这种心流频率的测量与生活满意度、自尊、有意义的生活意愿、聚焦问题和聚焦情绪策略呈正相关，与特质焦虑、问题回避应对、脱离大学生活、职业决策时心理延缓偿付（psychological moratorium）呈负相关。总之，频繁的心流似乎促进了一系列积极结果，并阻止了一系列负面结果。然而，我们有必要保持谨慎，因为确定的关联可能反映，至少部分反映倒置的因果关系（例如，使用问题关注策略可能会促进产生心流）。

心流的消极影响

到目前为止，本章重心都是讨论心流的积极影响。但是，Csikszentmihayi 和 Rathunde

（1993）认为，如同任何其他形式的能量，心流可能指向积极的方向，也可能指向消极的方向，因此心流也可以在不适应社会活动中体验到。对心流的不适应甚至是恶意使用的潜在可能性，在心流的定义中是固有的。心流的核心——注意力被掏空，导致监控自己行为的能力下降，包括行为可能给自己和别人带来风险。一旦进入心流状态，个体检测到并解释相关线索、抑制潜在有害行为的能力减弱。少数研究发现心流在 3 个领域不适用：心流与网络成瘾、游戏成瘾有关（如：Chen，2006；Thatcher，Wretschko，& Fridjhon，2008），与冒险行为有关（如：Sato，1988；Schüler & Pfenninger，2011），以及战斗中的杀戮（Harari，2008）。这个有趣的研究领域应该得到发展，因为它有巨大的应用潜力。

未来研究方向

综合本章提出的几个观点，有 8 个广泛的问题需要辩论和进一步研究。

1. 同时研究心流频率和水平

大多数回顾性研究调查了心流的流行率或心流强度。然而，至少有两个原因能有力解释为什么要将心流频率和心流强度结合起来研究。

1. 评估一个一开始就没有心流体验的人的心流强度，与评估一个非吸烟者每天吸烟数量一样没有意义。

2. 既测量心流强度又测量频率，就可以回答一系列全新的相关研究问题。例如，对个人、雇主或者整个社会来说，在单一活动中体验强烈的心流好，还是在不同活动中体验不那么强烈的心流好？换句话说，我们应该把孩子放在只有一个或者两个课外发展活动（比如我们将在第七章课外活动：发展的和消极的体验中看到），以让他们体验那些活动中的深度心流，还是把他们放在很多课外活动中以便有利于他们在各种不同活动中体验"微心流"？这些问题还有其他相关问题需要这样以一种方法来设计研究，即一个能测试心流频率和心流强度的影响，以及两者相互作用的影响的方法。

2. 控制内部动机的混淆

如果内部动机和心流是同一个变量，那么用不同的名称就没有意义。但是，如果一个人相信它们是相互关联而又截然不同的构念，就需要在每个实证研究中区分开它们的影响。例如，考虑那些发现心流促进表现的已有研究。真的是心流导致更好的表现吗，还是由内部动机导致更好的表现？是不是内部动机促进表现的某些方面，而心流促进表现的另一些方面？这些问题还有其他相关问题需要这样一种方法来设计研究，即研究者可以测试心流的具体影响，而不是内部动机的影响。

3. 识别心流的环境因素

心流理论的一个优点在于，它为心流设定了数量最少的解释变量，主要是挑战和能力。然而，由于挑战和能力都能定义为主观变量，心流理论很少提到环境因素，而正是这些环境因素促进或妨碍了对挑战与能力的认识，从而影响心流。这至少有两个负面结果。一是很难弄清楚学校、工作场所等环境应该怎样构建和管理，以促进心流。二是很难研究个人因素和环境因素的相互作用对心流的影响。因此还有很多问题等待答案。例如，有没有一种"最佳"工作环境能促进所以员工的心流？还是不同员工需要不同的个性化最佳环境？根据答案的不同，管理者应该如何塑造工作环境，以促进下属的心流？为了回答这类问题，研究需要识别环境因素对心流的影响，并检验它们是否对不同的人有不同的影响。

4. 考察心流对人际关系的影响

目前关于心流的研究大多数是在个人层面上进行的。然而，人们通常是以小组和团队的形式完成大多数学习和工作活动的，当他们完成工作时，他们加入了伙伴、家人和朋友。因此，关于人们如何处理其他人的心流状态，有许多有趣而未解的问题。例如，你的伴侣是目的性很强的人吗？如果是，和一个长时间处于类似昏迷状态、忘记约会、忘记吃饭但确实很充实的人生活在一起是什么感觉？当有的成员处于心流状态而其他人没有的时候，团队怎样运行？为了回答这类问题，研究应该侧重于人际双方和群体。

5. 识别心流的自我调节

目前为止，心流一直被当作自然发生的现象来研究，而忽视了在某些情况下心流的发生是因为人们意识到了心流的作用而使它有意发生。例如，在《流动的盛宴》（2009）中，海明威描述了一个他生命中非常高产的阶段，这个阶段里他每天早上只写一段文字，剩下的时间都在巴黎的酒吧和林荫大道度过。根据他对写小说经历的描述，以及这些作品卓越的质量，毫无疑问他在每个写作的早晨经历了心流，并且恰到好处地运用了心流。未来研究应该对特殊个体的心流的元认知调节过程进行研究，以提取出可以用来指导人们运用心流的原则。

6. 研究文化、本土化对心流定义的影响

关于心流的跨文化研究很少。虽然这些研究表明文化差异很小，但更基础的测试尚未进行。关键问题是：如果在其他文化中（如中国或印度文化），我们按照心流的成分模型重复心流的整个过程——从采访开始，继续构建测验量表，我们能准确识别同样的心流因素和心流前因吗？

7. 寻找最终答案：我们能拥有一切吗？

心流理论最具有野心的一点，是它假设同时最大化实现幸福感和享乐幸福感是可能的。然而，迄今为止的研究表明，最大程度的心流会导致损失幸福，而最大化的幸福会导致损失心流。未来研究应该全面研究这种权衡，如果被证实，就应该在心流理论和其他主观幸福感和心理幸福感理论中加入这种权衡的概念。

8. 心流：灵丹妙药还是不速之客？

正如本章开始时预料的那样，心流的构念在积极心理学领域无处不在，却又没有明确的地方。就在我写这篇文章的时候，我所在的一个研究团队已经敲定了一份关于工作心流的书的出版合同。评审原稿时，出版商特别要求确保书的每一章都在积极心理学研究背景下把心流研究放在适当位置。这应该怎么做呢？举个例子就能很好地表达我的想法。我曾经为我的房子设计组装了一个大厨房（没错，一个需要成千上万个螺

母、螺栓和无尽耐心的厨房）。花了1个月时间，这差不多是我写一篇论文的时间。问题是：在我生命的整个生涯中，用1个月时间组装厨房而不是写论文明智吗？在做厨房项目时我经历的心流和我写论文的心流一样多，所以心流不能告诉我我的选择是否明智。这说明心流的DNA中没有智慧，用亚里士多德和莫斯的话说，心流不能"使目标正确"。所有的美德和实践智慧在到达心流之前进入行动——什么时候一个人决定努力参与它（美德的领域），以及怎样处理它（实践智慧领域）——在经历心流之后，当评估已完成项目的质量和意义的时候，再决定是否进一步追求这个尝试还是转移到另一个尝试。因此，未来研究中适合将心流的概念和美德联系起来，美德我们在第四章（从孔子和亚里士多德，到施瓦茨、夏普和格兰特）回顾过，还和那些实践智慧领域的自我调节变量联系起来，这些变量我们在第五章（情绪的自我调节）中回顾过。

自我发展和理解练习

你体验过心流吗？（你可以使用心流问卷中的3个流程指导语来问答，那些指导语在本章的第一节可以看到）。如果你的答案是"是"，想想你感受到心流强度最高的活动，然后回答以下问题，这些问题改编自心流问卷：

1. 当你进行某项活动时，你有百分之多少的时间有心流？
2. 当你进行某项活动且有心流时，心流平均持续多久？
3. 试着想象当你从事你选择的某项活动并且事情进展顺利时，想想你自己的情况：
(1) 活动中什么时候产生心流？
(2) 感觉如何？
(3) 这种感觉是如何开始的？
(4) 你做了什么启动它（如果有的话）？
(5) 它能随时随地发生吗？
(6) 一旦开始，是什么让它继续下去的？
(7) 有心流前你感觉如何？
(8) 体验心流后你感觉如何？

分析你的答案并检查它们是否符合、多大程度上符合本章提出的概念和发现。如果有差异，找出可能的解释。

推荐网络资源和拓展阅读

网站

奇怪的是，似乎没有网站致力于从研究的角度谈到心流。是不是心流研究人员太专注于他们的工作，以至于很难与其他人类成员交流？无论如何，隧道尽头有一线光明：我发现了脸书上欧洲的心流研究网站。时间线显示该网站成立于 2012 年 12 月 12 日，也就是说在 Corinna Peifer（详细联系方式见：http://www.uni-trier.de/index.php? id＝28908）和 Stefan Engeser（详细可见：http://www.uni-trier.de/index.php? id＝34268）在德国特里尔大学主持网络成员会议后不久。我和其他 24 位研究人员一起参加了那次会议（是的，我们一起工作，一起吃饭，像普通人一样进行社交），了解到很多无法参加会议的人都表示有兴趣将来加入该网络活动。

阅读材料

1. Engeser 和 Schiepe-Tiska（2012）对心流研究作了简明而又全面的历史回顾，以及 Engeser 编辑的书里的其他章节（2012）。

2. Bakker 及其同事（2011）关于天才足球运动员的心流研究。

3. Moneta（2012b）关于工作中的有意向的内部动机、创造性机会是如何影响工作心流的研究。

4. Asakawa（2010）关于有目的的日本大学生的研究。

第七章

积极关系

引言

一个有力的发现是,成功的、满意的、和谐的或其他方面令人感到满足的亲密关系是生活满意度的最佳预测因子(如:Myers, 1999;Sears, 1977)。前面的章节主要关注的是人,略微提到"亲密他人"。我们分析了关系构念——如外倾性和宜人性,以及实现幸福感的指标,被称为与他人的积极关系——但我们主要从人的角度进行分析,关注一个人与他人关系的内在表征。这种对人的过分关注可能是由于积极心理学从历史和概念上都起源于人格心理学。尽管如此,越来越多积极心理学领域的研究人员已经产生了一种真正的兴趣,把社会关系作为分析单元,他们的研究兴趣带来了一些不甚明显的发现,而这些发现有可能使我们以新的视角来了解人。

本章以前几章为基础,但在两个方面有所超越。

第一,尽管第一章中介绍的主观幸福感和心理幸福感仍然是关系好坏的重要指标,当人们孤立地看待个体时,也必须考虑幸福感的内在关系构念。例如,理论上可能有这样一个员工团队,每个人都是快乐的人,而他们的团队却是十足的地狱。因此,为了研究一种关系的"积极性",我们需要引入关系层面的幸福感指标。

第二,将二元关系和群体简单地看作第三章和第四章中所定义的自我和人格的集合,尽管这样做很诱人,但二元关系和群体存在一种权力结构,在这个结构中,较弱的成员从属于较强的成员;例如,儿童—父母、儿童—老师和下属—经理的关系。因此,为了研究一种关系的"积极性",我们首先需要关注较强的成员如何发挥领导作用;正如我们在第四章(孔子)中看到的,孔子肯定会赞同这种分析视角。

对于积极关系的研究仍然过于分散,无法进行全面回顾。因此,本章将集中讨论一组有限的主题,以便为该领域的未来发展提供线索。我们将回顾(一)恋爱关系;(二)工作关系;(三)父母教养、教师—学生以及儿童—其他关系的研究结果。对于这三种关系,我们将逐一首先回顾特定于关系的幸福感指标,这些指标揭示了一种关系在多大程度上是积极的。然后,我们将看到哪些因素会影响这种关系的"积极性"。最后一节概述了有待讨论的问题、持续的争议以及未来的研究方向。

浪漫爱情

恋爱中的幸福感

虚拟社交网络提供了一个宣布自己关系状态的机会。除了显而易见的选项——单身、恋爱中、已婚——人们有时还会遇到小说中的"这很复杂"选项，这是一种进化心理学家可能难以理解的表达方式。正如我们在第二章（情绪、感觉和心境及情感的起源和结果）中看到的，人们普遍认为积极情绪是在进化过程中出现的，因为它们支持人际关系，尤其是交配。那么，在一段恋爱关系中可能会有什么复杂的情况？这种复杂性源于这一事实：根据 Hatfield(1988)的说法——激情—爱情—婚姻的复杂联系直到 18 世纪才在西方世界出现。在那之前，只有激情—爱情的联系，而且通常是在婚姻之外追求的；婚姻完全是由社会习俗决定的。Hendrick 和 Hendrick(2005)提出，激情—爱情—婚姻的联系正在越来越强：

> ······我们相信，爱情、性、婚姻（或同居）和友谊与浪漫关系越来越紧密地联系在一起。这种凝聚力是生活中四个最积极方面的强力"捆绑"。今天，人们通常会在恋爱关系中找到比前几个世纪更多的乐趣。然而，代价就是对这些关系的期望也要高得多。
>
> (Hendrick & Hendrick, 2005, p.473)

随着期望的增长，寻找、建立和维持一段拥有一切的浪漫关系可能会变得越来越"复杂"。

研究中使用了 3 个主要指标来衡量一段浪漫关系是否健康。第一个也是最明显的指标是，一对夫妻是否还在一起，是否已经分手，或者关系正在分崩离析。

第二个指标是关系满意度，它与生活满意度类似，基于感觉和认知评价的混合。整体关系满意度的个体差异可以使用不同的量表有效、可靠地衡量。例如，《投资模型量表》(IMS; Rusbult, Martz, Agnew, 1998; http://carylrusbult.com/)，包括 5 个项目（如"我对我们的关系很满意"），根据 1（完全不同意）到 9（完全同意）的 9 点量表进行评分。《关系评估量表》(Relationship Assessment Scale, RAS, Hendrick, 1988)；包括 7 个项目，（例如，"你的伴侣在多大程度上满足了你的需要?"和"总体上，你对你们的关系有多满意?"），根据 1（一点都不满意）到 5（非常满意）的 5 点量表进行评分。人们发现 RAS 得分在夫妇双方之间有很强的相关性，并能很好地预测一对夫妇是会在一起还是会分开(Hendrick, 1988)。

第三个也是最后一个指标是性满意度，可以通过各种量表有效、可靠地进行测量。例如，《性满意度问卷》(SSI; Whitley, 1988)测量了一个人可能参与的 32 种性活动的平均满意度水平，根据 1（不满意）到 5（最大满意）的 5 点量表进行评分，如果受访者没有进行某一特定活动，则选择"不适用(N/A)"。性满意度指数(ISS; Hudson, 1998; Hudson, Harrison, & Crosscup, 1981)测量一个人对当前关系中的性成分的总体满意度，共有 25

项(例如,"我觉得我的伴侣享受我们的性生活"),根据1(很少或没有)到5(大部分或所有时间)的5点量表进行评分。《性态度量表》(SAS；Hendrick & Hendrick,1987)包含51个项目,测量了对性的4种态度:宽容性(26个项目,例如,"随意的性行为是可以接受的"),性实践(8个项目,例如,"自慰是好的"),交流性(11个项目,例如,"高潮是世界上最棒的体验"),和工具性(6个项目,例如,"性主要是生理的"),按照1(强烈同意)到5(强烈不同意)的5点量表进行评分。

爱的成分

研究者们已经提出了关于爱的几种成分定义。我们将考虑3种非常流行且越来越复杂的定义:激情之爱和伴侣之爱、爱情三角理论和爱情风格。

Berscheid和Walster(1969)介绍了**激情之爱**和**伴侣之爱**的区别。前者是恋人之间的一种情感投入状态,表现为强烈的激情、情绪波动、害怕失去对方;后者是一种以彼此表露自我、相互纠缠为特征的感情和亲密状态。Berscheid和Walster提出,一段成功的关系通常始于激情之爱,并在适当的时候以伴侣之爱安定下来。相反,Hatfield(1988)认为,人们希望在一段关系中始终体验到爱的两种成分,并且随着时间的推移,这两种成分可以共存。

Sternberg(1988)提出了**爱情三角理论**,根据这一理论,爱情由3个成分组成,可以看作是构成一个三角形的3个顶点:亲密、激情和承诺。这些成分是不同的,但是在处于恋爱时,一个人可以拥有所有的("完美的爱"),或者只有一两个,或者没有("无爱")。亲密是指一种结合的感觉,会引发自我表露和分享,理论上这种感觉是经过很长一段时间建立的。激情是指能够激发浪漫、吸引力和性的情绪,并且理论上认为在一段关系的早期阶段最为强烈。承诺是指爱一个人的最初决定和维持这种爱的持久决心。爱情3个成分的个体差异可以使用《爱情三角理论量表》(TLS；Sternberg,1998；http://articles.dailypress.com/1998-03-01/features/9802270261_1_romantic-relationship-intimacy-and-comitment)有效、可靠地进行测量,其中15个项目测量亲密(例如,"我与____有温暖的关系"),15个项目测量激情(例如,"我理想化了____")以及15个项目测量承诺(例如,"我计划继续我与____的关系"),按照1(完全没有)到9(完全是)的9点量表进行评分。

Hendrick和Hendrick(1986)提出了六成分的爱情定义,并开发了《爱情态度量表》(Love Attitude Scale,LAS)对每个成分使用4个项目进行有效、可靠的测量,按照1(强烈同意)到5(强烈不同意)的5点量表进行评分。**激情之爱**是一种充满激情的爱,关注伴侣的理想化而不是性兴奋(例如,"我觉得我和我的伴侣是天生一对")。**游戏之爱**指爱就像游戏,专注于享受而缺乏承诺(例如,"我有时不得不阻止我的伴侣发现我的其他伴侣")。**友谊之爱**是Berscheid和Walster(1969)定义的伴侣之爱(例如,"我们的爱实际上是一种深厚的友谊,不是一种神秘的、神奇的情感")。**现实之爱**是出于实际原因的爱,注重伴侣特点的有用性(例如,"选择伴侣的一个重要因素是他/她是否会成为一个好父母")。**占有之爱**是绝望而痛苦的爱,专注于嫉妒(例如,"如果我怀疑我的伴侣和别人在一起,我就无法放松")。最后,**奉献之爱**是专注于促进伴侣幸福感的爱,并且带有戏剧性的自我牺牲倾向(例如,"我宁愿自己受苦也不愿让伴侣受苦")。

在不同文化中，爱情的成分是否相同？ Hatfield 和 Rapson 回顾了使用 LAS 对来自不同文化背景的被试所进行的研究，得出结论，不同文化之间的相似性远远大于差异性。在居住于美国的中国台湾大学生与本地学生之间发现了一个有趣的、尽管很小的差异：在前者中，奉献之爱和现实之爱形成了一个单一因素，称之为**义务之爱**，反映了利他主义和功利主义的结合（Cho & Cross，1995）。尽管从经验上看，爱情成分的结构似乎只有很小的跨文化差异，但许多研究人员认为，在导致选择婚姻伴侣的爱情成分上应该存在跨文化差异。特别是，在西方的个人主义文化中，强调在浪漫关系中需要积极情感，因此认为激情之爱更为突出；在东方的集体主义文化中，强调需要在扩展的亲属关系网络中整合恋爱关系（例如，Ho，1986；Moore，1998），因此认为伴侣之爱更为突出。

爱情类型和关系幸福感

Hendrick（1988，研究 1）对美国西南部一所大学正在恋爱的 125 名大学生，调查了爱情成分和关系满意度之间的联系，用 LAS 测量爱情成分，用 RAS 总分衡量关系满意度。关系满意度与激情之爱（$r=0.60$）的相关最强，其次是奉献之爱（$r=0.36$），与游戏之爱（$r=-0.30$）是负相关，而与友谊之爱、现实之爱和占有之爱没有显著相关。总之，不出所料，激情和奉献的爱促进了一段关系的良好发展，而逢场作戏的爱阻碍了这种关系。

Hendrick 和 Hendrick（1987）在来自美国不同大学的 3 个大学生样本中，共计 1 592 名被试，调查了性态度和爱情成分之间的联系，使用 SAS 测量性态度，使用 LAS 测量爱情成分。研究发现，宽容性与游戏之爱（$r=0.46$—0.52）、交流性与激情之爱（$r=0.20$—0.42），工具性和游戏之爱（$r=0.32$—0.37），以及交流性和奉献之爱（$r=0.01$—0.25）之间的相关最强。总之，研究结果表明，对滥交的偏好与游戏之爱有关，而对共享性行为的偏好则与激情和奉献之爱有关。

两个有趣的问题仍未得到解答。首先，爱情成分和性态度如何共同影响关系满意度？尤其有趣的是，了解性偏好和爱情成分之间的不匹配（例如，宽容性和奉献之爱，或者交流性和现实之爱）是否会对关系满意度产生负面影响。其次，二元差异重要吗？特别有趣的是，二元关系中双方的性偏好和爱情成分不匹配是否会对关系满意度产生负面影响。

爱与主观幸福感

Hendrick 等二人（2005）总结了他们对美国大学生样本进行的两项未发表研究的结果，表明爱情和幸福的单项指标之间呈正相关。尤其是，恋爱中的学生普遍比没有恋爱的学生更快乐。在恋爱的人群中，幸福与关系满意度、伴侣之爱和激情之爱是正相关，但其中一项研究表明激情之爱与幸福无关。这些总结性的发现表明，爱和它的一些成分可以促进幸福感。

Kim 和 Hatfield（2004）对美国夏威夷大学 217 名学生和韩国首尔大学 182 名学生进行了调查，研究爱情的两种成分（激情之爱和伴侣之爱）和主观幸福感的两种成分（生活满意度和情感，后者以积极情感和反向得分的消极情感的组合来实现）之间的关系。他们用《激情之爱量表》（PLS；Hatfield & Rapson，1993）来衡量激情之爱，包括 15 个项目（例如，"如果＿＿＿离开我，我会感到深深的绝望"），按照 1（不完全正确）9（绝对正确）的 9 点量表进行评分。使用《伴侣之爱量表》(CLS；Sternberg，1986)来衡量伴侣之爱，包含5个亲密项目和5个承诺项目(Sternberg，1998)。在两个样本中，伴侣之爱是生活满意度的最佳预测因子，而激情之爱是情感的最佳预测因子。此外，还发现了一些有趣的性别差异：激情之爱与情感之间的相关仅在男性中显著，女性在伴侣之爱和生活满意度之间的相关强于男性。总而言之，这些发现支持了一种流行观点，即亲密和承诺有助于幸福，尤其是对于女性而言，而特别在男性中，激情促进情绪，并且这种模式不受文化的影响，至少在大学生样本中如此。

我们已经在第二章(积极与消极情绪之比)中看到，Fredrickson和Losada(2005)采用人类丰盛的非线性动态模型对拓展和建构理论进行了扩展，根据这一模型，值为2.9的临界正性比——积极情绪与消极情绪之比——将丰盛与衰弱分开。那么，浪漫关系中是否存在一个临界正性比？如果有，是2.9吗？Gottman(1994)拍摄了77对夫妻讨论一个关系问题的录像，并分别估计了每对夫妻在言语行为和观察情绪上的正性比。在那些双方都对他们关系感到满意的夫妇中——因而他们的关系是丰盛的——言语行为的平均正性比为5.1，观察情绪的平均正性比为4.7，而在衰弱的夫妇中，相应的数字分别为0.9和0.7。总的来说，为了使一段浪漫关系蓬勃发展，似乎需要超过临界正性比。

工作环境中的关系

工作幸福感

在关系的背景下讨论工作似乎有些奇怪。然而，除了极少数例外，工作是在与他人的互动中进行的，其中"他人"是工作本身所不可或缺的一部分。工作的社会互动可以是真实的，比如在服务行业，也可以是象征性的。例如，我是在完全孤立的情况下写这段话的——除了我会听电视上无聊的政治辩论外——但我这么做的目的是想到你会读它，即使我不认识你，也许我永远也不会。因此，即使是孤立的写作也是一种固有的社交活动，暗示着与他人的关系。在大多数工作中，工作关系涉及与个人(例如，老板或同事)、团队和整个组织的关系。如果我们综合考虑工作环境中的所有关系，我们就可以像研究浪漫关系一样来研究工作关系的良好程度。

研究中使用6个主要指标来衡量工作关系是否良好。第一个也是最明显的指标是，员工是否仍然受雇于一个组织，或已经辞职，或者正在离职。

第二个"消极"指标是**打算辞职**或**打算离开**自己的工作或职业。离职意向的个体差异可以使用《离职意向量表》(ILS；Weisberg，1994)进行有效和可靠的衡量，只有3个项目。该量表最初是为教师制定的：(1)"我考虑过离开教师岗位"；(2)"我认为如果我再次选择我的职业，我会选择教师"(反向评分)；(3)"我认为在不久的将来我将会离开教师岗位"。这个量表也适用于其他工作或职业，只需要在这3个项目中用合适的词代替"教师"即可。项目按1(很少)到5(很多)的5点量表评分。在组织研究中使用了许多不同的离职意向量表，从2个(例如：Firth，Mellor，Moore，& Loquet，2004)到5个项目(例如：Elangovan，2001)。

第三个指标——从员工的角度来看可能是最重要的——是**工作满意度**，类似于生活满意度和关系满意度，是基于感觉和认知评估的混合。工作满意度可以使用《工作诊断调查表》(JDS；Hackman & Oldham 1974)中的整体工作满意度量表进行有效和可靠地测量，包括 3 个项目：(1) "总体而言，我对我的工作感到满意"；(2) "我经常想辞掉这份工作"(反向评分)和(3) "我通常对自己从事的这份工作感到满意"。如果要避免与离开的意图混淆，可以去掉第 2 项。这些项目按照 1(强烈不同意)到 7(强烈同意)的 7 点量表进行评分。

第四个"消极"指标是**倦怠**。Freudenberger(1974)引入倦怠来描述一种与工作有关的压力的稳定模式。Maslach 和 Jackson(1981)提出了一种结构来描述一个人与工作之间的关系危机，包括 3 个相关但截然不同的成分：(一) **情绪耗竭**，表示与工作活动有关的一种长期情绪耗尽；(二) **犬儒主义**，表示对工作和本组织失去兴趣和信念；(三) **个人效能感降低**，表示无法按照工作要求完成任务的感觉。职业倦怠 3 个成分的个体差异可以使用《Maslach 职业倦怠量表》(MBI；Maslach, Jackson, & Leiter, 1996)有效和可靠地测量：情绪耗竭(5 个项目)、犬儒主义(4 个项目)和个人效能感降低(6 个项目)，项目按照 0 (从不)到 6(总是)的 7 点量表进行评分。

第五个指标是**工作投入**。Kahn(1990)提出了这样的构念，"将组织成员的自我运用到他们的工作角色中：在投入时，人们在角色表演过程中会在身体上、认知上、情感上和心理上运用和表达自己"(p.694)。Schaufeli 及其同事(2002)给出了工作投入的成分定义，即"积极的、满足的、与工作相关的精神状态，表现为活力、奉献和全神贯注"(p.74)。**活力**代表工作中的精力、毅力和韧性。**奉献**代表对工作的热情和自豪。最后，**全神贯注**表示对工作的集中和投入，因此类似于第六章中定义的工作中的心流。工作投入 3 个成分的个体差异可以使用《Utrecht 工作投入量表》(UWES；Schaufeli et al., 2002)，或其 9 项简版形式 UWES - 9(Schaufeli, Bakker, & Salanova, 2006)有效和可靠地衡量：活力(3 个项目，例如，"在工作中，我感到精力充沛")、奉献(3 个项目，例如，"我对我的工作充满热情")和全神贯注(3 个项目，例如，"我沉浸在我的工作")。项目按照 0(从不)到 6(每天)的 7 点量表进行评分。

最后一个指标是**工作表现**，从雇主的角度来看，这显然是最重要的。在数量有限的工作中，可以客观地衡量工作表现。例如，一个外科医生的表现可以通过一些指标来衡量，如完成某种类型的手术的次数、术后病人的存活率以及没有出现术后并发症的病人的百分比。同样地，投资银行家的业绩可以通过他们客户投资组合的增长相对于给定时间内平均投资组合的增长来衡量。然而，在大多数工作中，表现只能通过主管、同事和员工的主观评价来衡量。Harris 和 Schaubroeck(1988)对这些工作表现评价的元分析发现，员工的同级评价和主管评价之间相当相关($r = 0.62$)，而自我评价和主管评价之间($r = 0.35$)、以及自我评价和同级评价之间($r = 0.36$)存在中等程度的相关。这些数据既不受评分类型的影响，如对员工长期整体表现的特质性评估与对员工在某项特定任务中短期表现的行为性评估；也不受量表格式的影响，如使用将整体表现作为单个因素进行衡量的项目，与将表现作为一组不同方面进行衡量的项目，例如角色内表现和角色外表现。随后的元分析(Conway & Huffcutt, 1997)证实，主管评价和同级评价比自我评价的一致性更强。总而言之，可以有效和可靠地衡量工作表现，但要注意，自我的观点可能与主管和同事的观点不同。

在工作表现的各个方面中，创造力对组织来说变得越来越重要（Bharadwaj & Menon, 2000；Amabile & Khaire, 2008），以至于**组织创造力**一词在组织研究中已经无处不在。组织创造力是指在组织内产生新颖和有用的想法或产品，包括流程、程序和服务（如：Woodman, Sawyer, & Griffin, 1993）。每当一个新企业成立或一个成熟企业寻求开拓新的竞争性市场（如：Amabile & Khaire, 2008），并促进其他方面的绩效时，如产品质量和经济利益（如：Huth, 2008），个人和团队创造力便成为企业业务的核心。在少数但快速增长的工作中，创造性工作表现可以客观地衡量。例如，可以使用一些指标来衡量应用科学家的创造性表现，比如发表专利的数量，出售给第三方或投入工业生产的专利数量。在大多数工作中，个人和团队项目中的创造性表现都可以通过主管、同事和自我评价来衡量，并且 3 种不同类型评价之间的趋同程度与工作表现的其他方面相当（Moneta et al., 2010）。

健康指标之间的关系

如果地球是一个简单的星球，那么工作中所有的健康指标都是密切相关的；例如，对自己工作非常满意的员工也会表现出色，反之亦然。事实上，健康的各项指标之间只有适度的相关，它们之间的关系涉及不明显的心理过程。这里概述了其中的一些过程。

首先，工作满意度源于什么？人还是工作？Ilies 和 Judge（2002）对中西部地区的 27 名员工，先使用《NEO 大五人格量表》（NEO - FFI）测量了大五人格特质（在第四章，大五人格），然后使用 ESM 进行了连续四周的测量（在第六章，经验抽样法和四象模型、八分模型）。在每个信号处，ESM 会测量瞬间工作满意度（例如，"此时此刻我对我的工作相当满意"）以及积极和消极情感（第二章，积极和消极情感）。积极和消极情感共同解释了工作满意度 29% 的个体内差异。此外，神经质这一特质解释了消极情感中 14% 的个体内差异和工作满意度中 31% 的个体内差异。最后，虽然在统计上不显著，但有迹象表明，神经质加剧了消极情感和工作满意度之间的联系，而这种联系对于神经质得分较高的员工来说更强。总之，这些发现表明，工作满意度受到工作中所经历的情绪和员工神经质水平的影响。

根据这些构念的定义，我们可以推断工作投入与倦怠正好相反。然而，从经验上看，这两个构念是负相关的，而非完全不相关。例如，在一个包括 11 152 名员工的多国样本中，两个构念中某一构念的一些方面与另一个整体构念之间的相关（校正测量误差后）为 -0.45——-0.64。这意味着工作投入和倦怠是负相关但又不同的构念。因此，一个工作者有可能在特定的时间点既投入又精疲力竭，就像工作狂一样。这意味着，为了确定每个构念对相关结果变量（例如，工作表现）的独特影响，研究人员需要评估研究的两个变量，并在统计分析中对另一个变量进行控制。

离职意向的最佳预测因素是什么？理论上，情绪倦怠是最好的预测因素。特别是，Leiter（1993）的倦怠与应对模型将情绪耗竭和犬儒主义描述为倦怠的情感成分，效能感降低是倦怠的认知成分。该模型认为，工作倦怠的情感成分促进回避应对，或逃避工作压力源，而工作倦怠的认知成分促进趋近应对，或直接处理压力源。因此，该模型预测，情绪衰竭和犬儒主义会促进离职意向，而效能感降低将导致更少的趋近应对。实证研究证实，情绪耗竭和犬儒主义是离职意向的主要预测因素（见 Lee & Ashforth，1996）。然而，一项针对 1 475 名比利时员工进行的网络调查发现，工作投入与离职意向之间存在相当强的负相关（$r = -0.47$）（De Cuyper，Notelaers，& De Witte，2009）。因此，情绪倦怠和缺乏工作投入似乎都是离职意向的有力预测因素。

工作满意度能预测工作表现吗？多年来，组织研究者们一直在寻找支持这两个变量之间关系的证据。元分析研究（Judge et al.，2001；Wright，2005）得出结论，无论工作满意度是作为一个单一的整体构念还是作为一个多层面的构念（例如，通过分离诸如对薪酬的满意度和对社会支持的满意度等因素）来进行测量，都与工作表现存在 0.30 或稍高的适度相关。然而，鉴于工作满意度受到情感的严重影响（如：Ilies & Judge，2002），Wright（2005）认为工作满意度和表现之间的联系被主观幸福感混淆了。与这一假设相一致，Zelenski、Murphy 和 Jenkins（2008）使用 ESM 发现，相比工作满意度，积极情感与自我评价表现的相关更为密切。总而言之，似乎"快乐的员工"（即那些在工作中体验到更多积极情感和更少消极情感的人）比"对工作感到满意的员工"在工作中更有效率。

工作投入是工作表现的预测指标吗？Schaufeli、Taris 和 Bakker（2006）对来自不同职业的 2 165 名荷兰工人进行了调查，发现角色内表现（$r = 0.37$）和角色外表现（$r = 0.32$）都与工作投入相关。Christian、Garza 和 Slaughter（2011）对 91 项研究进行了元分析，得出的平均相关系数经过修正测量误差后要稍微强一些：工作投入与角色内表现（$r = 0.43$）和角色外表现（$r = 0.34$）都相关。此外，Christian 及其同事发现，工作投入完全调节了工作态度（如任务重要性）、人格特质（如责任心）以及积极情感对工作表现的影响。最后一个发现至关重要，因为工作投入涉及积极情感（特别是在活力成分中），因此工作投入和工作表现之间的联系可能是由于"快乐的员工"效应。工作中的积极情感完全通过工作投入的中介作用来影响角色内和角色外表现，这一发现有效地排除了工作投入与表现之间存在虚假关联的可能性。总之，工作投入是影响工作表现的主要个人因素。

积极的工作环境因素

在过去的 30 年里，组织研究者们一直在寻找促进或阻碍员工幸福感和生产力的工作环境因素。这些研究可以简便地分为工作特征、团队特征和更广泛的组织特征研究。

对工作特征的研究强调了工作中执行的任务所固有的激励机制所起的作用。例如，Hackman 和 Oldham（1974，1980）提出，内在工作动机、"成长满意度"和工作效率是由 5 个核心工作特征来促进的：（一）技能多样性（即，从事一系列使用不同技能的任务）；（二）任务认同（即，看到自己工作的整体意义）；（三）任务重要性（即，重视自己的工作）；（四）自主（即，在完成工作任务中体验到自由）；（五）工作反馈（即，处理具有内置反馈机制的任务）。这些预测在实证研究中得到了充分的支持（例如：Loher et al.，1985）。

关于团队特征的研究强调了管理者的作用以及他们与下属的特定行为。例如，Hackman（2002）发现了支持这样一个观点的证据，**专家指导**——与团队成员进行积极主动的互动，旨在使他们能够利用集体资源来完成团队项目工作，既能促进个人幸福感，也能促进团队表现。

最后,对组织特征的研究集中于员工的组织支持感。Eisenberger 及其同事(1986)将**组织支持感**定义为员工认为组织关心以及培养其劳动力的程度,而 Hackman(1987)强调组织资源提供的作用,包括提供材料、信息、培训和奖励。Keenan 和 Newton(1985)发现证据表明,对生产过程中材料短缺和障碍的看法与员工的工作满意度降低有关。

Amabile 和同事(1996)提出了工作环境感知因素的综合分类系统,并编制了一份有效可靠的问卷 KEYS 来测量这些因素。他们构建和验证 KEYS 的主要目标是确定促进个人、团队和整个组织创造性成就的因素。KEYS 由 8 个量表、78 个项目组成,每个量表对应工作环境感知的一个不同维度。研究发现,在被专家评为"高创造力"或"低创造力"的工作项目上,所有 8 个量表在预期方向上均存在显著差异。这八种工作环境感知因素可以方便地分为三组:工作特征、团队特征和组织特征。

KEYS 中衡量工作特征的 4 个量表是:**挑战性工作、自由、充足的资源和工作负荷压力**。挑战性工作是指一个人正在从事相关项目,工作任务具有挑战性,并且需要充分利用自己的技能。自由代表自由选择工作项目及其实施方式。充足的资源是指提供了开展工作所需的材料、设施、预算、信息和数据。最后,工作负荷压力表示一个人在分配的时间内被给予了过多工作。

KEYS 中衡量团队特征的两个量表是:**上级鼓励和工作团队支持**。上级鼓励是指上司对下属的想法持开放态度,重视他们的贡献,对他们的工作提供建设性的反馈,支持组织内的工作小组或团队,为工作设定明确的总体目标,有效地计划工作,是一个很好的工作榜样,并具有良好的人际交往技巧。工作团队支持代表这样一种观点,即与之紧密合作的人致力于工作,贡献正确的能力组合,并公开交流,相互支持并为彼此提供建设性的批评。

最后,KEYS 中衡量组织特征的两个量表:**组织鼓励和组织障碍**。组织鼓励表示一个人的组织对想法持开放态度,鼓励冒险,并期望、支持和奖励员工的创造性工作。组织障碍表示组织受到领地行为和过度竞争的影响,回避风险,对新想法过于挑剔,并对其员工施加严格控制和压力。

由于当代组织中的大多数创造性工作都是在团队项目中完成的,因此项目主管的角色变得越来越重要。项目主管可以看作是中士,在战场中领导一个排,并且同时面对两条战线。一方面,他们必须与团队成员保持联系,提供指导和情感支持。另一方面,他们必须与高层管理人员保持联系,提供项目结果并为项目和团队协调资源。接下来的两节将扩展团队经理的工作及其对团队成员和团队项目健康的影响。

积极管理

Fleishman(1953)开创了对领导者行为的系统研究,即管理者在履行其领导职能时所从事的一类活动,特别是作为一名优秀管理者应该参与的一类行为。Fleishman 提出了领导力的双因素行为理论,指出所有的领导行为都可以描述为任务导向或关系导向。他将第一个因素称为**定规**,第二个因素称为**关怀**。定规旨在成功完成分配的工作项目,包括明确角色和职责、计划、监控进度、管理时间和资源等行为。关怀旨在支持下属的幸福感,包括关心下属的感受、表现友好、在困难时刻支持他们等行为。

　　Yukl(2002)提供了一种更精细的领导行为分类。该分类包括 14 种领导者行为：1. 计划和组织；2. 解决问题；3. 明确角色和目标；4. 通知；5. 监控；6. 激励和鼓舞；7. 咨询；8. 授权；9. 支持；10. 发展和指导；11. 管理冲突和团队建设；12. 人际关系；13. 认可；14. 奖励。对此可以通过参考 Fleishman(1953)的定规和关怀因素进行广泛地解释，但要注意。Yukl 分类系统中的行为 1—6 以及 8 似乎只对应定规；行为 11 和 12 似乎只对应关怀；其余的似乎是定规和关怀的混合体。例如，咨询既有把工作做好的功能(定规)，也有让下属感到被重视的功能(关怀)。同样，发展和指导既可以提高未来项目的表现(定规)，也可以让下属觉得他们值得投资(关怀)。最后，即使是那些明显属于定规因素的领导行为也包含关怀因素的成分。例如，如果一个管理者不与下属互动并提供(明确或含蓄的)个人反馈，就无法监控下属的工作进度；因此，下属可以通过不同的方式感知监控，从权力的控制使用到有趣和激励的交流。总而言之，每一种领导行为都不同程度地暗示着一种定规和关怀的结合。

　　看到 Yukl(2002)的分类，人们自然会得出这样的结论，管理是一项复杂的工作，许多管理者必须完成所有 14 种行为任务，并且每次他们都要表现出这些行为。Amabile 及其同事(2004)指出了另外一个复杂的问题：管理者作出必要的领导行为可能是无效的，有时甚至弊大于利。因此，他们确定了领导者行为可能失败的 3 种方式：(一)在下属期望的情况下没有表现出所需的领导者行为(例如，未能及时提供需要的信息)；(二)本质上是消极的(例如，严厉)；(三)做得不好(例如，在明确目标时不清楚)。当然，一个领导者的行为是否真的是错误的，最终取决于它是否会让目标下属感到不舒服。Amabile 及其同事提供了证据，根据下属在当天结束日记中对事件的描述，可以将领导者行为分为"好"或"坏"。从下属角度看，一个良好监控的例子是"接到正在意大利的艾伦(团队领导)的电话，只是检查一下事情，并对进展情况给予鼓励，说我们正在做正确的事情"(p.17)，而一个糟糕监控的例子是"(我的组长)今天早上提到，他想在今天某个时候和我一起看我的展示报告——再一次——他需要掌控一切！！"(p.19)。总之，为了理解优秀管理者和差劲管理者的区别，我们需要探究他们下属的**内在工作生活**。

内在工作生活、进步定律和积极团队领导

　　Amabile 和 Kramer(2011)对美国公司的团队进行了一项独特的纵向研究。他们从 3 个行业(消费品、化工和高科技)的 7 家公司中挑选了 26 个项目团队，这是因为，根据公司高层管理人员的说法，创造力在团队项目中既是可能的，也是可取的。每个团队的大部分成员都把团队的项目作为他们的主要工作任务。团队成员共计 238 人。所有团队都有一名管理层指定的主管，同时他也是团队的活跃成员。从项目开始到结束收集数据，平均为 123.7 天，范围是 57—256 天。在项目的整个过程中，参与者每天都要完成一份日终日记，要求他们自由报告当天与项目最相关的事件，描述他们在这个项目上的工作，他们自己对这个项目的感受，以及队友对这个项目的感受。丰富的文本数据，加上针对个人和团队特征的大量标准化定量测量，使研究人员可以对来自每个团队不同成员的信息进行三角化，从而深入了解导致一些团队奋斗而另一些团队挣扎的复杂日常动态。

　　Amabile 和 Kramer(2011)提出了团队项目工作中个人表现的动态模型，他们称之为

内在工作生活流。该模型假设,每个工作日的个人表现取决于工作日事件。工作日事件会影响人们对组织、管理者、正在完成的工作以及工作完成程度的看法,并促进积极或消极的情绪。感知和情绪相辅相成,并且相互影响;例如,积极的领导行为可以促进积极情感,反过来又可以促进下属对管理的积极评价。感知和情绪共同影响工作动机,包括目标的确定、追求目标的决心以及追求的方式。最后,整个工作日的内在生活——包括工作日中生活的感知、情绪和动机——决定了那一天的个人表现。

　　一个工作日的良好表现如何演变成长期的良好表现?通过关注一个展现出非凡韧性和表现的特定项目团队,Amabile 和 Kramer(2011)发现在团队项目中日复一日地取得真正的、有意义的进展能够促进长期表现,通过增强与工作相关的情绪、对团队和组织的感知,从而提升工作动机,并创造体现**进步定律**的良性循环。进步定律本质上是指不间断的、循序渐进的进步滋养着内在工作生活,这反过来又促进更多的进步,从而导致螺旋式上升。这种感知或进展包括突破、小胜利、目标完成以及面向目标完成的明显进展。在工作日中可能会有很多不同类型的积极事件;但进步定律指出,只有在团队项目工作中取得了真正有意义的进步,才能提高长期表现。归根结底,重要的是进步,而不仅仅是愉悦的情绪。

　　Amabile 和 Kramer(2011)研究了工作中的积极和消极事件对内在工作生活和表现的影响,并且发现了一个显著的不对称性:相比进展事件对内在工作生活的促进,挫折对内在工作生活的阻碍更强大,影响更持久。挫折如何影响内在工作生活?研究参与者的一篇日记足以描述其影响:

> 我不明白为什么研发部门扼杀了我这么多的项目,而我却被认为是以新产品开发来评价的!迪恩·费舍(研发副总裁)在几周前批准我的新搅拌器之前,已经把它取消了 3 次。非常矛盾的目标,导致我们开始、停止、重新开始等等。

> (Amabile & Kramer,2011,p.101)

显然,团队领导应该对这样的挫折及时采取行动,以防止与进步定律背道而驰的恶性循环,但 Amabile 和 Kramer 发现,很少人这样做,做得好的就更少了。

　　团队领导应该做些什么来保持他们的团队朝着实现目标的道路持续前进?Amabile 和 Kramer(2011)将好的团队领导者行为分为**催化剂**和**滋养品**。前者包括支持项目的领导行为,而后者包括支持项目工作人员的领导行为。催化剂包括:(一)制定清晰的短期目标和长期目标,包括工作的方向和意义;(二)允许自主,旨在支持内在动机和创造力;(三)提供资源;(四)给予足够的时间来完成工作(但不是太多时间);(五)在需要时协助工作;(六)从问题和成功中学习;(七)让想法在团队中自由流动。滋养品包括:(一)尊重人,(二)鼓励人,(三)通过承认人们的消极和积极情绪来给予情感支持,(四)与人建立联系,当人们在遥远的地方工作和交流时,这一点尤为重要。

　　总之,Amabile 和 Kramer(2011)的研究发现,推动个人对团队项目做出贡献的是团队成员的内在工作生活。此外,研究还发现,内在工作生活遵循进步定律,团队领导者通过提供催化剂和滋养品,在促进个人和团队持续进步方面发挥着根本作用。Amabile 和 Kramer 的研究的独特贡献在于,它验证了某些类别的领导者行为不是因为它们固有的优点，而是因为它们特别促进了团队成员的内在工作生活，并通过进步定律促进了个人和团队的表现。

情感-创造力枷锁中缺失的螺栓：消极情绪

本节回顾的研究指出，在从事工作活动时体验到的积极情绪通常有助于更好的表现，特别是提高创造力。这与第二章（情感的起源和结果）中所回顾的 Amabile 及其同事（2005）的研究一致，该研究发现，在任何一个给定工作日中所体验的积极情感会导致在下一个工作日中完成更多的创造性工作。这也符合在第二章（情感的双重本质：进展的信号和原因）中所回顾的 Rogaten 及其同事的研究结果（出版中），大学生在学习中的积极情感预测了更好的期末成绩，该研究在统计上控制了他们在上一学期获得的成绩。最后，这与在实验环境中操纵情绪的研究一致，发现诱发的积极情绪会导致更灵活的思维（Hirt et al.，1997），在言语任务中更不寻常和更原创的词汇联想（Isen, Daubman, & Nowicki，1987），以及在短期实验随访中更多的发散思维（Vosburg，1998）。总之，纵向研究和实验研究都支持积极情感促进表现和创造力这一假设。

那么消极情绪呢？本节回顾的研究表明，真实的工作环境不是天堂（你的工作环境和我的工作环境显然是两个例外）。问题出现在与同事和管理者的直接互动中，出现在与其他公司竞争或市场下滑而无法解决问题中，出现在组织中不同层级管理者之间的冲突中。所有这些因素都意味着员工在他们的日常工作中必然会体验到消极情绪。回顾的研究指出，消极情绪对工作表现会产生有害影响，有时甚至会让创造性工作变得不可能。然而，好的管理能够在一定程度上滋养并影响员工，使他们能够克服消极情绪，并在日常工作中保持投入和效率。总的来说，回顾的研究支持了消极情绪阻碍表现和创造力的假设，即使是最好的管理也只能抵消消极情绪的负面影响。消极情绪真的对工作中的表现和创造力没有任何积极影响吗？

我们在前几章回顾的研究为答案提供了线索。第三章（社会情境中的创造性自我）回顾了 Getzels 和 Csikszentmihalyi（1976）的研究，表明问题发现是任何创造性努力的必要组成部分。问题发现始于对某一特定活动领域中当前工作方式的不满意，并以确定问题为结束。例如，银行家可能会发现某个内部程序会导致银行不必要的利润损失。无论是问题的发现，还是积极寻找问题的前一阶段，都必然会引发一些消极情绪。此外，第三章（社会情境中的创造性自我）回顾了 Kuhn（1969）的科学发现与创新的历史重建，表明为了获得成功，发现者通常需要忍受漫长而黑暗的时期，他们在这段时间里一直要面对来自同行的否认和反对，直到他们的新想法被视为创新。在这一点上，我们也在第四章（大五人格和创造性成就）中看到，最具创造力的科学家和艺术家往往在大五人格的宜人性特质上得分很低，在尽责性上得分偏低，这种组合使他们有点"冷酷无情"，因此更能对抗同行的反对。总之，对于任何真正的创造性努力来说，消极情绪似乎都是"必要之恶"，而承受消极情绪的能力和意愿对成功至关重要。

有没有可能消极情绪实际上助长了问题发现和探索？有趣的是，这种情况似乎发生在热门电视剧《豪斯医生》的主角豪斯医生身上。每一集都遵循同样的两步脚本。第一步，一旦同事们同意并确定了诊断结果，豪斯医生就开始证明他们是错的；他这样做似乎是受消极情绪和羞辱他们的欲望所驱使。第二步，当他收集证据证明同事们的最初诊断不成立时，豪斯医生确定了一种可能的替代诊断并开始跟进；他这样做似乎是受到积极情绪和找出真相的欲望所驱使（尽管他似乎不太同情即将被诊断的患者）。如果这是对现实生活的描述，当必须识别和确定一个问题时，消极情绪会在努力开始时促进表现和创造力，而当确定的问题经过现实检验并寻求解决方案时，积极情绪会在努力的后续阶段促进表现。豪斯医生效应能否从理论上定义并进行实证检验？有两项研究与此相反，认为消极情绪在创造性工作的生成过程中发挥着特定而关键的积极作用。

Martin 和同事（1993）提出了**心境输入模型**，假设心境以微妙的相关方式影响任务动机。一般来说，Martin 及其同事认为，当人们处于积极心境时，他们倾向于启发式地处理信息，而当他们处于消极心境时，他们倾向于系统地处理信息。因此，人们在消极心境下往往比在积极心境时更善于分析。然而，Martin 及其同事认为，心境对信息加工的影响不是直接的，而是通过人们对自己心境的解释来调节的。在任何以目标为导向的活动中，有两个关键问题决定了是否以及如何继续该活动：（一）我是否实现了目标？（二）我喜欢这个活动吗？如果提出第一个问题，处于积极心境的人比处于消极心境的人更有可能回答"是"，因此信息处理的系统性较差，甚至完全停止活动。如果提出第二个问题，积极心境的人比消极心境的人更有可能回答"是"；此外，如果他们将自己的积极心境解释为他们正在享受活动的标志，那么积极心境的人比消极心境的人更有可能系统地处理信息，从而在活动中坚持时间更长。

Martin 及其同事（1993）在两个实验中验证了他们的假设。在实验 1 中，研究人员向被试展示了一系列行为来形成一种印象，并要求他们在觉得自己已经获得足够信息时停下来（在这里，实验者的目标是引出"我实现我的目标了吗？"这个问题）。正如预期的那样，积极心境的人普遍比消极心境的人停得更早。在实验 2 中，要求被试自由地生成一份鸟类名称列表。在第一个实验条件下，告诉被试在当他们认为"现在是停止的好时机"时停下来（为了引出"我实现我的目标了吗？"这个问题）。在第二个实验条件下，告诉被试在他们"想要停止"时停下来（这是为了引出"我喜欢这个活动吗？"这个问题）。正如预期的那样，在第一种情况下，积极心境的人比消极心境的人停得更早，而在第二种情况下停得更晚。总而言之，积极心境和消极心境都可以促进系统的信息处理和为实现目标而做的努力，但它们是在不同的情况下进行的，这取决于采用两个关键的"停或走"规则中的哪一个，以及人们如何根据所采用的规则来解释自己的心境。

基于心境输入模型，在哪些情况下积极情绪和消极情绪有可能促进工作表现？一方面，当任务中固有的停或走规则是"我喜欢这个活动吗？"这一问题的答案时，积极情绪会促进表现，员工回答"是"，并且他或她将自己的积极心境解释为任务令人愉快的信号。在这种情况下，员工更有可能系统地处理信息，并为了活动本身而坚持追求。另一方面，当任务中固有的停或走规则是"我实现我的目标了吗？"这一问题的答案时，消极情绪促进表现，员工回答"不"，他将自己的消极心境理解为目标没有实现的信号。在这种情况下，员工更有可能系统地处理信息，并坚持追求目标直到有希望为止。

既然两者都是有用的，那么为了促进工作中的创造力，将积极情绪和消极情绪结合起来的最佳方式是什么呢？我们已经在第二章（积极和消极情感）中看到，尽管在某些情况下有可能同时体验到积极和消极情绪，但一般来说，在任何给定的时刻，积极和消极情绪都相互抑制，所以情绪的时刻变化类似于钟摆运动，积极情绪和消极情绪交替出现。因此，积极和消极情绪的最佳组合几乎不可能是一个恒定的中性状态。通过排除，如果有一种将工作中的积极情绪和消极情绪结合起来的最佳方法，那么它应该是一个工作阶段的最佳顺序，在这个阶段中，一个人主要经历消极情绪，然后是主要经历积极情绪的工作阶段。

Bledow 及其同事（2013）开发并测试了一种具体的情绪状态最佳转换模型，灵感来自凤凰涅槃，这是神话中一种色彩斑斓的鸟，燃烧成灰烬，然后又从灰烬中诞生，并且无限重复这个令人震惊的生死循环。他们的模型基于这一基本假设：积极情绪促进工作中的创造力，并且聚焦于一个工作日经历的情绪对当天（时间 1）以及第二天（时间 2）工作中创造力的影响。在这样的情况下，他们提出了两个新的假设。

首先，他们承认在时间 1 经历的消极情绪会阻碍时间 1 的创造力，因为它将注意力缩小到手头问题的细节上，促进了缓慢的分析思维，因此很难找到解决问题的新方法。然而，他们认为消极情绪有助于建立关于问题的不一致信息的知识结构。这种在时间 1 建立起来的知识结构，在某些情况下，通过加强时间 2 的积极情绪与时间 2 的创造力之间的联系，能够促进时间 2 的创造力。因此，时间 2 的积极情绪更有可能产生新的心理联想，这些联想具体是关于时间 1 所建立的问题的不一致信息的结构，而员工则受到消极情绪的驱动。因此，他们假设，时间 1 的消极情绪将会调节时间 2 的积极情绪和时间 2 的创造力之间的联系，这样，时间 1 的消极情绪越高，时间 2 的积极情绪和时间 2 的创造力之间的联系就越强。

其次，他们认为，一旦关于问题的不一致信息的结构建立起来，消极情绪将不再对寻找创造性解决问题的方法有用。尤其是，持续加剧的消极情绪会破坏从积极情绪到创造性解决问题的认知过程。因此，他们假设，从时间 1 到时间 2 消极情绪发生的变化，将会调节时间 2 的积极情绪和时间 2 的创造力之间的联系，这样，消极情绪下降越多，积极情绪和创造力之间的联系就越强。

这两个调节假设共同捕获了一种内在状态变化的模式，Bledow 和同事（2013）称之为**情绪转变**。情绪转变开始于消极情绪的增强，结束于积极情绪的增强和消极情绪的降低。这个过程开始时的积极情绪有利于创造力，但真正重要的是，从这个过程开始到结束时发生的积极情绪增长和消极情绪降低。Bledow 及其同事在一项纵向实地研究中发现了支持研究假设的证据，在该研究中，在一周工作日的开始和结束时测量了参与者的情绪和自我报告的创造力，在一项诱发情绪转变的实验研究中也发现了证据。虽然还处于初步阶段，但研究结果支持了这样一种观点，即消极情绪不仅是"必要之恶"，还是工作中创造力的关键因素。尤其是，消极情绪似乎对创造力没有直接影响，但它们似乎通过激活能够促进创造力的自我调节过程而产生了间接影响。

父母教养、师生关系和儿童—其他关系

幸福感指标

教养和教学有一个共同的重要目标：促进儿童的心理成长和社会化，使他们心理健

康、有能力、参与社会和有责任感以及有韧性，并拥有整体高水平的幸福感。因此，好的和坏的教养或教育的区别，最终只有在孩子长大成人后才能看到。还有一些积极发展的中间指标，如儿童在学校的表现如何，他们是否参与危险或社会越轨行为。

本节将首先考虑一个终点指标——青少年时期的创造力，和一个中间指标——课堂活动的参与度。青少年的创造力——或者更准确地说，潜在的创造力，是实现幸福感的关键指标。孩子积极参与课堂活动，将动力引导到学习中，最终会使能力得到发展并取得好成绩；因此，课堂参与可以看作是实现幸福感的一个指标。

本节将重点关注儿童生活中一个研究较少，但实际上很重要的领域：他们在结构化课外活动中与同伴和导师的互动，例如运动和集体宗教活动，这些通常在放学后进行，并且没有父母的直接监督。这种经验的"世界"介于父母教养和上学之间，可能对孩子的幸福感有着独立的影响。我们还会考虑一个新的幸福感指标：课外活动在多大程度上促进了发展的（例如积极的）和消极的经验。

积极教养

Rogers(1954)提出了一个关于童年时期自我发展以及父母和导师如何影响自我发展的综合理论。在童年早期，自我成为**现象领域**的一个独立部分，也就是说，持续的感知流。自我诞生之时，孩子就会发展出一种持续一生的积极关注需求，并且总是潜在地和与自己感受保持联系的需求相冲突。Rogers假设，如果在亲子互动中出现系统性问题，那么对积极关注的需求就会变得太过重要，并导致孩子在成年后形成否认和情感扭曲的系统模式。

亲子互动的关键结构是区分接受的、民主的父母态度和拒绝的、专制的父母态度。一方面，民主的父母为孩子的行为建立一套广泛的规则，用奖励和表扬而不是惩罚来严格执行规则，在规则的边界内建立一种自由、非强制性的氛围（这样，孩子就有了自主的行动空间），充分认可孩子的权利和意见，从而接受孩子作为一个人，并给予孩子无条件的积极关注，即与孩子行为有多顺从无关的一种完全积极的评价。在这种理想的情况下，每当孩子违反了既定的规则，这种具体的行为将会受到谴责，但对孩子整体的积极关注不会受到质疑。例如，民主的父母会说"你的行为是坏的"或"你做了错事"，而不是"你不好"或"你有问题"。另一方面，专制的父母建立了一套不完整和模棱两可的规则，只是偶尔且不一致地执行规则，使用惩罚而不是奖励和表扬，在孩子的所有行动领域内建立一种强制的氛围（这样，孩子没有自主的行动空间），把孩子看作是一个不完整的人，没有有意义的观点，不享有表达和决策的权利，并且有条件的给予孩子积极关注，看孩子是否按照父母想要的方式行事。

有条件的积极关注有什么问题？Rogers认为，有条件的积极关注是有害的，因为它会导致对价值条件的理解（学习），也就是孩子被爱的条件，比如"如果我在学校表现好，我就值得被爱"。反过来，无论是暗含地还是受到惩罚后，孩子都会形成自己不值得被爱的条件作用，比如（对女孩来说），"如果我和男孩一起踢足球，我就不值得爱"。通过这个过程，孩子通过自我反省评估将父母认为值得和不值得的东西**摄入**，并成为孩子自己的判断。这种现象的发生开始分裂出值得的经验方面和不值得的经验方面，自我开始分裂成有价值的方面和不值得的方面，而自我不值得的方面开始被否认或扭曲，与价值条件冲突的经验被否定或扭曲，随之而来的是自我不协调。总之，童年时期接收到大量有条件的关注导致成年后心理健康衰弱。

综上所述，民主教养的特点是支持自主、结构化和无条件的关注，而专制教养的特点是控制、缺乏结构和有条件的关注。罗杰斯预测，民主的教养方式会使孩子获得健康的心理发展，包括自我实现、自我和谐、自我一致、缺乏防御性以及有创造力，而专制的教养方式会导致孩子出现不健康的心理发展，包括缺乏自我实现、自我不和谐、自我不一致，防御性和缺乏创造力。

Harrington、Block 和 Block(1987)对罗杰斯(1954)的这一预测，即民主的教养方式促进创造力，在加利福尼亚州 106 名 3—4 岁儿童的样本中，采用纵向研究设计进行了验证。他们用两种方法评估了每个孩子父母双方的育儿态度和做法。首先，母亲和父亲分别回答了一份问卷，其中列出了 91 个育儿实践项目；在表 7-1 的上半部分显示了被一致认为是罗杰斯创造力培养环境中最典型的一组项目。大约 1 年后，在一名观察员在场的情况下，要求父亲和母亲分别教他们的孩子一连串的两项聚合思维任务和两项发散思维任务，在教学结束后，观察者立即对父母-老师在 49 个教学策略项目上进行打分；在表 7-1 的下半部分显示了被一致认为是罗杰斯创造力培养环境中最典型的一组项目。然后，将自我报告和观察者的数据相结合，得出了每个孩子母亲、父亲以及两者结合的创造力培养育儿指数。最后，在评估了父母育儿做法后的 7—11 年，学校老师和考官在青少年早期对孩子们的创造力潜能进行了综合评估。

表 7-1　育儿实践自我报告项目和教学策略评分项目，被一致认为
是罗杰斯创造力培养环境中最典型的一组项目

测　　量	项　　　目
育儿实践自我报告项目	■ 我尊重孩子的意见，并鼓励他表达出来 ■ 我觉得一个孩子应该有时间思考，做白日梦，甚至闲逛 ■ 我让我的孩子为他/她自己做很多决定 ■ 我和我的孩子在一起度过了温暖、亲密的时光 ■ 我鼓励我的孩子充满好奇心，去探索和质疑事物 ■ 我确保我的孩子知道我很欣赏他的努力或成就
教学策略评分项目	■ 父母鼓励孩子 ■ 父母是热情和支持的 ■ 父母以提高自我的方式对孩子做出反应 ■ 孩子似乎很喜欢这种情况 ■ 成年人与孩子在一起时获得快乐 ■ 父母对孩子给予支持和鼓励 ■ 父母表扬孩子 ■ 父母能够与孩子建立良好的工作关系 ■ 父母鼓励孩子独立进行任务

资料来源：改编自 Harrington et al., 1987。

Harrington 及其同事(1987)发现，青春期的创造力潜能与父母的育儿指数($r=0.46$)、母亲的育儿指数($r=0.44$)和父亲的育儿指数($r=0.38$)均相关。此外，回归分析显示，在控制了性别、学龄前一般智力和学龄前创造力潜能后，父母在学龄前阶段的育儿行

为预测了其孩子青春期的创造力潜能。总之,这些发现完全支持罗杰斯的预测,即民主的教养方式促进儿童创造力的发展。

积极教学:自主和结构

前一节中指出,积极教养需要为孩子提供自主和结构支持。这同样适用于积极教学吗? Jang、Reeve 和 Deci(2010)调查了教师是否需要为孩子提供自主和结构的支持,以促进孩子参与学习活动。他们使用训练有素的观察员对美国中西部公立高中的 133 名教师的教学风格以及 2 533 名学生在课堂教学中的参与行为进行了评估。自主支持的教学风格通过以下 3 类行为来实现:(一)培养学生的学习动机(例如,激发兴趣和挑战感,而不是使用激励和寻求顺从);(二)避免使用控制性语言(例如,提供选择而不是陈述"必须");(三)承认学生的看法和感受(例如,接受消极情绪的表达而不是禁止它)。教学风格的结构程度通过以下 3 类行为来实现:(一)明确学习活动的目标和方向;(二)为学生实现既定目标提出策略和计划;(三)提供建设性的反馈,以帮助学生发展能力并获得好成绩。最后,使用 6 个行为指标来操作化整个课堂的学生集体参与:(一)注意;(二)努力;(三)口头参与;(四)坚持;(五)积极情绪;(六)声音。学生们的集体行为参与与教师提供的自主支持($r=0.70$)和教师提供的结构($r=0.76$)均显著相关。此外,回归分析显示,教师提供的自主支持和教师提供的结构都预测了学生集体行为参与中的独特差异部分。总而言之,这些发现为积极教学需要为孩子提供自主和结构支持这一广泛假设——可以追溯到罗杰斯的理论——提供了充分支持。

课外活动:发展的和消极的体验

除了上学或与父母和兄弟姐妹在一起,儿童和青少年还能做些什么? 除了独处和与朋友出去玩,他们通常会参加一项或多项结构化的课外活动,比如练习运动或参加宗教团体活动。结构化的课外活动,通常被看作是提供独特发展机会的学习环境。但是,所有的课外活动都能提供这样的机会吗? 如果您已经为您的孩子选择了一项课外活动,您遵循了哪些指导原则? 如果您仍然需要做出选择,您将如何在您社区的众多可选活动中选择一个呢? 一项研究通过评估儿童在参加特定类别的课外社区活动时的发展经验和消极经验来解决这个问题。

Larson、Hansen 和 Moneta(2006)以来自美国伊利诺伊州 19 所高中的 2 280 名 11 年级学生为样本,实施了一份电子版的《青少年活动清单》和《青少年经验调查问卷》(YES2.0; http://youthdev.illinois.edu/yes.htm)。就人口统计数字而言,该样本具有当时美国年轻人的代表性。在调查的第一步,青少年活动清单给学生们提供了一份包括 67 种活动的列表,这些活动分为六大类:运动、表演和美术、学术俱乐部和组织、面向社区的活动(例如,男童子军和女童子军)、服务活动,以及基于信仰的青年团体,要求他们在列表中勾选在过去 3 个月中做过的所有活动。在调查的第二步,要求参与者仅对其中两项勾选活动完成 YES 2.0 调查。YES 2.0 包含 70 个问题,涉及个人发展经验的 3 个领域、人际发展经验的 3 个领域和消极经验的 5 个领域,如表 7-2 所示。要求学生们按照 1(一点也不)到 4(是的,肯定)的 4 点量表对每个问题进行评分。这种方法可以对 11 个 YES 2.0

体验领域中每一个领域的 6 类课外活动进行比较；这样就可以将这 6 种活动按照"积极性"和"消极性"进行排序。

表 7 - 2　《青少年经验调查问卷》(YES 2.0)所衡量的课外活动的经验类型和领域

经 验 类 型	经 验 领 域
个人发展	■ 认同努力 ■ 主动性 ■ 情绪调节
人际发展	■ 团队合作和社交技能 ■ 积极关系 ■ 成人人际网络和社会资本
消　极	■ 压力 ■ 不适当的成人行为 ■ 消极影响 ■ 社会排斥 ■ 消极群体动力学

资料来源：改编自 Larson et al.，2006。

Larson 及其同事的研究(2006)产生了 3 个关键的发现，每一个都在统计上控制了性别、种族、社会经济地位和地区：

（一）相比 6 项课外活动的平均分数，参加学校课程在所有领域（尤其是在情绪调节领域）的个人和人际发展经验水平较低，而在压力领域的消极经验水平较高；因此，与一般的课外活动相比，学校课程总体上显得不那么"积极"，而更"消极"。

（二）相比其他 5 项课外活动的平均分数，参加基于信仰的青年团体在所有领域（特别是积极关系）的个人和人际发展经验水平较高，而在压力领域的消极经验水平较低；因此，在 6 项课外活动中，基于信仰的青年团体似乎总体上最"积极"而最不"消极"。

（三）相比其他 5 项课外活动的平均分数，运动参与在所有领域都产生了较高水平的个人和人际发展经验，但在压力和社会排斥方面的消极经验水平较高；因此，运动似乎是 6 项课外活动中总体上最"混合"的（即，同时最"积极"和最"消极"）。

从表面上看，这些研究结果表明学校做得不好，运动是危险的，基于信仰的青年团体是"灵丹妙药"，也就是说，它提供孩子们需要的所有营养以及对他们可能遇到的发展问题的全面补救措施。根据这个推论，人们可以简单地让孩子们参加基于信仰的青年团体活动，让他们远离学校和运动。这种看似合乎逻辑的推理有什么问题？首先，它的集体最终结果肯定不是 McClelland(1961)所认为的"成就社会"。其次，它完全无视"不劳而获"的原则。Larson 及其同事(2006)研究的主要优势在于，它迫使我们提出一些关键问题：消极经验都是"消极的"吗？还是说一些消极经验是"积极的"，因为它们给孩子们提供了对现实生活中挑战的预期，以及积累个人资源和产生克服挑战的韧性的机会？更确切地说，通往成人幸福感的道路是否需要发展和"消极"经验的最佳组合和交替？因为 Larson 及其同事(2006)只在此时此刻评估了经验的"积极"和"消极"，所以他们的研究无法回答那些精妙的纵向问题。

未来研究方向

综合本章几个观点,在此提出五个需要讨论和实证研究的广泛问题。

1. 超越单一的浪漫关系

总体而言,对浪漫关系的研究还处于起步阶段。研究者们主要关注影响关系幸福感的因素及其对整体主观幸福感的影响,而且大多数集中在此时此地。然而,大部分人在他们的生活中会有各种各样的关系,有时是顺序发生的,有时是同时发生的,或者部分重叠的。最重要的是,大多数二元浪漫关系在伴侣中的一方去世之前就结束了,并且有些人的恋爱履历比他们的官方简历还要长得多。因此,关于关系的动力、顺序和长期影响,许多问题仍未得到解答。例如,从长远来看,特别是在一段关系结束之后,爱情的成分如何影响主观幸福感和心理幸福感?谁的境遇更好,是追求激情之爱的人,还是追求伴侣之爱的人?更广泛地说,从长远来看,那些在多重关系中享有激情之爱的人会比享有伴侣之爱的人更幸福吗?反之亦然?这些以及许多其他有趣的问题仍等待着答案。

2. 量身定制的人-环境匹配

对学生和员工的研究似乎暗含了这样的假设,即只有一条最佳的学习、参与和表现路径,对每个人都同样有效。这种观点忽略了一个问题:用于检验环境因素和个体幸福感指标之间关系假设的各种模型通常只能解释个体幸福感指标中相对较小百分比的方差,因此只适用于普通人。因此,最佳学习和最佳工作可能需要个性化的最佳路径。例如,如果给予一些学生高度的自主和较低的结构,他们是否对学习材料投入最大,而给予另一些学生较低的自主和高度的结构时,他们的投入最大?出于同样的原因,是否有些员工需要团队领导提供大量的催化剂和滋养品来维持积极的内在工作生活,而另一些人则会因为团队领导提供大量支持而感到有些窒息?尤其是,是否有一些更积极、更自主、更有创造力的个体将高结构和高支持视为填鸭式的喂养,因此,当结构和支持较低甚至没有时,他们反而发挥得更好?未来的研究应该调查"积极"环境因素的"积极性"上的个体差异,以便确定量身定制的人与环境匹配。

3. 进步定律与巡航控制模型

一方面,进步定律指出,每个工作日体验到有意义的积极情绪会促进工作投入和表现。另一方面,巡航控制模型(我们在第二章[情感的起源和结果]中回顾过)指出,如果人们在努力中取得快速进展,他们将体验到积极情绪并减少努力。因此,这两个模型对工作中的积极情绪和工作投入之间的关系做出了相反的预测。然而,Carver 和 Scheier (2000)认为,人们有时通过**重新校准**实现他们认为满意的目标的进度来避免"滑行"。例如,如果你今天的工作进展很快,你可能会在明天的工作中设定一个更快的标准:这使得你在明天更难体验到积极的情绪,从而保持你实现目标的动力。虽然重新校准的概念减少了进步定律和巡航控制模型之间的冲突,但未来的研究应该明确这两种模型适用的条件。

4. 消极情绪和消极经验在促进个人成长和幸福感方面的作用

我们已经看到，Bledow 和同事（2013）开发了工作中创造力的情绪转变模型，这指出了在最初解决问题的过程中经历的消极情绪所起的重要作用：这些消极情绪似乎推动了关于问题的不一致信息的知识库建构，这些信息在随后的阶段中可以为积极情绪所驱动的创作过程提供养分。我们还看到，Larson 及其同事（2006）发现，运动作为一种课外活动，往往会在年轻人身上引发发展和消极的经验。由于普遍认为运动为个人成长提供了独特的机会，人们自然会怀疑这些"消极"经验是否在所有情况下都是消极的，或者在某些情况下，它们是否有助于增强韧性，从而最终是"积极的"。最后，我们没有看到任何关于消极情绪在浪漫关系中可能有用的说明。这就提出了一个问题：关于浪漫关系的研究是否过于乐观和纯化，而忽视了两个打算共同生活的成年人之间坦率、直接、但文明的对抗中所固有的潜在好处。总之，无论情境是恋爱、工作还是学校，一个等待答案的关键问题是，消极经验和消极情绪是一种必要之恶，还是深厚的、满意的、成功的关系的关键要素。

5. 支持情绪自我调节的类特质变量的作用

我们在第五章（情绪的自我调节）中回顾了一组构念——注意控制、正念、元情绪和元认知，它们代表了趋同但又有点不同的类特质特征，使个体能够自我调节在挑战性环境中体验到的消极情绪，甚至将其转化成促进问题解决和取得成就的机会。结合前面的观点，如果消极情绪有助于发展更好的关系，那么自我调节消极情绪的能力和意愿应该是最重要的。未来的关系研究应该评估正念和适应性元认知是否以及在多大程度上促进了情绪转变，Bledow 及其同事（2013）认为这是在工作中取得创造性成就的黄金路线。

自我发展和理解练习

这是一个小组练习。任务是对一个简单的问题，即促进一个国家的生活满意度，进行讨论并达成共识。作为一个小组，你们就是你们所居住国家的政府。为了使这项练习更加真实，你们现在应该决定谁将扮演总理（或总统）的角色，谁将扮演内政、教育、医疗、社会保障、司法等关键领域的部长（或秘书），这取决于你们的人数。

你们的任务是提出一项政府战略，以促进你们同胞的整体生活满意度。找出贵国所面临的主要问题，特别注意经济趋势。你们的国家这些天是越来越穷还是越来越富？你们预期贵国经济在未来两年内会如何发展？根据这一评估，你们应该决定在公众演讲、宣传册、广告以及公务员与公众互动中向民众传达什么信息。换言之，你们将如何改善以机构和为其工作的公务员为代表的国家与公众之间的关系，以提高人们的生活满意度？

特别是，请在小组讨论时考虑以下要点。我们在第三章（自我构念和自我过程的跨文化差异）中已经看到，如果一个国家的经济状况不佳，集体主义就会变得更加突出，人们会在评估自己的整体生活满意度时使用更多的互依自我构念；相反，如果经济运行良好，个人主义就会变得更加突出，人们会使用更多的独立自我构念。这意味着，当经济状况不佳时，国民满意度更有利于生活满意度，因此，前者的改善可能对在纳税期维持同胞的生活满意度非常有用。那么你们将如何提高国民满意度呢？

　　你可以通过浏览英国国家统计局的网站（http://www.ons.gov.uk/ons/guide-method/user-guidance/well-being/index）来获得一些想法。该报告概述了英国政府在首相大卫·卡梅隆的监督下进行的一项研究项目，旨在有效和可靠地评估英国的国民幸福指数。最后，如果你在网上搜索类似"国民幸福指数"这样的表述，你会在各大报纸上找到评论这一问题以及其他国家类似努力的大量文章。

推荐网络资源和拓展阅读

网站

本章中回顾的部分问卷可浏览/下载，并在你的研究中自由使用：

■《投资模型量表》（IMS；Rusbult et al.，1998）：http://carylrusbult.com/。

■《爱情三角理论量表》（TLS；Sternberg，1998）：http://articles.dailypress.com/1998-03-01/features/9802270261_1_romantic-relationship-intimacy-and-commitment。

■《青少年经验调查问卷》（YES2.0；Larson et al.，2006）：http://youthdev.illinois.edu/yes.htm。

阅读材料

■ Hendrick 和 Hendrick（2005）的书中回顾了几十年来对浪漫关系的研究。

■ Yukl（2002）的书中介绍了他的管理行为分类。

■ Amabile 和 Kramer（2011）对公司项目团队所作调查，从而确定了进步定律。

■ Bledow 和同事（2013）对工作中创造力的情绪转变模型的发展和测试。

■ Harrington 和同事（1987）对卡尔·罗杰斯的民主和专制育儿理论及其对儿童创造力影响的检验。

■ Larson 和同事（2006）关于青少年参与课外活动的发展和消极经验的研究。

第八章

积极治疗

引言

　　传统上,心理治疗是指通过心理手段治疗心理和/或情绪问题——这些问题统称为"心理障碍"——包括"来访者"和"治疗师"之间的互动。来访者是需要帮助的人,而治疗师是受过训练的帮助者。心理治疗可以看作是来访者和治疗师之间的一种结构化关系,旨在解决或至少减轻影响来访者的心理和/或情绪问题。本质上,如果在治疗之前给来访者的问题打一个负分来表示其严重程度,即偏离了表示没有心理障碍的中性点(例如,—10),那么心理治疗则寻求使该分数的负面程度降低(例如,—3)。因此,心理治疗的最大成功是将来访者的问题严重程度降低到 0。在这一点上,传统的心理治疗方法完全支持传统医学模式,根据这种模式,医学治疗的最终目标是治愈,即疾病的消失。

　　现在已经开发出大量治疗心理障碍的方法,可以简便地分为三个主要思想流派。弗洛伊德(如:Freud,1925)的精神分析侧重于无意识的性和攻击性内容,并试图通过回忆和再现对童年早期发生的事件的记忆来解决来访者当前的问题。相反,行为主义疗法(如:Yates,1970)关注的是如何通过经典或操作性条件学习来获得问题,并试图通过"忘却"(unlearning)适应不良的刺激-反应联结来解决来访者当前的问题,即通过操纵环境刺激使不想要的症状最终消失,从而使来访者"无症状"。最后,由贝克(如:Beck,1967)和艾利斯(如:Ellis,1987)开创的认知疗法(cognitive therapy,CT)专注于识别功能失调性想法,并试图通过公开面对和改变来访者的这些想法来解决他们当前的问题,以帮助他们克服症状。尽管这三种广泛的心理治疗方法在许多理论方面都有很大差异,但是它们有一个共同的假设,即心理治疗的目的是减轻来访者问题的严重程度。

　　自积极心理学诞生以来,马丁·塞利格曼经常指出,积极心理学的实际目标是促进健康和优势,而不仅仅是没有症状。从数字上讲,这意味着积极心理学不应该满足于将来访者的问题严重程度从—10 降到—3,而应该寻求一种改善,使其越过严重程度阈值 0,比如达到+5。这就提出了两个相关的问题:量表的积极范围是什么,为什么人们要在积极范围内寻求治疗结果? 对第一个问题的简单回答是,量表消极的一侧是**心理疾病**,而积极的一侧是**心理健康**。对第二个问题的简单回答是,处于量表积极侧的主要优势是,心理健康可以降低未来罹患心理疾病的风险。我们在第二章(积极与消极情绪之比)中已经预期到,Corey Keyes 提出了一个新的心理健康概念,即心理健康是一个从衰弱到丰盛的连续统一体。本章第一节更深入地回顾了心理疾病和心理健康之间的区别,并着重讨论了这两个构念之间的动态关系。

虽然积极心理学治疗的目标很明确,并且不同于传统治疗的目标,但目前还没有系统而具体的积极心理学疗法。毫无疑问,Seligman 及其合作者已经开发出了最新颖、最独特的积极心理学疗法,以美德和品格优势为目标,从而获得真实的幸福。第四章(品格优势和美德)回顾了指导干预的概念模型,旨在提高一个人的标志性优势来获得真实的幸福。本章第二节回顾了为获得真实幸福而发展起来的一些技术,并回顾了其有效性的初步证据。

我们在第二章(积极情绪的拓展和建构理论)中回顾了积极情绪的拓展和建构理论,认为积极情绪可以产生深刻而持久的治疗效果。积极情绪从来不是传统心理治疗领域的热门话题。然而,在一篇有趣的概念性论文中,Barbara Fredrickson 认为,对积极情绪的诱导和操纵发生在许多形式的传统疗法中,这可能是这些疗法有效的一个关键原因。这反过来意味着,在积极心理学作为一个独立的心理学领域诞生之前,一些积极心理学已经存在于传统疗法中。本章第三节回顾了 Fredrickson 的观点。

虽然认知疗法在心理治疗领域占据主导地位,但在抑郁症治疗中遇到的困难促使临床医生开发了两种主要的认知疗法新分支:**正念认知疗法**(MBCT)和**元认知疗法**(MCT)。前者根植于我们在第五章(正念)中回顾的正念理论,而后者根植于我们在第五章(适应性元认知和非适应性元认知)中回顾的适应不良元认知理论。这两种形式的治疗在某种程度上都可以看作是旨在促进实践智慧的干预措施,而实践智慧正如第四章(亚里士多德)所定义的那样。有趣的是,这两种疗法似乎都与认知疗法和品格优势干预的基本原则相冲突。本章第四节回顾了正念认知疗法和元认知疗法。最后一节概述了有待讨论的问题、持续的争议以及未来的研究方向。

心理疾病和心理健康

传统的心理治疗方法基于一个综合的精神疾病分类系统,这已得到美国精神病学会(1994)的《精神疾病诊断与统计手册》(DSM-IV)和世界卫生组织(2010)的《国际疾病分类》(ICD)的良好实施,二者只有细微的差别。参照这些分类系统,并借助各种标准化问卷和临床访谈协议,临床心理学家和精神病医生可以有效、可靠地确定是否存在任何心理障碍,从而确定一个人是否无障碍或受到一种或多种障碍的影响。传统的心理治疗方法以医学模式为基础,从评估心理障碍的存在和严重程度开始,其主要目标是降低影响来访者的所有心理障碍的严重程度并尽可能使其消失。总之,心理疾病的概念是明确的、可操作的。

那么,什么是心理健康呢?通过世界卫生组织的一项革命性声明,心理健康的概念正式进入医学文献:

> 心理健康是一种幸福状态，在这种状态下，个体能够认识到自己的能力，能够应付正常的生活压力，可以富有成效地工作，并能够为自己的社区做出贡献。
>
> （世界卫生组织，2005，p.2）

这一声明有 3 个显著特点：

（一）心理健康的定义没有提及心理疾病的存在与否，因此这意味着有心理疾病的同时可能心理是健康的，而没有心理疾病时可能心理是不健康的。因此，该声明主张心理疾病和心理健康的概念是相对独立的。

（二）心理健康的定义是指在积极心理学领域中提出的关于幸福感的两个主要定义：享乐幸福感（即"一种幸福状态"）和实现幸福感（即"个体认识到自己的能力，能够应付正常的生活压力，可以富有成效地工作"）。因此，通过将享乐幸福感和实现幸福感作为心理治疗的主要目标，该声明有效地革新了传统医学模式。

（三）心理健康的定义指的是实现幸福感的第三个社会成分（即"[个人]能够为他的社区做出贡献"），而在此之前，传统心理疗法和积极心理学都淡化了这一点，只有一些例外（如：Keyes，1998）。

在世界卫生组织发布了心理健康的定义之后，Keyes 及其同事着手提出了关于心理健康概念的一个综合概念模型并使其操作化，Westerhof 和 Keyes（2010）对其进行了最完整的介绍。Westerhof 和 Keyes 将心理健康定义为一个维度，具有 3 个相关但又不同的组成部分：享乐幸福感、个人实现幸福感和社会实现幸福感。根据 Diener 及其同事（1999）的研究，享乐幸福感的特点是高生活满意度、高积极情感和低消极情感。根据 Ryff 和 Keyes（1995）提出的实现幸福感模型，个人实现幸福感是指促成个人成就的最佳功能，其特征是自我接纳、与他人的积极关系、自主、环境控制、人生目标和个人成长。最后，与涂尔干和默顿等经典社会学家提出的理论相一致（见 Keyes 的综述，1998），社会实现幸福感是指促成社会成就的最佳功能，其特点是**社会和谐**（即能够理解自身所处社会的运作）、**社会接纳**（即接受他人）、**社会实现**（即对自己社区的潜力持乐观态度）、**社会贡献**（即感觉自己的努力有助于共同利益）以及**社会融合**（即感觉自己是社区不可分割的一部分）。总之，高水平的心理健康既要获得享乐幸福感，又要获得个人和社会实现幸福感。

Westerhof 和 Keyes（2010）定义的心理健康是否真的独立于心理疾病？许多研究通过对不同人口背景和文化的参与者，例如，美国成年人（Keyes，2005）、美国青少年（Keyes，2006）、荷兰人（Westerhof & Keyes，2008）和南非成年人（Keyes et al.，2008），进行两种构念的测量并分析其潜在的因素结构来解决这个问题。这些研究的结果一致证实了数据具有双因素结构，并且表明心理疾病维度的单个潜在得分与心理健康维度的单个潜在得分之间存在约为−0.5 的中等程度负相关。当然，这一总体估计需要根据特定心理障碍的性质进行评估。例如，严重的抑郁发作意味着享乐幸福感降低（例如，低积极情感）和实现幸福感降低（例如，工作效能下降和社交减弱），因此可能与心理健康有着强烈的负相关。然而，考虑到不同类型心理障碍的差异性，总体而言，心理疾病和心理健康是相对独立的维度，因此都是潜在的治疗目标。

我们已经在第二章（积极与消极情绪之比）中简要地看到，Keyes（2002）引入了心理健康的观点,认为心理健康是一个从丰盛到衰弱的连续统一体。Keyes,Dhingra和Simoes(2010)使用Westerhof和Keyes(2010)的心理健康概念化,对丰盛和衰弱的构念进行了更严密的操作。为了在心理健康上被归类于丰盛,个体必须在大多数享乐幸福感的测量、大多数个人和社会实现幸福感的测量中得分在上三分位(即人口分布的前33%),例如,如果有两种享乐幸福感的测量和11种实现幸福感的测量,那么丰盛需要至少一种享乐幸福感测量和至少6种实现幸福感测量的得分在上三分位。为了被归类为衰弱,个体必须在大多数享乐幸福感的测量、大多数个人和社会实现幸福感的测量中得分在下三分位。最后,那些既不符合丰盛标准也不符合衰弱标准的人被归类为具有中等程度的心理健康。

心理健康和心理疾病在功能上相互联系吗?尤其是,一种丰盛的心理健康状态是否可以预防未来心理疾病的发生?Keyes和同事(2010)使用纵向研究设计解决了这一问题。他们在1995年和2005年两次对1723名美国成年人的心理健康和有无心理疾病(12个月的严重抑郁发作、广泛性焦虑症和惊恐障碍)进行了评估。然后,他们根据1995年的心理健康状况及其后续变化估计了2005年患心理疾病的相对风险。相比保持丰盛状态的人(即1995年和2005年都处于丰盛状态),那些从丰盛或中等程度到衰弱的人在2005年患心理疾病的相对风险是8.2倍,那些一直保持衰弱的人是6.6倍,保持中等程度的人是4.4倍,从丰盛到中等程度的人是3.7倍,从衰弱到中等程度的人是3.4倍。有趣的是,保持丰盛状态的人与从衰弱或中等程度过渡到丰盛状态的人之间在2005年患心理疾病的相对风险没有差异。这些发现表明,心理健康可以预测未来心理疾病的发生,尤其是丰盛可以预防心理疾病,而衰弱则助长了心理疾病。总之,我们在本书中研究的内容似乎对各个方向的心理治疗师都具有深远的理论和实践意义。

幸福提升干预

我们已经在第四章(品格优势和美德)中看到,Peterson和Seligman(2004)介绍了一套全新的特质——24个品格优势组成6种美德,他们声称如果在日常生活中运用这些特质,就能促进真实的幸福。此外,Peterson和Seligman还声称,如果一个人在日常生活识别并培养自身的标志性优势——即个体拥有最多的一组品格优势——那么它们就会随着时间而改变。最后,Peterson和Seligman认为,培养自身的标志性优势将会带来更大的真实幸福。本节回顾了为培养不同类型的品格优势而开发的一些技术,以及使用这些技术对主观幸福感的影响。

培养品格优势复杂吗?Rashid和Anjum(2005;http://www.viastrengths.org/Applications/Exercises/tabid/132/Default.aspx)列出了340种可以锻炼和加强品格优势的方法。表8-1列出了一组优势的选定技术。所列技术的惊人之处在于,它们几乎对于每个人都是简单、具体和可行的。因此,不同于许多传统的心理治疗技术需要治疗师的积极参与和持续监测,优势增强技术可用于一对一心理治疗以外的干预措施,例如基于网络的干预,甚至自助实践。显然,目前还没有证据表明这340种优势增强技术中的每一种都是有效的,但对其有效性的评估仅需要简单的干预研究,因此很容易实现。

表 8-1　Rashid 和 Anjum(2005)提出的运用品格优势的一些选定技术

美　德	品　格　优　势	运　用　方　法
智　慧	■ 创造力	■ 每周至少做一次不同的、有创意的作业
勇　气	■ 勇敢	■ 提出困难的问题来帮助你和他人面对现实
仁　爱	■ 爱	■ 在一天结束的时候重聚，并讨论进展如何
正　义	■ 公民精神	■ 装饰公共场所
节　制	■ 宽恕和仁慈	■ 在原谅某人之前和之后评估你的情绪
超　越	■ 对美和卓越的欣赏	■ 让你周围的环境变得美观

Seligman 及其同事(2005)在网上对 411 名成年人进行了首次大规模随机临床试验，研究幸福感提高技术。参与者被随机分配接受 6 种治疗方法中的一种。每次治疗持续一周。第一种治疗方法是安慰剂练习，要求参与者在每天结束时写下自己的早期记忆（"安慰剂"）。第二种治疗方法是要求参与者向对他们很好但从未好好致谢的人写一封感谢信，并在 1 周内亲自送达（"感恩拜访"）。第三种治疗方法要求参与者在每天结束时写下当天进展良好的 3 件事，以及对它们的因果解释（"生活中的 3 件好事"）。第四种治疗方法要求参与者写下自己一生中处于最佳状态的一段时间，找出他们当时的优势，并每天回顾他们的故事和反思发现的优势（"巅峰的你"）。第五种治疗方法要求参与者首先通过完成 VIA-IS 来确定自己的标志性优势（Peterson & Seligman，2001），然后每天以新的方式运用其中的一个（"以新的方式使用标志性优势"）。第六种也是最后一次治疗，要求参与者只需在 1 周内完成 VIA-IS，确定自己标志性优势（"识别标志性优势"）。所有参与者在完成任务的前一周、完成之后立即，以及完成任务后 1 周、1 个月、3 个月和 6 个月完成测量幸福感和抑郁的量表。这项研究设计允许测试关于不同类型干预措施相对有效性的几种假设。

第一个也是最简单的发现是，相比测试前的基线水平，所有 6 种干预措施——包括安慰剂——在 6 个月的随访中都提高了平均幸福水平，降低了平均抑郁水平。这意味着，仅仅是参与了一项提高幸福感的研究，就会对主观幸福感产生积极而持久的影响。第二个更重要的发现是，与安慰剂相比，"以新的方式使用标志性优势"练习和"生活中的 3 件好事"练习是在 6 个月的随访中，在每个测量点上导致更高平均幸福水平和更低平均抑郁水平的唯一干预措施，因此成为研究中最有效的干预措施。第三项发现是，与安慰剂相比，"感恩拜访"练习仅在一个月的时间内就带来了更高的平均幸福水平和更低的平均抑郁水平。最后，也可以说最有趣的发现是，"以新的方式使用标志性优势"练习和"生活中的 3 件好事"练习的积极效果是通过它们的持续练习来调节的。换言之，参与者在 1 周的干预后继续实践这些练习，而这种持续实践至少在一定程度上解释了为什么这些练习在干预后的 6 个月仍然对主观幸福感有积极的影响。总而言之，如果持续进行实践，至少有 2 种提高幸福感的练习（"以新的方式使用标志性优势"和"生活中的 3 件好事"）似乎是有效的，因此可以纳入任何治疗干预措施。

随后的一项干预研究证实，提高幸福感的技术是有效的，尤其是当研究参与者承诺并在正式治疗期结束之后继续练习时。Lyubomirsky 及其同事（2011b）对 330 名美国大学生进行了一项随机临床试验。将参与者随机分配接受 3 种治疗方法中的 1 种。每次治疗持续 8 周。第一种治疗是安慰剂练习，要求参与者每周花 15 分钟回忆他们过去一周的活动（"安慰剂"）。第二种治疗要求参与者每周花 15 分钟回忆他们对曾经善待过自己的人表示感谢的事例，然后给那个人写一封感谢信，但不要寄出去（"表达感谢"）。第三种也是最后一种治疗要求参与者每周花 15 分钟想象与他们的理想自我相一致的生活——包括浪漫生活、教育成就、个人兴趣、家庭生活、职业机会、社交生活、社区参与以及健康等领域——并写下来（"表达乐观"）。所有 3 个治疗组的参与者在 8 周任务之前、完成任务之后立即以及完成后 6 个月完成衡量每周练习努力程度、幸福感、生活满意度和情感的量表。

这里有 3 个发现特别重要：

（一）相比安慰剂组，在整个 6 个月的随访中，"表达感谢"练习和"表达乐观"练习并没有显著提高幸福感、生活满意度和积极情感的平均水平，也没有显著降低消极情绪的平均水平。

（二）在为期八周的治疗期间和之后，练习任务的努力程度在整 6 个月的随访中预测了更多的主观幸福感。

（三）治疗和努力之间的交互作用几乎是显著的，这表明对于"表达感激"练习和"表达乐观"练习，努力可以预测更多的未来主观幸福感，而不是安慰剂练习。

总之，这些发现表明，为了产生持久的效果，提高幸福感的技术需要投入并不断实践，因此，可以说，不能通过一次接种就提供免疫。

积极情绪干预

我们已经在第二章（积极情绪的拓展和建构理论）中看到，积极情绪的拓展和建构理论指出，积极情绪扩大了注意力的范围，拓宽了认知和行为指令库（拓展假设），可能会通过增强认知资源产生长期影响（建构假设），并减少甚至消除负面情绪的有害影响（抵消假设）。在一篇概念性论文中，Fredrickson（2000）认为，两大类心理疗法之所以有效是因为它们可以促进积极情绪，即使这些心理疗法的支持者对其有效性持有不同的解释。

第一组包括放松疗法。这些疗法种类繁多，从传统的亚洲冥想和瑜伽练习到现代技术，如生物反馈（如：Blumenthal，1985）和自生训练（如：Stetter & Kupper，2002）。所有这些疗法的共同之处在于，它们试图引起可测量的心理生理放松反应，并用于治疗心理障碍（如焦虑症、轻度至中度抑郁、睡眠障碍）和身体疾病（如头痛、冠心病和哮喘）。这类疗法通常包括一个或多个练习：（一）肌肉放松；（二）想象宁静的风景或愉快的事情；（三）对当下体验的冥想（即正念）。对于放松疗法的有效性，主要有两种解释：

（一）放松反应与压力反应在生理上是不相容的，因此前者阻碍后者（如：Benson，1975）。

（二）放松促进正念和适应性应对，反过来又促进了对压力源更积极的重新评估，从而减少了对压力的感知。相反，Fredrickson（2000）认为，放松疗法之所以有效主要是因为它们能够促进对积极情绪的满足。因此，放松疗法被重新定义为情绪诱导技术。

　　第二组包括旨在在日常生活中寻找积极意义的疗法。这些疗法包括 3 种不同的方法,旨在治疗抑郁症和心境恶劣,这可以看作是日常生活活动中积极情感的系统性缺陷(如:Watson,Clark,& Carey,1988)。在行为主义传统中,治疗的重点是提高来访者对愉快的日常活动的参与度,如社交、锻炼和发明(如:Lewinson & Gotlib,1995)。在认知传统中,治疗的重点在于改变来访者的解释风格,从对负面事件的内部、稳定和整体的因果解释,转变为外部、可变和局部的解释风格(如:Seligman et al.,1988;另见第五章:乐观)。在现象学传统中,治疗侧重于在日常生活挑战中寻求和发现意义和目的,例如通过哲学反思和宗教探索(如:Folkman,1997)。与此相反,Fredrickson(2000)认为,所有这三种形式的治疗之所以有效,主要是因为它们可以促进积极情绪。因此,在日常生活中寻找积极意义的疗法被重新定义为情感诱导技术。

　　那么,积极情绪是治疗所有心理障碍,尤其是抑郁症的灵丹妙药吗? Fredrickson(2000)提出了谨慎的观点:"当然,暂时缓解悲伤或抑郁情绪并不足以预防或治疗抑郁症。"然而,她认为,只要一种有意义的积极情绪就可以提高一个人对未来有意义的积极事件的接受能力,这可以促进更多有意义的积极情绪,从而引发一种螺旋上升。

正念认知疗法与元认知疗法

　　世界卫生组织(2012)报告,抑郁症是所有身心疾病中导致残疾的首要原因,也是2000 年造成**全球疾病负担**(即过早死亡造成的潜在寿命损失年数和残疾造成的生产寿命损失年数之和)的第四大原因。此外,世界卫生组织(2012)认为,抑郁症在全球范围内呈上升趋势,并预测到 2020 年,抑郁症将成为全球疾病负担的第二大原因。因此,抑郁症是所有心理治疗,尤其是认知疗法(CT)的主要关注点(如:Butler et al.,2006)。

　　抑郁症的认知疗法基于贝克的抑郁认知理论(Beck,1967;Clark,Beck,& Alford,1999)。简言之,该理论假设,容易抑郁的人对自己(例如,他们认为自己是有缺陷的、没有价值的,甚至不值得爱)、他们的环境(例如,他们认为重要的他人是充满敌意、毫无帮助,甚至有害的),以及他们的未来前景(例如,他们相信自己的努力不会得到回报,因此感到无助)持有消极的信念。这些消极的信念通常形成结构化的图式,也就是说,以整合和扭曲的方式来解释现实,其特点是以消极假设为核心,一个人往往不会质疑,从而保持"原样"。消极图式被认为是通过过度概括、放大消极事件、最小化积极事件等多种过程扭曲了对日常生活事件的解释。该理论认为,消极图式是导致情绪失调、对消极事件做出不良行为以及最终导致抑郁的主要原因。因此,该理论认为抑郁症的治疗应以消极图式为主。根据贝克的理论,抑郁症的认知疗法取决于识别来访者的消极图式,并通过循证和公开讨论来挑战它们。这通常是通过要求来访者测试他们毫无疑问的假设来完成的,以确定这些假设是错误的、不现实的,还是仅仅是自我挫败。

　　大量临床试验一致发现,认知疗法在治疗抑郁症方面具有持久的效果(如:Butler et al.,2006;Hollon,Stewart,& Strunk,2006)。然而,如果在初次治疗后没有对来访者进行密切监测和支持,则复发率会非常高(如:Kupfer et al.,1992)。为了防止原发性抑郁发作的复发,研究人员开发了正念认知疗法(MBCT)。

正如我们在第五章（正念）中看到的，正念本质上是指有意识地将注意力集中在正在进行的体验上，以及对体验的非评判方法。这反过来意味着"退后一步"，不要陷入体验中，接受"原样"的体验，不管它有多痛苦。虽然目前还没有统一的和标准化的正念增强干预，但任何形式的正念认知疗法必然在两个关键点上与认知疗法有所不同。首先，认知疗法邀请来访者进行自我评价，并明确自己对自我的看法，而正念认知疗法邀请来访者直接聆听体验，而不考虑自我以及进行自我评价。其次，认知疗法挑战来访者对图式及其周围的信念，而正念认知疗法则要求来访者倾听自己当下的体验。

许多研究评估了正念认知疗法相对于其他干预方式的有效性。我们将在这里重点介绍一小部分研究。一项针对复发性抑郁症患者的临床试验发现，与维持抗抑郁药物（m-ADM）组相比，正念认知疗法组在初次治疗后 15 个月内的复发率更低（Kuyker et al.，2008）。使用经验抽样方法，针对有抑郁病史和当前抑郁症状的成年人进行的一项临床试验发现，正念训练比不训练能产生更积极的情绪，并且对愉快的日常事件有更大的反应（Geschwind et al.，2011）。针对患有轻度到中度心理问题的社区人群进行的一项为期 8 周的网络干预研究发现，正念训练在治疗后产生了更高的积极情感和更低的消极情感（Schroevers & Brandsma，2010）。最后，针对日常生活中面临压力环境的非临床样本进行了为期 8 周的干预研究，发现接受正念训练的人在压力事件发生之前、期间和之后的焦虑和抑郁程度均低于等待治疗名单上的人（Kaviani，Javaheri，& Hatami，2011）。总之，在临床和非临床样本中，正念认知疗法似乎都能促进主观幸福感和心理幸福感。

元认知疗法（MCT）是预防抑郁症复发的最新方法（Wells，2009）。正如我们在第五章（适应性元认知和非适应性元认知）中看到的，适应不良的元认知本质上是指对自身认知过程的相对稳定的信念，这些信念促进了对威胁性的外部刺激和自身烦躁不安的内部状态的不适应应对。特别是，Wells 和 Matthews（1994）及 Wells（2000，2009）的心理功能障碍理论认为，适应不良的元认知在正常情况下处于休眠状态，当个体遇到问题情境时会变得活跃。通过反复激活，元认知维持心理功能障碍，即认知注意综合征（CAS），主要表现为持续性思维、注意使用不当和应对不当。元认知疗法的主要目的是帮助来访者在元认知模式下运作，以便他们将想法理解为需要进行后续评估的线索，进行基于证据的信念测试和阐述，并采取适应性的应对策略。成功完成治疗包括教导来访者一种新的、稳定的方式来应对威胁性刺激和不涉及认知注意综合征（CAS）激活的烦躁情绪。元认知疗法已成功应用于许多疾病的治疗，包括抑郁症（Papageorgiou & Wells，2003）、广泛性焦虑症（Wells & Carter，2001）和疑病症（Bouman & Meijer，1999）。

抑郁症的元认知疗法（Wells，2009）使用了 4 种技术：（一）注意力训练（旨在促进对注意力的灵活运用和对自身元认知过程的意识）；（二）识别反刍思维和威胁监控（旨在促进对持续性思维的意识）；（三）挑战对于烦躁情绪无法控制的消极元认知信念（旨在证明焦虑和抑郁的感觉通常是短暂和无关紧要的）；（四）挑战关于反刍思维和威胁监控的积极元认知信念（旨在证明持续性思维导致不适应的应对方式）。

元认知疗法与认知疗法有一个重要的区别。这两种理论的相似之处在于它们都挑战了来访者的信念，然而，认知疗法挑战的是烦躁想法和情绪的内容，元认知疗法挑战的是导致反刍思维和威胁监控的元认知信念。例如，想象吉姆是一个稍微超重的年轻人，他认为自己被别人视为"胖子"，对此感觉很糟糕，因此自我概念很低。一方面，认知疗法会挑战吉姆认为自己很胖的信念，例如通过参考人口统计数据或关注潜在伴侣对他感兴趣的日常经验。另一方面，元认知疗法会忽略吉姆认为自己很胖的观点，而会质疑他的信念，即反复思考自己的外表并时刻关注他对自己外表感觉有多糟糕，这对寻找伴侣有什么帮助。

元认知疗法与正念认知疗法也有一个重要的不同之处。这两种理论的相似之处在于，它们都采用了一种对问题和感受不加评判的方法。然而，正念认知疗法主张全面减少判断过程，而元认知疗法则主张为了识别反刍思维和威胁监测而特定减少判断过程。此外，在挑战元认知信念时，元认知疗法需要一种判断方法。总的来说，关键区别在于元认知疗法把正念视为一种工具而不是目的本身——作为针对那些直接维持烦躁情绪的特定心理过程的垫脚石。

在比较本节中的 3 种治疗方式时，我们可以很容易地看到，正念认知疗法和元认知疗法相互之间都比认知疗法更相似。认知疗法主要研究自我信念，试图改善受损的自我概念。正念认知疗法主要致力于获得无条件的、直接的瞬间经验流，试图改善受挫的自我过程。元认知疗法主要致力于改变关于反刍思维和威胁监控的元认知信念，试图用适应性的自我过程来替代功能失调的自我过程。综上所述，认知疗法与其他方法的不同之处在于侧重自我概念，而正念认知疗法和元认知疗法的相似之处在于它们都侧重于自我过程。

本节中考虑的 3 种治疗形式与标志性优势增强干预措施相比如何？优势干预不同于认知疗法，因为治疗师并不满足于让消极的自我概念变得不那么消极。只有当来访者的品格优势发展到一定程度，使得他们的自我概念在治疗后处于量表的积极面，治疗师才会满足。记住这个区别，认知疗法和优势干预都是自我概念治疗。优势干预和认知疗法与正念认知疗法和元认知疗法有很大差异，因为后两种都是自我过程治疗。鉴于越来越多的证据支持正念认知疗法和元认知疗法的有效性，积极心理学家可能会考虑从以自我概念为目标的干预转向以自我调节为目标的干预。

未来研究方向

综合本章几个观点，在此提出了 3 个需要讨论和实证研究的广泛问题。

1. "积极"和"消极"治疗的整合与对比

鉴于积极心理治疗正在发展中，现在对其有效性进行全面评估还为时过早。然而，本章回顾的初步证据表明，特定的积极心理学干预既省事又有效，因此至少在某些情况下可能会补充成熟的传统疗法。关于积极心理学干预的辅助使用有许多有趣的研究问题值得探讨。例如，感恩练习对抑郁症的认知疗法有帮助吗？要回答这个问题，需要进行一项随机试验，其中一组抑郁症患者只接受认知疗法，另一组同时接受认知疗法和感恩训练。如果后一组的主观幸福感和心理幸福感的后续测量结果更高，那么证据将支持这一假设：感恩练习比认知疗法有助于从抑郁症状中恢复。总之，这种不起眼的应用可以为积极心理学干预的独特贡献提供深刻的见解。

2. 我们应该促进自我概念还是自我过程?

我们已经看到,基于品格优势的治疗基本上是针对自我概念的,因此可以尝试在自我方面促进一种"思想改变"。另一方面,新兴的正念认知疗法和元认知疗法强调接受内部状态而不是对其进行调整。未来的研究应该辨别这两种方法中的哪一种更好,以及这两种方法的结合是否可行,是否比单独使用这两种方法更有效。

3. 寻找能够促进螺旋上升的干预措施

越来越多的证据表明,情绪增强干预是有效的。然而,它们的治疗后效果(例如,治疗后 3 个月和 6 个月)可能主要是由于参与者在治疗后自行继续情绪增强练习。这就够了吗? 拓展和建构理论假设,至少在某些情况下,积极情绪会触发螺旋上升,从而推动主观幸福感和心理幸福感的自我调节增长。因此,积极心理学的干预也许应该变得更加雄心勃勃,并试着确定具有长期效果的情绪增强技术,而不需要参与者在干预后进行有意识的持续练习。

自我发展和理解练习

这个练习包括进行 Seligman 的感恩练习,并评估它对你的影响。你将进行一个小型的纵向干预研究,在这个研究中,你既是参与者也是研究者。

参与者阶段

作为一名研究参与者,你需要在两个不同的场合(5 个环节的 A 和 E)填写同一组问卷,至少相隔 4 周;这样,(a)第二次填写问卷时,你将记不清第一次提供的答案,以及(b)有足够的时间让感恩练习的效果变得明显。

环节 A 首先,填写《生活满意度量表》(http://internal.psychology.illinois.edu/~ediener/SWLS.html)以及《主观幸福感量表》(http://www.ppc.sas.upenn.edu/ppinventures.htm),计算你的生活满意度和幸福感得分,并记下来以备将来使用。

环节 B 第二天,想一个活着的人,他对你特别好,并对你的生活产生了非常积极的影响,但你从来没有好好感谢过他。给那个人写一封 300 字的感谢信,在信中你要清楚而具体地解释他或她为你做了什么,他或她的行为对你产生了怎样的积极影响,以及由于他或她的影响你现在是什么样子和感觉如何。你应该在一天内完成你的感谢信。

环节 C 给这个人打电话,告诉他或她"我想在一周内去拜访你"。如果对方问你为什么,你要回答"我不想告诉你,这是个惊喜"。

环节 D 在安排好的日期和时间,出现在他或她的门口,坐下来并阅读感谢信。

环节 E 在你的感恩拜访结束 3 周后,再次填写《生活满意度量表》和《主观幸福感量表》,并计算你的生活满意度和幸福感得分。

研究者阶段

一旦你以参与者的身份完成了这五个环节,作为一名研究人员,你应该比较环节 A

和环节 E 中你的生活满意度和幸福感得分，并回答下列问题：

1. 你在环节 E 中的生活满意度得分比环节 A 高吗？

2. 你在环节 E 中的幸福感得分比环节 A 高吗？

3. 根据你对前面问题的回答，感恩拜访对你的主观幸福感有积极影响吗？

4. 根据你对上一个问题的回答，如何使用本书所涵盖的心理学理论来解释观察到的变化（或缺乏变化）？

5. 最后，你如何把这一小型纵向研究发展为一个包括参与者样本的真实研究？

推荐网络资源和拓展阅读

网站

心理治疗协会，提供关于研究计划、研究进展和即将召开的会议的信息：

■ 正念认知疗法：http://mbct.co.uk/。

■ 元认知疗法研究所：http://www.mct-institute.com/about metacognitive-therapy.html。

以下文件可免费下载：

世界卫生组织（2010）《国际疾病分类》（ICD－10）：http://www.who.int/classifications/icd/en/。

世界卫生组织（2012）《抑郁症：全球公共卫生关注》：http://www.who.int/mental u health/management/depression/en/。

Rashid 和 Anjum（2005）《使用 VIA 品格优势的 340 种方法》：http://www.viastences.org/applications/exercises/tabid/132/default.aspx。

阅读材料

■ Keyes（2002）的开创性论文介绍了从衰弱到丰盛的心理健康连续体。

■ Butler 等人（2006）评估认知行为疗法有效性的实证研究元分析（有助于掌握评估任何形式心理治疗的方法论要求）。

■ Garland 及其同事（2010）的理论论文探讨了积极情绪的螺旋上升可以对抗消极情绪的螺旋下降，从而促进人类心理丰盛的可能性。

■ Geschwind 及其同事（2011）对正念训练在日常生活中促进积极情绪的有效性评估。

■ Papageorgiou 和 Wells（2003）对元认知疗法在减少反刍思维和抑郁症状方面的有效性评估。

第九章

积极心理学的未来方向

解决问题的 3 种方法

积极心理学将何去何从？主要有 3 种方法解决这个问题：

（一）考察积极心理学家的想法

许多积极心理学家试图回答这个问题，但正如 Linley 及其同事（2006）指出的那样，他们的答案都大相径庭。继 Linley 等人之后，Peterson（2009）说，"我当然不可能对未来做出肯定的预测——如果我能的话我就搬去拉斯维加斯或者华尔街开店了……"但随后他提出了自己的观点和建议。如果你在搜索引擎输入"积极心理学的未来"，你会发现多到令人难以置信的条目——我刚刚就这么做了，搜到了 8 320 000 个条目，而且我不确定我是不是用了最好的搜索引擎！很抱歉，我的生命太短了，无法一一查看这些互联网信息，将它们整合成一个统一的模式，更不用说，就算我完成了这项任务，又会有很多新的条目出现。我只能鼓励各位自己去浏览网页看看。

（二）考察科学领域的萌芽、发展和"死亡"的历史模式

这种方法需要假设历史会以一种周期性的方式重演。Simonton（2011）收集了关于人物和事件的历史数据并进行分析，对积极心理学未来的发展做出了具体预测。但有一个问题：过去并不总是重演。例如，每次我通过电话购买理财产品时，银行经理总是会迫使我听长长的（"持续 5 分钟"）的免责声明，最后还问"你确认你明白这个了吗"，我们之间所有的交流都被记录下来。她想让我确认的关键点是，我理解了"过去的表现不代表未来的表现"。从我这里获得知情同意权的真实原因是，一旦投资失败，我损失了钱，我不能把责任推给银行。不过，"理论上"她是对的，因为 2008 年雷曼兄弟仅用了 3 天时间就从评级最高的银行掉到了无法偿债的银行，而事实证明，那只是金融市场漫长而难以预测的阶段的一个开始而已。鉴于这个，我推荐你去看 Simonton（2011）有趣的分析和预测，但是请记住我的银行经理的话。

（三）考察杰出的积极心理学家对这个问题的看法

2011 年，Sheldon、Kashdan 和 Steger 出版了《设计积极心理学：评估现状和向前发

展》，这是一群杰出的积极心理学家所作贡献的集成。这本书包括 Csikszentmihayi 和 Nakamura 的大量介绍以及前面提到的 Simonton 的历史观。至此，你已经掌握了足够的积极心理学知识来钻研这本书，也能批判性地理解和评估书中的观点，从而形成你自己的观点。

鉴于前面提到的这么多工作，我甚至不会去试图预测积极心理学的未来，或者去描述它应该是什么样子。接下来，我仅试图完成一个简单的目标，就是概括本书 7 个重要章节中出现的 3 个科学问题。这些问题我觉得很有趣也很有挑战性，我以一种"丈量"的精神向你提出，也就是说，这些事情你如果掌握得更多更好会很有趣。

快乐的权衡

正如 Oishi 和 Kurtz(2011)指出的那样，积极心理学一直以来都包含越快乐越好的假设。这个假设反过来又建立在两个次级假设之上。第一个次级假设是，个人的快乐是至高无上的。第二个次级的假设是，如果一个人最大化自己的快乐，那么其他东西就不会受到伤害。然而，这两个次级假设都可能招致批评。

（一）个人的快乐真的是生命中最重要的东西吗？

Kundera(1984)通过反思自己虚构出来的角色——一只狗，来回答这个问题：

> 如果卡列宁是一个人而不是一只狗，他肯定早就对特蕾莎说："伙计，嘴里整天含着这个球我都快烦透了，你就不能想出点别的吗？"这就是一个人的困境。人类的时间并不是一圈一圈地转，而是沿着直线向前跑。这就是人们不快乐的原因：快乐是对重复的渴望。

（Kundera，1984，p.298）

如果我们真的在重复中寻找快乐，那我们在未知领域探险时，怎么会快乐呢？当我们投入一项新的、富有挑战的任务时，我们会感到兴奋、充满动力，甚至会进入心流状态，但同时我们是最快乐的吗？我们在第六章中已经看到，心流似乎是主观幸福的前提；然而，心流本身是一种相当非情绪化的状态，因为一个人的认知资源都集中在手头的任务上。此外，我们在第三章中看到，创造性成就通常需要长期的奋斗，才能让一个人的新奇想法转变为该领域专家认可的创新。因此，有创造性成就的生活似乎与幸福的生活有些矛盾。那么到底哪一个更重要，是创造性成就还是快乐？也许快乐并不是唯一重要的事情。

（二）所有人都将自己既作为个体又作为集体的一员存在

来自西方文化的个体更倾向于个人主义的自我，而来自东方文化的个体更倾向于集体主义的自我。根据定义，个人幸福会与个人主义的自我一致，而不一定与集体主义的自我一致。因此，存在这样的问题，任何促进个人幸福感的事情同时会减少这个人的集体幸福。此外，增加个人幸福的东西，也可能使他人感到痛苦。例如，如果我其中一个投机的投资行为给我带来了高收益，我当然会很高兴；同时，这个投机行为会导致其他投资者的经济损失，从而引发不快。同样地，个人幸福的生活有时候会与集体幸福生活格格不入，甚至可能危及公共利益。也许,无条件追求个人幸福对个人和他人都是有害的。

总之,"越快乐越好"的假设建立在两个不可靠的基础假设之上。虽然长期不快乐的状态显然是有风险的,但不受约束、无条件地追求个人幸福可能会对个人和社会产生反效果。未来研究的挑战是要发展和测试概念模型,其中个人幸福是作为一个变量但不是唯一变量,与其他变量相互作用和权衡,以确定单个个人及其所处环境的整体幸福感。在第四章我们看到,Grant 和 Schwartz(2011)描述了"太多好事",有可能一旦将所有相关变量纳入模型,个人的整体幸福感和个人幸福感之间的关系呈倒 U 形曲线,这样对个人幸福感的价值来说整体幸福感得到最大化,而个人幸福感价值虽高,但也不是非常高。

消极情绪是一种信号

消极情绪对个体来说总是不好的吗?正如 Oishi 和 Kurtz(2011)指出的那样,积极心理学一直以来都隐含着消极情绪对个体是无条件有害的假设。与这个假设相反,他们认为消极情绪在良好的生活中起重要作用。与 Oishi 和 Kurtz 的观点一致,第五章中一些理论声称,消极情绪内在并没有糟糕的东西,这在很大程度上取决于一个人怎样处理这些消极情绪。注意控制强的个体,能通过探索所感知到的问题的潜在适应性反应来回应消极情绪。同样地,那些体验过主要消极情绪的益处的元情绪的人,能降低主要情绪。最后,正念就是无论有多痛苦,都能以一种不带评价的态度去体验,从而培养面对消极情绪的韧性。总之,有大量的理论和实证研究表明,消极情绪对个体不一定有害。

消极情绪是一种不可避免的不幸吗?也许是,但不仅仅是因为生活并不总是美好,还因为任何努力都会受到一定程度的阻力,尤其是涉及创造力的时候。我们在第三章中看到,问题发现似乎是任何创造性努力的一个必要组成部分。问题发现始于对某一特定领域活动中事情目前完成情况的不满意感,结束于发现问题。寻找和发现问题都必然伴随着消极的情绪,甚至可能会助长消极情绪。发现真正的问题是一个重要的社会功能。如果我们想发挥这一功能,我们需要接受消极情绪是必要的。

最后,消极情绪对个体有好处吗?这个问题很难回答。我们知道,在挑战的早期阶段,个体主要陷入坚持不懈的思考,特点是过度的威胁检测和战或逃反应。我们知道,那些努力取得成功的人最终会从持续的思考中跳出来,制订可行的行动计划,执行行动直到达到既定目标为止。我们所不知道的是,最初的坚持阶段,连同所有相关的消极情绪,是否对激励个体采取有效步骤走向成功有用。简单地说,我们需要知道适当的沮丧是否真的对我们有好处,或者我们是否应该在持续的正念状态中度过任何低迷。

初步证据表明,在一项具有挑战的任务开始时,处于或陷入一种消极状态,对于产生一种新的、适应性的问题解决方案是至关重要的。我们在第七章看到,Bledow 及其同事(2013)开发了一个工作中创造力的情绪转变模型,指出在最初解决问题的过程中经历消极情绪起到关键作用。这些情绪似乎驱动着对问题的不一致信息知识库的系统解释,而在随后的努力阶段中会在两种条件下刺激创造过程:(一)消极影响减少;(二)积极影响增加。如果两个条件都满足,积极影响会培养心理联系,这些联系很可能是关于不一致信息的知识库,从而得到问题的创造性解决方案。

如果消极情绪确实在幸福的起源上扮演了重要角色，尽管还没有得到充分理解，调节自我情绪的能力和意愿也应该扮演同样重要的角色。我们在第五章中回顾了很多构念，包括注意控制、正念、元情绪、适应和不适应的元认知，这些构念代表了收敛但截然不同的性格特征，以允许个体在具有挑战性的任务中对消极情绪进行自我调节，甚至把消极情绪变成解决问题、达成成就的工具。这些构念在应用心理学领域已经取得了突出地位，在积极心理学领域则有待进一步发展和应用。

最佳状态与状态的最佳顺序

从这本书中我们可以看到，积极心理学家已经确定了各种最佳状态，比如增强内部动机的状态，正念状态和心流状态。这些状态和其他状态被认为是最佳状态，因为它们对主观幸福感和心理健康有积极的影响。最佳状态是彼此不同，还是这些本质上是一个最佳状态只是名称不同，还存在不确定性。如何在日常生活中管理好最佳状态以保持真正的最佳状态，则存在更大的不确定性。迄今为止的研究通过含蓄的采用"越多越好"假设来回答这个问题，例如学生体验心流的频率越高，就越能更好地应对压力。一些突出的问题是：我们什么时候应该停止练习正念而投入正常人的日常生活中去？过多的心流状态是否有风险？什么时候我们应该停止追求内在驱动的活动——比如写书，而是去做一些股票交易？更广泛地说，我们应该怎样将日常生活中的最佳状态结合起来？解决这些类型的问题，需要积极心理学从关注分散的最佳状态，转移到关注这些状态的最佳排序上。

超越好与坏

本结束章节概述了3个突出的研究问题，这三个问题可以归结为一个总体问题。直到最近，积极心理学一直基于简单假设进行研究，即某些东西（如消极情绪、放弃行为或拖延）对人类是无条件有害的，而有些东西（如积极情绪、毅力或投入任务）则是无条件有益的。这种简单化有助于积极心理学区别于其他心理学领域而确立自身作为一个研究领域。然而，好与坏之间简单的区别是一种错觉，它掩盖了个体面对挑战和不确定性时产生的一些最有趣的心理过程。也许，积极心理学的存在和发展取决于它是否能解释"好"与"坏"的复杂交织，从而支持个人和群体的成功适应。

参考文献

Allport, G. W. (1961). *Pattern and growth in personality*. New York: Holt, Rinehart and Winston.

Allport, G. W., & Odbert, H. S. (1936). *Trait-names: A psycho-lexical study*. Albany, New York: Psychological Review Company.

Amabile, T. M. (1979). Effects of external evaluation on artistic creativity. *Journal of Personality and Social Psychology, 37*, 221–233.

Amabile, T. M. (1982). Social psychology of creativity: A consensual assessment technique. *Journal of Personality and Social Psychology, 43*, 997–1013.

Amabile, T. M. (1996). *Creativity in context*. Boulder, CO: Westview Press.

Amabile, T. M., Barsade, S., Mueller, J., & Staw, B. (2005). Affect and creativity at work. *Administrative Science Quarterly, 50*, 367–403.

Amabile, T. M., Conti, R., Coon, H., Lazenby, J., & Herron, M. (1996). Assessing the work environment for creativity. *Academy of Management Journal, 39*, 1154–1184.

Amabile, T. M., Hill, K. G., Hennessey, B. A., & Tighe, E. (1994). The Work Preference Inventory: Assessing intrinsic and extrinsic motivational orientations. *Journal of Personality and Social Psychology, 66*, 950–967.

Amabile, T. M., & Khaire, M. (2008). Creativity and the role of the leader. *Harvard Business Review, 86*, 100–109.

Amabile, T. M., & Kramer, S. J. (2011). *The progress principle: Using small wins to ignite joy, engagement, and creativity at work*. Boston, MA: Harvard Business Review Press.

Amabile, T. M., Schatzel, E., Moneta, G. B., & Kramer, S. J. (2004). Leader behaviors and the work environment for creativity: Perceived leader support. *The Leadership Quarterly, 15*, 5–32.

American Psychiatric Association (1994). *Diagnostic and statistical manual of mental disorders: DSM-IV* (4th ed.). Washington: American Psychiatric Association.

Andersen, P. A., & Guerrero, L. K. (1998). Principles of communication and emotion in social interaction. In P. A. Andersen & L. K. Guerrero (Eds), *Handbook of communication and emotion: Research, theory, applications, and contexts* (pp. 49–96). San Diego: Academic Press.

Anderson, J. R. (1983). *The architecture of cognition*. Cambridge, MA: Harvard University Press.

Anderson, K. J. (1994). Impulsivity, caffeine, and task difficulty: A within-subjects test of the Yerkes–Dodson law. *Personality and Individual Differences, 16*, 813–829.

Andrews, F. M., & Withey, S. B. (1976). *Social indictors of well-being: America's perception of life quality*. New York: Plenum Press.

Appelhans, B. M., & Schmeck, R. R. (2002). Learning styles and approach versus avoidant coping during academic exam preparation. *College Student Journal, 36*, 157–160.

Apter, M. J. (1982). *The experience of motivation: The theory of psychological reversals*. London: Academic Press.

Apter, M. J. (1989). *Reversal theory: Motivation, emotion and personality*. London: Routledge.

Asakawa, K. (2004). Flow experience and autotelic personality in Japanese college students: How do they experience challenges in daily life? *Journal of Happiness Studies, 5*, 123–154.

Asakawa, K. (2010). Flow experience, culture, and well-being: How do autotelic Japanese college students feel, behave, and think in their daily lives? *Journal of Happiness Studies, 11*, 205–223.

Aspinwall, L. G., & Taylor, S. E. (1992). Modeling cognitive adaptation: A longitudinal investigation of the impact of individual differences and coping on college adjustment and performance. *Journal of Personality and Social Psychology, 63*, 989–1003.

Averill, J. (1997). The emotions: An integrative approach. In R. Hogan, J. Johnson, & S. Biggs (Eds), *Handbook of personality psychology* (pp. 513–541). New York: Academic Press.

Baer, R. A., Smith, G. T., & Allen, K. B. (2004). Assessment of mindfulness by self-report: The Kentucky inventory of mindfulness skills. *Assessment, 11*, 191–206.

Baer, R. A., Smith, G. T., Hopkins, J., Krietemeyer, J., & Toney, L. (2006). Using self-report assessment methods to explore facets of mindfulness. *Assessment, 13*, 27–45.

Bagozzi, R. P., Wong, N., & Yi, Y. (1999). The role of culture and gender in the relationship between positive and negative affect. *Cognition and Emotion, 13*, 641–672.

Bakan, D. (1966). *The duality of human existence*. Chicago: Rand McNally.

Bakker, A. B. (2008). The Work-Related Flow Inventory: Construction and initial validation of the WOLF. *Journal of Vocational Behavior, 72*, 400–414.

Bakker, A. B., Oerlemans, W., Demerouti, E., Bruins Slot, B., & Karamat Ali, D. (2011). Flow and performance: A study among talented Dutch soccer players. *Psychology of Sport and Exercise, 12*, 442–450.

Bandura, A. (1986). *Social foundations of thought and action: A social cognitive theory*. Englewood Cliffs, NJ: Prentice-Hall.

Bar-On, R. (1997). *Bar-On Emotional Quotient Inventory: User's manual*. Toronto, Canada: Multi-Health Systems.

Barron, F. (1953). An ego-strength scale which predicts response to psychotherapy. *Journal of Consulting Psychology, 17*, 327–333.

Barron, F. X., & Harrington, D. M. (1981). Creativity, intelligence, and personality. *Annual Review of Psychology, 32*, 439–476.

Batson, C. D. (1990). Affect and altruism. In B. S. Moore & A. M. Isen (Eds), *Affect and social behavior* (pp. 89–125). New York: Cambridge University Press.

Baumeister, R. F. (1986). *Identity: Cultural change and the struggle for self*. New York: Oxford University Press.

Baumeister, R. F., & Bushman, B. J. (2013). *Social psychology and human nature* (3rd ed.). Belmont, CA: Wadsworth.

Baumeister, R. F., Campbell, J. D., Krueger, J. I., & Vohs, K. D. (2003). Does high self-esteem cause better performance, interpersonal success, happiness, or healthier lifestyles? *Psychological Science in the Public Interest, 4*, 1–44.

Baumeister, R. F., & Leary, M. R. (1995). The need to belong: Desire for interpersonal attachments as a fundamental human motivation. *Psychological Bulletin, 117*, 497–529.

Beck, A. T. (1967). *Depression: Causes and treatment*. Philadelphia: University of Pennsylvania Press.

Beer, N., & Moneta, G. B. (2010). Construct and concurrent validity of the Positive Metacognitions and Positive Meta-Emotions Questionnaire. *Personality and Individual Differences, 49*, 977–982.

Beer, N., & Moneta, G. B. (2012). Coping and perceived stress as a function of positive metacognitions and positive meta-emotions. *Individual Differences Research, 10*, 105–116.

Beghetto, R. A., & Kaufman, J. C. (2007). Toward a broader conception of creativity: A case for 'mini-c' creativity. *Psychology of Aesthetics, Creativity, and the Arts, 2*, 73–79.

Beghetto, R. A., & Plucker, J. A. (2006). The relationship among schooling, learning, and creativity: 'All roads lead to creativity' or 'You can't get there from here?' In J. C. Kaufman & J. Baer (Eds), *Creativity and reason in cognitive development* (pp. 316–332). Cambridge, UK: Cambridge University Press.

Bem, S. L. (1974). The measurement of psychological androgyny. *Journal of Consulting and Clinical Psychology, 42*, 152–162.

Benson, H. (1975). *The relaxation response.* New York: Morrow.

Bergdahl, J., & Bergdahl, M. (2002). Perceived stress in adults: Prevalence and association of depression, anxiety and medication in a Swedish population. *Stress and Health, 18*, 235–241.

Berscheid, E. (1983). Emotion. In H. H. Kelly, E. Berscheid, A. Christensen, J. H. Harvey, T. L. Huston, G. Levinger, E. McClintock, L. A. Peplau, & D. R. Peterson (Eds), *Close relationships* (pp. 110–168). San Francisco, CA: Freeman.

Berscheid, E., & Walster, E. (1969). *Interpersonal attraction.* Reading, MA: Addison-Wesley.

Bharadwaj, S., & Menon, A. (2000). Making innovation happen in organizations: Individual creativity mechanisms, organizational creativity mechanisms or both? *Journal of Product Innovation Management, 17*, 424–434.

Biggs, J. B. (1992). Learning and schooling in ethnic Chinese: An Asian solution to a Western problem. Unpublished manuscript, University of Hong Kong, Hong Kong.

Bishop, S. R., Lau, M., Shapiro, S., Carlson, L., Anderson, N. D., Carmody, J., Segal, Z. V., Abbey, S., Speca, M., Velting, D., & Devins, G. (2004). Mindfulness: A proposed operational definition. *Clinical Psychology: Science and Practice, 11*, 230–241.

Blankstein, K. R., Flett, G. L., & Koledin, S. (1991). The Brief College Student Hassles Scale: Development, validation, and relation with pessimism. *Journal of College Student Development, 32*, 258–264.

Bledow, R., Rosing, K., & Frese, M. (2013). A dynamic perspective on affect and creativity. *Academy of Management Journal, 56*, 432–450.

Block, J. (1971). *Life through time.* Berkley, CA: Bancroft Books.

Block, J. (1993). Studying personality the long way. In D. C. Funder, R. D. Parke, C. Tomlinson-Keasey, & K. Widaman (Eds), *Studying lives through time* (pp. 9–41). Washington: American Psychological Association.

Block, J. H., & Block, J. (1980). The role of ego control and ego resiliency in the organization of behavior. In W. A. Collins (Ed.), *Development of cognitive, affect, and social relations: The Minnesota symposium in child psychology* (pp. 39–101). Hillsdale, NJ: Erlbaum.

Bloom, B. S. (1964). *Stability and change in human characteristics.* New York: Wiley.

Blumenthal, J. A. (1985). Relaxation therapy, biofeedback, and behavioral medicine. *Psychotherapy, 22*, 516–530.

Boland, A., & Cappeliez, P. (1997). Optimism and neuroticism as predictors of coping and adaptation in older women. *Personality and Individual Differences, 22*, 909–919.

Bouman, T. K., & Meijer, K. J. (1999). A preliminary study of worry and metacognitions in hypochondriasis. *Clinical Psychology and Psychotherapy, 6*, 96–101.

Boyatzis, R. E. (1973). Affiliation motivation. In D. McClelland (Ed.), *Human motivation: A book of readings* (pp. 252–278). Morristown, NJ: General Learning Press.

Brackett, M. A., & Mayer, J. D. (2003). Convergent, discriminant, and incremental validity of competing measures of emotional intelligence. *Personality and Social Psychology Bulletin, 29*, 1147–1158.

Branden, N. (1984). In defense of self. *Association for Humanistic Psychology*, August–September, 12–13.

Brandtstadter, J., & Renner, G. (1990). Tenacious goal pursuit and flexible goal adjustment: Explication and age-related analysis of assimilation and accommodation strategies of coping. *Psychology and Aging, 5*, 58–67.

Brannon, L. (2005). *Gender: Psychological perspectives* (4th ed.). Boston, MA: Allyn & Bacon.

Brdar, I., & Kashdan, T. B. (2010). Character strengths and well-being in Croatia: An empirical investigation of structure and correlates. *Journal of Research in Personality, 44*, 151–154.

Bridges, K. R. (2001). Using attributional style to predict academic performance: How does it compare to traditional methods? *Personality and Individual Differences, 31*, 723–730.

Brief, A. P., Butcher, A. H., Georage, J. M., & Link, K. E. (1993). Integrating bottom-up and top-down theories of subjective well-being: The case of health. *Journal of Personality and Social Psychology, 64*, 646–653.

Brockmann, H., Delhay, J., Yuan, H., & Welzel, C. (2008). The China puzzle: Declining happiness in a rising economy. *Journal of Happiness Studies, 10*, 387–405.

Brown, K. W., & Ryan, R. M. (2003). The benefits of being present: Mindfulness and its role in psychological well-being. *Journal of Personality and Social Psychology, 84*, 822–848.

Buchanan, G. M., & Seligman, M. E. P. (Eds) (1995). *Explanatory style*. Hillsdale, NJ: Erlbaum.

Bunderson, J. S., & Sutcliffe, K. M. (2003). Management team learning orientation and business unit performance. *Journal of Applied Psychology, 88*, 552–560.

Buss, D. M. (1987). Selection, evocation, and manipulation. *Journal of Personality and Social Psychology, 53*, 1214–1221.

Buss, D. M. (1991). Evolutionary personality psychology. *Annual Review of Psychology, 42*, 459–491.

Buss, D. M. (2000). The evolution of happiness. *American Psychologist, 54*, 15–23.

Butler, A. C., Chapman, J. E., Forman, E. M., & Beck, A. T. (2006). The empirical status of cognitive-behavioral therapy: A review of meta-analyses. *Clinical Psychology Review, 26*, 17–31.

Butt, D. S., & Beiser, M. (1987). Successful aging: A theme for international psychology. *Psychology and Aging, 2*, 87–94.

Campbell, A., Converse, P. E., & Rodgers, W. L. (1976). *The quality of American life*. New York: Russell Sage Foundation.

Campbell, D. T. (1960). Blind variation and selective retention in creative thought as in other knowledge processes. *Psychological Review, 67*, 380–400.

Cantor, N., & Kihlstrom, J. F. (1987). *Personality and social intelligence*. Englewood Cliffs, NJ: Prentice-Hall.

Cantor, N. (1990). From thought to behaviour: 'having' and 'doing' in the study of personality and cognition. *American Psychologist, 45*, 735–750.

Carli, M., Delle Fave, A., & Massimini, F. (1988). The quality of experience in the flow channels: Comparison of Italian and U.S. students. In M. Csikszentmihalyi & I. S. Csikszentmihalyi (Eds), *Optimal experience: Psychological studies of flow in consciousness* (pp. 266–306). New York: Cambridge University Press.

Cartwright-Hatton, S., & Wells, A. (1997). Beliefs about worry and intrusions: The metacognitions questionnaire and its correlates. *Journal of Anxiety Disorders, 11*, 279–296.

Carver, C. S. (1997). You want to measure coping but your protocol's too long: Consider the brief COPE. *International Journal of Behavioral Medicine, 4*, 92–100.

Carver, C. S. (2001). Affect and the functional bases of behavior: On the dimensional structure of affective experience. *Personality and Social Psychology Review, 5*, 345–356.

Carver, C. S., & Scheier, M. F. (1981). *Attention and self-regulation: A control-theory approach to human behavior.* New York: Springer.

Carver, C. S., & Scheier, M. F. (1990). Origins and functions of positive and negative affect: A control-process view. *Psychological Review, 97*, 19–35.

Carver, C. S., & Scheier, M. F. (2000). Scaling back goals and recalibration of the affect system are processes in normal adaptive self-regulation: Understanding 'response shift' phenomena. *Social Science & Medicine, 50*, 1715–1722.

Carver, C. S., & Scheier, M. F. (2003). Three human strengths. In L. G. Aspinwall & U. M. Staudinger (Eds), *A psychology of human strengths: Fundamental questions and future directions for a positive psychology* (pp. 87–102). Washington: American Psychological Association.

Carver, C. S., Scheier, M. F., & Segerstrom, S. C. (2010). Optimism. *Clinical Psychology Review, 30,* 879–889.

Carver, C. S., Scheier, M. F., & Weintraub, J. K. (1989). Assessing coping strategies: A theoretically based approach. *Journal of Personality and Social Psychology, 56*, 267–283.

Cassady, J. C., & Johnson, R. E. (2002). Cognitive test anxiety and academic performance. *Contemporary Educational Psychology, 27*, 270–295.

Cattell, R. B. (1943). The description of personality: Basic traits resolved into clusters. *Journal of Abnormal and Social Psychology, 38*, 476–506.

Cattell, R. B., Eber, H. W., & Tatsuoka, M. M. (1970). *Handbook for the 16PF.* Champaign, IL: Institute for Personality and Ability Testing.

Cawley, M. J. III, Martin, J. E., & Johnson, J. A. (2000). A virtues approach to personality. *Personality and Individual Differences, 28*, 997–1013.

Cermakova, L., Moneta, G. B., & Spada, M. M. (2010). Dispositional flow as a mediator of the relationships between attentional control and approaches to studying during academic examination preparation. *Educational Psychology, 30*, 495–511.

Chang, E. C. (1998). Does dispositional optimism moderate the relation between perceived stress and psychological well-being? A preliminary investigation. *Personality and Individual Differences, 25*, 233–240.

Chang, E. C., Asakawa, K., & Sanna, L. J. (2001). Cultural variations in optimistic and pessimistic bias: Do Easterners really expect the worst and Westerners really expect the best when predicting future life events? *Journal of Personality and Social Psychology, 81*, 476–491.

Chang, E. C., Maydeu, O. A., & D'Zurilla, T. J. (1997). Optimism and pessimism as partially independent constructs: Relationship to positive and negative affectivity and psychological well-being. *Personality and Individual Differences, 23*, 433–440.

Chang, E. C., & Sanna, L. J. (2001). Optimism, pessimism, and positive and negative affectivity in middle-aged adults: A test of a cognitive-affective model of psychological adjustment. *Psychology & Aging, 16*, 524–531.

Chang, H. C., & Holt, R. G. (1994). *A Chinese perspective on face as inter-relational concern.* New York: State University of New York Press.

Chao, R. K. (1995). Chinese and European American cultural models of the self reflected in mothers' childrearing beliefs. *Ethos, 23*, 328–354.

Chen, H. (2006). Flow on the net: Detecting Web users' positive affect and their flow states. *Computers in Human Behavior, 22*, 221–233.

Cheng, C., & Cheung, M. W. L. (2005a). Cognitive processes underlying coping flexibility: Differentiation and integration. *Journal of Personality, 73*, 859–886.

Cheng, C., & Cheung, M. W. L. (2005b). Processes underlying gender-role flexibility: Do androgynous individuals know more or know how to cope? *Journal of Personality, 73*, 645–673.

Cheng, S. T., & Hamid, P. N. (1995). An error in the use of translated scales: The Rosenberg Self-Esteem Scale for Chinese. *Perceptual and Motor Skills, 81*, 431–434.

Cheung, K. F. M. (1996). Cultural adjustment and differential acculturation among Chinese new immigrant families in the US. In S. Lau (Ed.), *Growing up the Chinese way* (pp. 287–320). Hong Kong: Chinese University Press.

Cho, W., & Cross, S. E. (1995). Taiwanese love styles and their association with self-esteem and relationship quality. *Genetic, Social, and General Psychology Monographs, 121*, 283–309.

Choy, W. C. W., & Moneta, G. B. (2002). The interplay of autonomy and relatedness in Hong Kong Chinese single mothers. *Psychology of Women Quarterly, 26*, 186–199.

Christian, M. S., Garza, A. S., & Slaughter, J. E. (2011). Work engagement: A quantitative review and test of its relations with task and contextual performance. *Personnel Psychology, 64*, 89–136.

Clark, A., Frijters, P., & Shield, M. (2008). Relative income, happiness, and utility: An explanation for the Easterlin paradox and other puzzles. *Journal of Economic Literature, 46*, 95–144.

Clark, D. A., Beck, A. T., & Alford, B. A. (1999). *Scientific foundations of cognitive theory and therapy of depression*. New York: John Wiley.

Cohen, R. (2011). The happynomics of life. *The New York Times*. Available at: http://www.nytimes.com/2011/03/13/opinion/13cohen.html

Cohn, M. A., Fredrickson, B. L., Brown, S. L., Mikels, J. A., & Conway, A. M. (2009). Happiness unpacked: Positive emotions increase life satisfaction by building resilience. *Emotion, 9*, 361–368.

Collins, A. M., & Loftus, E. F. (1975). A spreading activation theory of semantic processing. *Psychological Review, 82*, 407–428.

Conte, H. R., & Plutchik, R. (1981). A circumplex model for interpersonal personality traits. *Journal of Personality and Social Psychology, 40*, 701–711.

Conway, J. M., & Huffcutt, A. I. (1997). Psychometric properties of multisource performance ratings: A meta-analysis of subordinate, supervisor, peer, and self-ratings. *Human Performance, 10*, 331–360.

Coombs, C. H., & Avrunin, G. (1977). A theorem on single-peaked preference functions in one dimension. *Journal of Mathematical Psychology, 16*, 261–266.

Coopersmith, S. (1967). *The antecedents of self-esteem*. San Francisco, CA: W. H. Freeman.

Costa, P. T., Jr, & McCrae, R. R. (1992). *Revised NEO Personality Inventory (NEO-PI-R) and NEO Five-Factor Inventory (NEO-FFI) manual*. Odessa, FL: Psychological Assessment Resources.

Costa, P. T., Jr, Terraciano, A., & McCrae, R. R. (2001). Gender differences in personality traits across cultures robust and surprising findings. *Journal of Personality and Social Psychology, 81*, 322–331.

Csikszentmihalyi, M. (1975/2000). *Beyond boredom and anxiety: Experiencing flow in work and play* (2nd ed.). San Francisco, CA: Jossey Bass.

Csikszentmihalyi, M. (1982). Toward a psychology of optimal experience. In L. Wheeler (Ed.), *Review of personality and social psychology* (pp. 13–36). Beverly Hills, CA: Sage Publications.

Csikszentmihalyi, M. (1988). Society, culture, and person: A systems view of creativity. In R. J. Sternberg (Ed.), *The nature of creativity: Contemporary psychological perspectives* (pp. 325–339). New York: Cambridge University Press.

Csikszentmihalyi, M. (1990). *Flow: The psychology of optimal experience*. New York: Harper & Row.

Csikszentmihalyi, M. (1996). *Creativity: Flow and the psychology of discovery and invention*. New York: Harper & Collins.

Csikszentmihalyi, M. (1997). *Finding flow: The psychology of engagement with everyday life*. New York: Basic Books.

Csikszentmihalyi, M., & Csikszentmihalyi, I. (1988). *Optimal experience: Psychological studies of flow in consciousness*. Cambridge, UK: Cambridge University Press.

Csikszentmihalyi, M., & Larson, R. (1987). Validity and reliability of the experience-sampling method. *The Journal of Nervous and Mental Disease, 175*, 526–536.

Csikszentmihalyi, M., Larson, R., & Prescott, S. (1977). The ecology of adolescent activity and experience. *Journal of Youth and Adolescence, 6*, 281–294.

Csikszentmihalyi, M., & LeFevre, J. (1989). Optimal experience in work and leisure. *Journal of Personality and Social Psychology, 56*, 815–822.

Csikszentmihalyi, M., & Massimini, F. (1985). On the psychological selection of bio-cultural information. *New Ideas in Psychology, 3*, 115–138.

Csikszentmihalyi, M., & Rathunde, K. (1993). The measurement of flow in everyday life: Toward a theory of emergent motivation. In J. Jacobs (Ed.), *Nebraska symposium on motivation, 1992: Developmental perspectives on motivation, current theory and research in motivation, 1992* (Vol. 40, pp. 57–97). Lincoln, NE: University of Nebraska Press.

Csikszentmihalyi, M., Rathunde, K., & Whalen, S. (1993). *Talented teenagers: A longitudinal study of their development*. New York: Cambridge University Press.

Csikszentmihalyi, M., & Schneider, B. (2000). *Becoming adult: How teenagers prepare for the world of work*. New York: Basic Books.

Dahlsgaard, K., Peterson, C., & Seligman, M. E. P. (2005). Shared virtue: The convergence of valued human strengths across culture and history. *Review of General Psychology, 9*, 203–213.

David, J. P., Green, P. J., Martin, R., & Suls, J. (1997). Differential roles of neuroticism, extraversion, and event desirability for mood in daily life: An integrative model of top-down and bottom-up influences. *Journal of Personality and Social Psychology, 73*, 149–159.

Davies, K. A., Lane, A. M., Devonport, T. J., & Scott, J. A. (2010). Validity and reliability of a Brief Emotional Intelligence Scale (BEIS-10). *Journal of Individual Differences, 31*, 198–208.

Davies, M., Stankov, L., & Roberts, R. D. (1998). Emotional intelligence: In search of an elusive construct. *Journal of Personality and Social Psychology, 75*, 989–1015.

deCharms, R. (1968). *Personal causation: The internal affective determinants of behavior*. New York: Academic Press.

Deci, E. L. (1971). Effects of externally mediated rewards on intrinsic motivation. *Journal of Personality and Social Psychology, 18*, 105–115.

Deci, E. L., & Ryan, R. M. (1985a). *Intrinsic motivation and self-determination in human behavior*. New York: Plenum Press.

Deci, E. L., & Ryan, R. M. (1985b). The General Causality Orientations Scale: Self-determination in personality. *Journal of Research in Personality, 19*, 109–134.

Deci, E. L., Ryan, R. M., Gagne, M., Leone, D. R., Usunov, J., Kornazheva, B. P. (2001). Need satisfaction, motivation, and well-being in the work organizations of a former Eastern Block country: A cross-cultural study of self-determination. *Personality and Social Psychology Bulletin, 27*, 930–942.

De Cuyper N., Notelaers G., & De Witte H. (2009). Job insecurity and employability in fixed-term contractors, agency workers, and permanent workers: Associations with job satisfaction and affective organizational commitment. *Journal of Occupational Health Psychology, 14*, 193–205.

Delle Fave, A., & Bassi, M. (2000). The quality of experience in adolescents' daily life: Developmental perspectives. *Genetic, Social, and General Psychology Monographs, 126*, 347–367.

Delle Fave, A., & Massimini, F. (2003). Optimal experience in work and leisure among teachers and physicians: Individual and bio-cultural implications. *Leisure Studies, 22*, 323–342.

Delle Fave, A., & Massimini, F. (2004). The cross-cultural investigation of optimal experience. *Ricerche di Psicologia, 1*, 79–102.

Delle Fave, A., & Massimini, F. (2005). The investigation of optimal experience and apathy: Developmental and psychosocial implications. *European Psychologist, 10*, 264–274.

Demorest, A. P. (1995). The personal script as the unit of analysis for the study of personality. *Journal of Personality, 63*, 569–592.

Deponte, A. (2004). Linking motivation to personality: Causality orientations, motives and self-descriptions. *European Journal of Personality, 18*, 31–44.

De Raad, B., & Van Oudenhoven, J. P. (2011). A psycholexical study of virtues in the Dutch language, and relations between virtues and personality. *European Journal of Personality, 25*, 43–52.

Derryberry, D. (2002). Attention and voluntary self-control. *Self and Identity, 1*, 105–111.

Derryberry, D., & Reed, M. A. (2002). Anxiety-related attentional biases and their regulation by attentional control. *Journal of Abnormal Psychology, 111*, 225–236.

Derryberry, D., & Reed, M. A. (2009). Information processing approaches to individual differences in emotional reactivity. In R. J. Davidson, K. R. Scherer, & H. H. Goldsmith (Eds), *Handbook of affective sciences* (2nd ed.) (pp. 681–697). New York: Oxford University Press.

Diener, E. (2000). Subjective well-being: The science of happiness and a proposal for a national index. *American Psychologist, 55*, 34–43.

Diener, E., & Diener, M. (1995). Cross-cultural correlates of life satisfaction and self-esteem. *Journal of Personality and Social Psychology, 68*, 653–663.

Diener, E., Diener, M., & Diener, C. (1995). Factors predicting the subjective well-being of nations. *Journal of Personality and Social Psychology, 69*, 851–864.

Diener, E., & Emmons, R. A. (1984). The independence of positive and negative affect. *Journal of Personality and Social Psychology, 47*, 1105–1117.

Diener, E., Emmons, R. A., Larsen, R. J., & Griffin, S. (1985). The satisfaction with life scale. *Journal of Personality Assessment, 49*, 71–75.

Diener, E., & Lucas, R. (1999). Personality and subjective well-being. In D. Kahneman, E. Diener, & N. Schwarz (Eds), *Well-being: The foundations of hedonic psychology* (pp. 213–229). New York: Russell Sage Foundation.

Diener, E., Lucas, R. E., Oishi, S., Suh, E. M. (2002). Looking up and down: Weighting good and bad information in life satisfaction judgments. *Personality and Social Psychology Bulletin, 28*, 437–445.

Diener, E., Sapyta, J. J., & Sub, E. (1998). Subjective well-being is essential to well-being. *Psychological Inquiry, 9*, 33–37.

Diener, E., Smith, H., & Fujita, F. (1995). The personality structure of affect. *Journal of Personality and Social Psychology, 69*, 130–141.

Diener, E., & Suh, E. M. (1998). Subjective well-being and age: An international analysis. *Annual Review of Gerontology and Geriatrics, 17*, 4–24.

Diener, E., Suh, E. M., Lucas, R. E., & Smith, H. E. (1999). Subjective well-being: Three decades of progress. *Psychological Bulletin, 125*, 276–302.

Diener, E., Suh, E., & Oishi, S. (1997). Recent findings on subjective well-being. *Indian Journal of Clinical Psychology, 24*, 25–41.

Diener, E., Wolsic, B., & Fujita, F. (1995). Physical attractiveness and subjective well-being. *Journal of Personality and Social Psychology, 69*, 120–129.

Dimotakis, N., Scott, B. A., & Koopman, J. (2011). An experience sampling investigation of workplace interactions, affective states and employee well-being. *Journal of Organizational Behavior, 32*, 572–588.

Di Tella, R., Haisken-De New, J., & MacCulloch, R. (2010). Happiness adaptation to income and to status in an individual panel. *Journal of Economic Behavior & Organization, 76*, 834–852.

Drury, J., Cocking, C., Reicher, S., Burton, A., Schofield, D., Hardwick, A., Graham, D., & Langston, P. (2009). Cooperation versus competition in a mass emergency evacuation: A new laboratory simulation and a new theoretical model. *Behavior Research Methods, 41*, 957–970.

Dwek, C. (1986). Motivational processes affecting learning. *American Psychologist, 41*, 1040–1048.

Easterlin, R. A. (1974). Does economic growth improve the human lot? In P. A. David & M. W. Reder (Eds), *Nations and households in economic growth: Essays in honour of Moses Abramovitz*. New York: Academic Press.

Easterly, W. (2011). The happiness wars. *The Lancet, 377*, 1483–1484. Available at: http://www.thelancet.com/journals/lancet/article/PIIS0140-6736%2811%2960587-4/fulltext.

Eisenberger, R., Huntington, R., Hutchison, S., & Sowa, D. (1986). Perceived organizational support. *Journal of Applied Psychology, 71*, 500–507.

Ekman, P. (1992). An argument for basic emotions. *Cognition and Emotion, 6*, 169–200.

Elangovan, A. R. (2001). Causal ordering of stress, satisfaction and commitment, and intention to quit: A structural equations analysis. *Leadership & Organization Development Journal, 22*, 159–165.

Elliot, A. J. (1997). Integrating the 'classic' and 'contemporary' approaches to achievement motivation: A hierarchical model of achievement. In M. Maehr & P. Pintrich (Eds), *Advances in motivation and achievement* (pp. 243–279). Greenwich, CT: JAI Press.

Elliot, A. J., & McGregor, H. A. (2001). A 2 × 2 Achievement Goal Framework. *Journal of Personality and Social Psychology, 3*, 501–519.

Ellis, A. (1987). The impossibility of achieving consistently good mental health. *American Psychologist, 42*, 364–375.

Ellis, G. D., Voelkl, J. E., & Morris, C. (1994). Measurements and analysis issues with explanation of variance in daily experience using the flow model. *Journal of Leisure Research, 26*, 337–356.

Emmons, R. A. (1986). Personal strivings: An approach to personality and subjective well-being. *Journal of Personality and Social Psychology, 51*, 1058–1068.

Emmons, R. A. (1989). The personal striving approach to personality. In L. A. Pervin (Ed.), *Goals concepts in personality and social psychology* (pp. 87–126). Hillsdale, NJ: Erlbaum.

Emmons, R. A. (1992). Abstract versus concrete goals: Personal striving level, physical illness, and psychological well-being. *Journal of Personality and Social Psychology, 62*, 292–300.

Emmons, R. A., & Diener, E. (1985). Personality correlates of subjective well-being. *Personality and Social Psychology Bulletin, 11*, 89–97.

Emmons, R. A., & King, L. A. (1988). Conflict among personal strivings: Immediate and long-term implications for psychological and physical well-being. *Journal of Personality and Social Psychology, 54*, 1040–1048.

Emmons, R. A., & McAdams, D. P. (1991). Personal strivings and motive dispositions: Exploring the links. *Personality and Social Psychology Bulletin, 17*, 648–654.

Engeser, S. (Ed.) (2012). *Advances in flow research*. New York: Springer.

Engeser, S., & Rheinberg, F. (2008). Flow, moderators of challenge-skill-balance and performance. *Motivation and Emotion, 32*, 158–172.

Engeser, S., & Schiepe-Tiska, A. (2012). Historical lines and an overview of current research. In S. Engeser (Ed.), *Advances in flow research* (pp. 1–22). New York: Springer.

Epstein, S. (1998). *Constructive thinking: The key to emotional intelligence*. Westport, CT: Praeger.

Erikson, E. H. (1959). *Identity and the life cycle.* New York: International Universities Press.

Erikson, E. H. (1963). *Childhood and society* (2nd ed.). New York: Norton.

Erikson, E. H. (1968). *Identity: Youth and Crisis.* New York: Norton.

Erikson, E. H. (1982). *The life cycle completed: A review.* New York: Norton.

Extremera, N., Ruiz-Aranda, D., Pineda-Galán, C., & Salguero, J. M. (2011). Emotional intelligence and its relation with hedonic and eudaimonic well-being: A prospective study. *Personality and Individual Differences, 51,* 11–16.

Eysenck, H. J., & Eysenck, S. B. G. (1975). *Manual of the Eysenck Personality Questionnaire (adult and junior).* London: Hodder & Stoughton.

Eysenck, S. B. G., Eysenck, H. J., & Barrett, P. (1985). A revised version of the psychoticism scale. *Personality and Individual Differences, 6,* 21–29.

Feist, G. J. (1998). A meta-analysis of personality in scientific and artistic creativity. *Personality and Social Psychology Review, 2,* 290–309.

Ferrándiz, C., Marín, F., Gallud, L., Ferrando, M., López Pina, J. A., & Prieto, Mª D. (2006). Validez de la escala de inteligencia emocional de Schutte en una muestra de estudiantes universitarios [Validity of Schutte's scale of emotional intelligence in a sample of university students]. *Ansiedad y Estrés, 12,* 167–179.

Findlay, C. S., & Lumsden, C. J. (1988). The creative mind: Towards an evolutionary theory of discovery and innovation. *Journal of Social and Biological Structures, 11,* 3–55.

Finkbeiner, A. (2011). Crystal method. *The University of Chicago Magazine, 104,* 32–37.

Fiori, M., & Antonakis, J. (2011). The ability model of emotional intelligence: Searching for valid measures. *Personality and Individual Differences, 50,* 329–334.

Firth, L., Mellor, D. J., Moore, K. A., & Loquet, C. (2004). How can managers reduce employee intention to quit? *Journal of Managerial Psychology, 19,* 170–187.

Flavell, J. H. (1979). Metacognition and metacognitive monitoring: A new area of cognitive-developmental inquiry. *American Psychologist, 34,* 906–911.

Fleishman, E. A. (1953). The description of supervisory behavior. *Journal of Applied Psychology, 37,* 1–6.

Floderhus-Myrhed, B., Pedersen, N., & Rasmuson, I. (1980). Assessment of heritability for personality, based on a short form of the Eysenck Personality Inventory: A study of 12,898 twin pairs. *Behavior Genetics, 10,* 153–162.

Folkman, S. (1997). Positive psychological states and coping with severe stress. *Social Science Medicine, 45,* 1207–1221.

Folkman, S., & Lazarus, R. S. (1980). An analysis of coping in a middle-aged community sample. *Journal of Health and Social Behavior, 21,* 219–239.

Folkman, S., & Lazarus, R. S. (1985). If it changes it must be a process: Study of emotion and coping during three stages of examination. *Journal of Personality and Social Psychology, 48,* 150–170.

Føllesdal, H., & Hagtvet, K. A. (2009). Emotional intelligence: The MSCEIT from the perspective of generalizability theory. *Intelligence, 37,* 94–105.

Fontaine, K. R., & Seal, A. (1997). Optimism, social support and premenstrual dysphoria. *Journal of Clinical Psychology, 53* (3), 243–247.

Francis, L. J., & Wilcox, C. (1998). The relationship between Eysenck's personality dimensions and Bem's masculinity and femininity scales revisited. *Personality and Individual Differences, 25,* 683–687.

Fredrickson, B. L. (1998). What good are positive emotions? *Review of General Psychology, 2,* 300–319.

Fredrickson, B. L. (2000). Cultivating positive emotions to optimize health and well-being. *Prevention & Treatment, 3,* March, no pagination.

Fredrickson, B. L. (2001). The role of positive emotions in positive psychology: The broaden-and-build theory of positive emotions. *American Psychologist, 56,* 218–226.

Fredrickson, B. L., Cohn, M. A., Coffey, K. A., Pek, J., & Finkel, S. M. (2008). Open hearts build lives: Positive emotions, induced through loving-kindness meditation, build consequential personal resources. *Journal of Personality and Social Psychology, 95*, 1045–1062.

Fredrickson, B. L., & Joiner, T. (2002). Positive emotions trigger upward spirals toward emotional well-being. *Psychological Science, 13*, 172–175.

Fredrickson, B. L., & Levenson, R. W. (1998). Positive emotions speed recovery from the cardiovascular sequelae of negative emotions. *Cognition and Emotion, 12*, 191–220.

Fredrickson, B. L., & Losada, M. F. (2005). Positive affect and the complex dynamics of human flourishing. *American Psychologist, 60*, 678–686.

Fredrickson, B. L., Mancuso, R. A., Branigan, C., & Tugade, M. M. (2000). The undoing effect of positive emotions. *Motivation and Emotion, 24*, 237–258.

Fresco, D. M., William, N. L., & Nugent, N. R. (2006). Flexibility and negative affect: Examining the associations of explanatory flexibility and coping flexibility to each other and to depression and anxiety. *Cognitive Therapy and Research, 30*, 201–210.

Freud, S. (1910). *Three contributions to the theory of sex*. New York and Washington: N.M.D. Pub. Co.

Freud, S. (1925). *Collected papers, Vol. 3, Case histories*. London: Hogarth Press and the Institute of Psycho-Analysis.

Freudenberger, H. J. (1974). Staff burn-out. *Journal of Social Issues, 30*, 159–165.

Frey, B., & Stutzer, A. (2002). What can economists learn from happiness research? *Journal of Economic Literature, 40*, 402–435.

Frijda, N. H. (2009). Emotion experience and its varieties. *Emotion Review, 1*, 264–271.

Fulmer, A. C., Gelfand, M. J., Kruglanski, A. W., Kim-Prieto, C., Diener, E., Pierro, A., & Higgins, E. T. (2010). On 'feeling right' in cultural contexts: How person-culture match affects self-esteem and subjective well-being. *Psychological Science, 21*, 1563–1569.

Funder, D. C. (2001). *The personality puzzle*. New York: Norton.

Funder, D. C., & Block, J. (1989). The role of ego-control, ego-resiliency, and IQ in delay of gratification in adolescence. *Journal of Personality and Social Psychology, 57*, 1041–1050.

Gable, S. L. (2006). Approach and avoidance social motives and goals. *Journal of Personality, 74*, 175–222.

Gaines Jr, S. O. (1998). Communication of emotions in friendships. In P. A. Andersen & L. K. Guerrero (Eds), *Handbook of communication and emotion: Research, theory, applications, and contexts* (pp. 507–531). San Diego, CA: Academic Press.

Gallagher, M. W., & Lopez, S. J. (2009). Positive expectancies and mental health: Identifying the unique contributions of hope and optimism. *Journal of Positive Psychology, 4*, 548–556.

Garland, E. L., Fredrickson, B., Kring, A. M., Johnson, D. P., Meyer, P. S., & Penn, D. L. (2010). Upward spirals of positive emotions counter downward spirals of negativity: Insights from the broaden-and-build theory and affective neuroscience on the treatment of emotion dysfunctions and deficits in psychopathology. *Clinical Psychology Review, 30*, 849–864.

Gasper, K., & Clore, G. (2002). Attending to the big picture: Mood and global versus local processing of visual information. *Psychological Science, 13*, 34–40.

Geschwind, N., Peeters, F., Drukker, M., van Os, J., & Wichers, M. (2011). Mindfulness training increases momentary positive emotions and reward experience in adults vulnerable to depression: A randomized controlled trial. *Journal of Consulting and Clinical Psychology, 79*, 618–628.

Getzels, J. W. (1964). Creative thinking, problem solving, and instruction. In E. R. Hilgard (Ed.), *Theories of learning and instruction: 63rd yearbook of the National Society for the Study of Education* (pp. 240–276). Chicago, IL: University of Chicago Press.

Getzels, J. W., & Csikszentmihalyi, M. (1976). *The creative vision: A longitudinal study of problem finding in art*. New York: Wiley.

Getzels, J. W., & Jackson, P. J. (1962). *Creativity and intelligence: Explorations with gifted students*. New York: Wiley.

Gilman, R., Dooley, J., & Florell (2006). Relative levels of hope and their relationship with academic and psychological indicators among adolescents. *Journal of Social and Clinical Psychology, 25*, 166–178.

Glucksberg, S. (1962). The influence of strength of drive on functional fixedness and perceptual recognition. *Journal of Experimental Psychology, 63*, 36–41.

Goldberg, L. R. (1990). An alternative 'description of personality': The Big-Five factor structure. *Journal of Personality and Social Psychology, 59*, 1216–1229.

Goldberg, L. R. (1993). The structure of phenotypic personality traits. *American Psychologist, 48*, 26–34.

Goleman, D. (1995). *Emotional intelligence*. New York: Bantam Books.

Gottman, J. M. (1994). *What predicts divorce? The relationship between marital processes and marital outcomes*. Hillsdale, NJ: Erlbaum.

Gottman, J. M., Katz, L. F., & Hooven, C. (1997). *Meta emotion: How families communicate emotionally*. Mahwah, NJ: Erlbaum.

Grant, A. M., & Schwartz, B. (2011). Too much of a good thing: The challenge and opportunity of the inverted U. *Psychological Science, 6*, 61–76.

Greenberg, L. (2002). *Emotion-focused therapy: Coaching clients through their feelings*. Washington: American Psychological Association.

Gross, J. J., & John, O. P. (2003). Individual differences in two emotion regulation processes: Implications for affect, relationships, and well-being. *Journal of Personality and Social Psychology, 85*, 348–362.

Gudykunst, W. B., Matsumoto, Y., Ting-Toomey, S., Nishida, T., Kim, K., & Heyman, S. (1996). The influence of cultural individualism-collectivism, self construals, and individual values on communication styles across cultures. *Human Communication Research, 22*, 510–543.

Guilford, J. P. (1967). *The nature of human intelligence*. New York: McGraw-Hill.

Guisinger, S., & Blatt, S. J. (1994). Individuality and relatedness. *American Psychologist, 49*, 104–111.

Haaga, D. A. F., & Stewart, B. L. (1992). Self-efficacy for recovery from a lapse after smoking cessation. *Journal of Consulting and Clinical Psychology, 60*, 24–28.

Hackman, J. R. (1987). Design of work teams. In J. W. Lorsch (Ed.), *Handbook of organizational behavior* (pp. 315–342). Englewood Cliffs, NJ: Prentice-Hall.

Hackman, J. R. (2002). *Leading teams: Setting the stage for great performances*. Boston, MA: Harvard Business School Press.

Hackman, J. R., & Oldham, G. R. (1974). The Job Diagnostic Survey: An instrument for the diagnosis of jobs and the evaluation of job redesign projects. *JSAS Catalog of Selected Documents in Psychology, 4* (148) (Ms. No. 810).

Hackman, J. R., & Oldham, G. R. (1980). *Work redesign*. Reading, MA: Addison-Wesley Publishing Company.

Hall, J. A., & Taylor, M. C. (1985). Psychological androgyny and the masculinity X femininity interaction. *Journal of Personality and Social Psychology, 49*, 429–435.

Harari, Y. N. (2008). Combat flow: Military, political, and ethical dimensions of subjective well-being in war. *Review of General Psychology, 12*, 253–264.

Harrington, D. M., Block, J. H., & Block, J. (1987). Testing aspects of Carl Rogers's theory of creative environments: Child-rearing antecedents of creative potential in young adolescents. *Journal of Personality and Social Psychology, 52*, 851–856.

Harris, M. M., & Schaubroeck, J. (1988). A meta-analysis of self-supervisor, self-peer, and peer-supervisor ratings. *Personnel Psychology, 41*, 43–62.

Harter, S. (1983). Developmental perspectives on the self-esteem. In P. H. Mussen (Ed.), *Handbook of child psychology: Socialization, personality, and social development* (Vol. 4, pp. 275–386). New York: Wiley.

Harter, S. (1993). Causes and consequences of low self-esteem in children and adolescents. In R. Baumeister (Ed.), *Self-esteem: The puzzle of low self-regard* (pp. 87–116). New York: Plenum Press.

Hatfield, E. (1988). Passionate and companionate love. In R. J. Sternberg & M. L. Barnes (Eds), *The psychology of love* (pp. 191–217). New Haven, CT: Yale University Press.

Hatfield, E., & Rapson, R. L. (1993). *Love, sex, and intimacy: The psychology, biology, and history*. New York: Harper Collins.

Hatfield, E., & Rapson, R. L. (1996). *Love and sex: Cross-cultural perspectives*. Boston: Allyn and Bacon.

Haworth, J., & Evans, S. (1995). Challenge, skill and positive subjective states in the daily life of a sample of YTS students. *Journal of Occupational and Organizational Psychology, 68*, 109–121.

Hayamizu, T. (1997). Between intrinsic and extrinsic motivation: Examination of reasons for academic study based on the theory of internalization. *Japanese Psychological Research, 39*, 98–108.

Hayes, S. C., Strohsahl, K., Wilson, K. G., Bissett, R. T., Pistorello, J., Toarmino, D., Polusny, M. A., Dykstra, T. A., Batten, S. V., Bergan, J., Stewart, S. H., Zvolensky, M. J., Eifert, G. H., Bond, F. W., Forsyth J. P., Karekla, M., & McCurry, S. M. (2004). Measuring experiential avoidance. A preliminary test of a working model. *Psychological Record, 54*, 553–578.

Headey, B., & Wearing, A. (1992). *Understanding happiness: A theory of subjective well-being*. Melbourne: Longman Cheshire.

Hemingway, E. (2009). *A moveable feast: The restored edition* (edited by S. Hemingway). New York: Scribner.

Hendrick, S. S. (1988). A generic measure of relationship satisfaction. *Journal of Marriage and the Family, 50*, 93–98.

Hendrick, C., & Hendrick, S. S. (1986). A theory and method of love. *Journal of Personality and Social Psychology, 50*, 392–402.

Hendrick, S. S., & Hendrick, C. (1987). Multidimensionality of sexual attitudes. *Journal of Sex Research, 23*, 502–526.

Hendrick, S. S., & Hendrick, C. (2005). Love. In C. R. Snyder & S. J. Lopez (Eds), *Handbook of positive psychology* (pp. 472–484). New York: Oxford University Press.

Hills, P., & Argyle, M. (2002). The Oxford Happiness Questionnaire: A compact scale for the measurement of psychological well-being. *Personality and Individual Differences, 33*, 1073–1082.

Hirt, E. R., Levine, G. M., McDonald, H. E., Melton, R. J., & Martin, L. L. (1997). The role of mood in quantitative and qualitative aspects of performance: Single or multiple mechanisms? *Journal of Experimental Social Psychology, 33*, 602–629.

Ho, D. Y. F. (1986). Chinese patterns of socialization: A critical review. In M. H. Bond (Ed.), *Psychology of the Chinese people* (pp. 1–37). Hong Kong: Oxford University Press.

Hodgins, H., Koestner, R., & Duncan, N. (1996). On the compatibility of autonomy and relatedness. *Personality and Social Psychology Bulletin, 22*, 227–245.

Hoffer, J., Bush, H., & Kiessling, F. (2008). Individual pathways to life satisfaction: The significance of traits and motives. *Journal of Happiness Studies, 9*, 503–520.

Hofstede, G. (2001). *Culture's consequences, comparing values, behaviors, institutions, and organizations across nations*. Thousand Oaks, CA: Sage Publications.

Hofstede, G., & McCrae, R. R. (2004). Personality and culture revisited: Linking traits and dimensions of culture. *Cross-Cultural Research, 38*, 52–88.

Hollon, S. D., Stewart, M. O., & Strunk, D. (2006). Cognitive behavior therapy has enduring effects in the treatment of depression and anxiety. *Annual Review of Psychology, 57*, 285–315.

Hong, Y. Y., Chiu, C. Y., & Kung, T. M. (1997). Bringing culture out in front: Effects of cultural meaning system activation on social cognition. In K. Leung, Y. Kashima, U. Kim, & S. Yamaguchi (Eds), *Progress in Asian social psychology* (Vol. 1, pp. 135–146). Singapore: Wiley.

Horley, J., & Lavery, J. J. (1995). Subjective well-being and age. *Social Indicators Research, 34*, 275–282.

Hudson, W. W. (1998). Index of Sexual Satisfaction. In C. M. Davis, W. L. Yarber, R. Bauserman, G. Schreer, & S. L. Davis (Eds), *Handbook of sexuality-related measures* (pp. 512–513). London: Sage Publications.

Hudson, W. W., Harrison, D. F., & Crosscup, P. (1981). A short-form scale to measure sexual discord in dyadic relationships. *Journal of Sex Research, 17*, 157–174.

Hume, D. (1739/1896). *A treatise of human nature* (reprinted from the original edition in three volumes and edited, with an analytical index, by L. A. Selby-Bigge). Oxford: Clarendon Press.

Huth, T. (2008). *Organizing cross-functional new product development projects: The phase-specific effects of organizational antecedents*. Wiesbaden, Germany: Gabler.

Ilies, R., & Judge, T. A. (2002). Understanding the dynamic relationships among personality, mood, and job satisfaction: A field experience sampling study. *Organizational Behavior and Human Decision Processes, 89*, 1119–1139.

Inglehart, R. F. (1990). *Culture shift in advanced industrial societies*. Princeton, NJ: Princeton University Press.

Ip, G. W. M., & Bond, M. H. (1995). Culture, values, and the spontaneous self-concept. *Asian Journal of Psychology, 1*, 29–35.

Isen, A. M., Daubman, K. A., & Nowicki, G. P. (1987). Positive affect facilitates creative problem solving. *Journal of Personality and Social Psychology, 52*, 1122–1131.

Iyengar, S. S., & Lepper, M. R. (1999). Rethinking the value of choice: A cultural perspective on intrinsic motivation. *Journal of Personality and Social Psychology, 76*, 349–366.

Izard, C. E. (1977). *Human emotions*. New York: Plenum Press.

Izard, C. E. (2011). The many meanings/aspects of emotion: Definitions, functions, activation, and regulation. *Emotion Review, 2*, 363–370.

Jackson, S. A., & Csikszentmihalyi, M. (1999). *Flow in sports: The keys to optimal experiences and performances*. Champaign, IL: Human Kinetics.

Jackson, S. A., & Eklund, R. C. (2002). Assessing flow in physical activity: The Flow State Scale-2 and Dispositional Flow Scale-2. *Journal of Sport and Exercise Psychology, 24*, 133–150.

Jackson, S. A., & Eklund, R. C. (2004). *The flow scale manual*. Morgantown, WV: Fitness Information Technology, Inc.

Jackson, S. A., & Roberts, G. C. (1992). Positive performance states of athletes: Toward a conceptual understanding of peak performance. *The Sport Psychologist, 6*, 156–171.

Jäger, C., & Bartsch, A. (2006). Meta-Emotions. *Grazer Philosophische Studien, 73*, 179–204.

James, W. (1892/1963). *Psychology*. Greenwich, CT: Fawcett.

Jang, H., Reeve, J., & Deci, E. L. (2010). Engaging students in learning activities: It is not autonomy support or structure but autonomy support and Structure. *Journal of Educational Psychology, 102*, 588–600.

Jerusalem, M., & Schwarzer, R. (1992). Self-efficacy as a resource factor in stress appraisal processes. In R. Schwarzer (Ed.), *Self-efficacy: Thought control of action* (pp. 195–213). Washington: Hemisphere.

Judge, T. A., & Hurst, C. (2007). The benefits and possible costs of positive core self-evaluations: A review and agenda for future research. In D. Nelson & C. L. Cooper (Eds), *Positive organizational behavior* (pp. 159–174). London: Sage Publications.

Judge, T. A., Thoresen, C. J., Bono, J. E., & Patton, G. K. (2001). The job satisfaction-job performance relationship: A qualitative and quantitative review. *Psychological Bulletin, 127*, 376–407.

Kahneman, D., & Krueger, A. B. (2006). Developments in the measurement of subjective well-being. *Journal of Economic Perspectives, 20*, 3–24.

Kahn, W. A. (1990). Psychological conditions of personal engagement and disengagement at work. *Academy of Management Journal, 33*, 692–724.

Kahoe, R. D., & McFarland, R. E. (1975). Interactions of task challenge and intrinsic and extrinsic motivations in college achievement. *Journal of Educational Psychology, 67*, 432–438.

Kamarck, T. W., Peterman, A. H., & Raynor, D. A. (1998). The effects of the social environment on stress-related cardiovascular activation: Current findings, prospects, and implications. *Annals of Behavioral Medicine, 20*, 247–256.

Kant, I. (1781/1787/1997). *Critique of pure reason* (trans. by P. Guyer & A. Wood). Cambridge and New York: Cambridge University Press.

Kashdan, T. B. (2004). The assessment of subjective well-being (issues raised by the Oxford Happiness Questionnaire). *Personality and Individual Differences, 36*, 1225–1232.

Kaviani, H., Javaheri, F., & Hatami, N. (2011). Mindfulness-Based Cognitive Therapy (MBCT) reduces depression and anxiety induced by real stressful setting in non-clinical population. *International Journal of Psychology and Psychological Therapy, 11*, 285–296.

Keele S. M., & Bell R. C. (2008). The factorial validity of emotional intelligence: An unresolved issue. *Personality and Individual Differences, 44*, 487–500.

Keenan, A., & Newton, T. J. (1985). Stressful events, stressors and psychological strains in young professional engineers. *Journal of Occupational Behaviour, 6*, 151–156.

Keller, J., & Bless, H. (2008). Flow and regulatory compatibility: An experimental approach to the flow model of intrinsic motivation. *Personality and Social Psychology Bulletin, 34*, 196–209.

Keller, J., Bless, H., Blomann, F., & Kleinbohl, D. (2011). Physiological aspects of flow experiences: Skills-demand-compatibility effects on heart rate variability and salivary cortisol. *Journal of Experimental Social Psychology, 47*, 849–852.

Kenrick, D. T., Sadalla, E. K., Groth, G., & Trost, M. R. (1990). Evolution, traits and the stages of human courtship: Qualifying the parental investment model. *Journal of Personality, 58*, 97–116.

Keyes, C. L. M. (1998). Social well-being. *Social Psychology Quarterly, 61*, 121–140.

Keyes, C. L. M. (2002). The mental health continuum: From languishing to flourishing in life. *Journal of Health and Social Behavior, 43*, 207–222.

Keyes, C. L. M. (2005). Mental illness and/or mental health? Investigating axioms of the complete state model of health. *Journal of Consulting and Clinical Psychology, 73*, 539–548.

Keyes, C. L. M. (2006). Mental health in adolescence: Is America's youth flourishing? *American Journal of Orthopsychiatry, 76*, 395–402.

Keyes, C. L. M., Dhingra, S. S., & Simoes, E. J. (2010). Change in level of positive mental health as a predictor of future risk of mental illness. *American Journal of Public Health, 100*, 2366–2371.

Keyes, C. L. M., Shmotkin, D., & Ryff, C. D. (2002). Optimizing well-being: The empirical encounter of two traditions. *Journal of Personality and Social Psychology, 82*, 1007–1022.

Keyes, C. L. M., Wissing, M., Potgieter, J., Temane, M., Kruger, A., & van Rooy, S. (2008). Evaluation of the mental health continuum: Short Form (MHC-SF) in Swetsana-speaking South Africans. *Clinical Psychology and Psychotherapy, 15*, 181–192.

Kim, J., & Hatfield, E. (2004). Love types and subjective well-being: A cross-cultural study. *Social Behavior and Personality, 32*, 173–182.

King, L. A., McKee Walker, L., & Broyles, S. J. (1996). Creativity and the five-factor model. *Journal of Research in Personality, 30*, 189–203.

Kirton, M. (1976). Adaptors and innovators: A description and measure. *Journal of Applied Psychology, 61*, 622–629.

Klinger, E. (1977). *Meaning and void: Inner experience and the incentives in people's lives.* Minneapolis, MI: University of Minnesota Press.

Kuhn, M., & McPartland, T. S. (1954). An empirical investigation of self-attitudes. *American Sociological Review, 19*, 68–77.

Kuhn, T. (1969). *The structure of scientific revolutions.* Chicago: University of Chicago Press.

Kundera, M. (1984). *The unbearable lightness of being* (trans. by Michael Henry Heim). London: Harper & Row.

Kundera, M. (1988). *The art of the novel* (trans. by Linda Asher). London: Faber and Faber.

Kundera, M. (1998). *Identity* (trans. by Linda Asher). London: Faber and Faber.

Kupfer, D. J., Frank, E., Perel, J. M., Cornes, C., Mallinger, A. G., Thase, M. E., McEachran, A. B., & Grochocinski, V. J. (1992). 5-year outcome for maintenance therapies in recurrent depression. *Archives of General Psychiatry, 49*, 769–773.

Kuyken, W., Byford, S., Taylor, R. S., Watkins, E., Holden, E., White, K., Barrett, B., Byng, R., Evans, A., Mullan, E., & Teasdale, J. D. (2008). Mindfulness-based cognitive therapy to prevent relapse in recurrent depression. *Journal of Consulting and Clinical Psychology, 76*, 966–978.

Kwan, V. S. Y., Bond, M. H., & Singelis, T. M. (1997). Pancultural explanations for life satisfaction: Adding relationship harmony to self-esteem. *Journal of Personality and Social Psychology, 73*, 1038–1051.

LaFromboise, T., Coleman, H. L., & Gerton, J. (1993). Psychological impact of biculturalism: Evidence and theory. *Psychological Bulletin, 114*, 395–412.

Lai, J. C. L. (1997). Relative predictive power of the optimism versus the pessimism index of a Chinese version of the Life Orientation Test. *The Psychological Record, 47*, 399–410.

Lai, J. C. L., Cheung, H., Lee, W. M., & Yu, H. (1998). The utility of the revised Life Orientation Test to measure optimism among Hong Kong Chinese. *International Journal of Psychology, 33* (1), 45–56.

Lam, C. B., & McBride-Chang, C. A. (2007). Resilience in young adulthood: The moderating influences of gender-related personality traits and coping flexibility. *Sex Roles, 56*, 159–172.

Langer, E. J., & Imber, L. G. (1979). When practice makes imperfect: Debilitating effects of overlearning. *Journal of Personality and Social Psychology, 37*, 2014–2024.

Larsen, R. J., & Cutler, S. E. (1996). The complexity of individual emotional lives: A within-subject analysis of affect structure. *Journal of Social and Clinical Psychology, 15*, 206–230.

Larsen, R. J., & Diener, E. (1987). Affect intensity as an individual difference characteristic: A review. *Journal of Research in Personality, 21*, 1–39.

Larsen, R. J., & Diener, E. (1992). Promises and problems with the circumplex model of emotion. *Review of Personality and Social Psychology, 13*, 25–59.

Larson, R., Hansen, D. M., & Moneta, G. B. (2006). Differing profiles of developmental experiences across types of organized youth activities. *Developmental Psychology, 42*, 849–863.

Lazarus, R. S. (1991). *Emotion and adaptation.* London: Oxford University Press.

Lazarus, R. S. (1993). From psychological stress to the emotions: A history of chang-ing outlooks. *Annual Review of Psychology, 44*, 1–21.

Lazarus, R. S., & Folkman, S. (1984). *Stress, appraisal and coping*. New York: Springer.

Lee, R. T., & Ashforth, B. E. (1996). A meta-analytic examination of the correlates of the three dimensions of job burnout. *Journal of Applied Psychology, 81*, 123–133.

Leiter, M. P. (1993). Burnout as a development process: Consideration of models. In W. B. Schaufeli, C. Maslach, & T. Marek (Eds), *Professional burnout: Recent develop-ments in theory and research* (pp. 237–250). Washington: Taylor & Francis.

Leu, J., Wang, J., & Koo, K. (2011). Are positive emotions just as 'positive' across cultures? *Emotion, 11*, 994–999.

Lewinsohn, P. M., & Gotlib, I. H. (1995). Behavioral theory and treatment of depres-sion. In E. E. Beckham & W. R. Leber (Eds), *Handbook of depression* (2nd ed.) (pp. 352–375). New York: Guilford.

Leys, S. (1997). *The analects of Confucius: Translation and notes*. New Yok: Norton.

Linley, P. A., Joseph, S., Harrington, S., & Wood, A. M. (2006). Positive psychology: Past, present, and (possible) future. *The Journal of Positive Psychology, 1*, 3–16.

Little, B. R. (1983). Personal projects: A rationale and method for their investigation. *Environment and Behavior, 15*, 273–309.

Little, B. R. (1987). Personal projects analysis: A new methodology for counselling psychology. *NATCOM, 13*, 591–614.

Little, B. R. (1989). Personal projects analysis: Trivial pursuits, magnificent obsessions, and the search for coherence. In D. M. Buss & N. Cantor (Eds), *Personality psychol-ogy: Recent trends and emerging directions* (pp. 15–31). New York: Springer.

Loehlin, J. C. (1992). *Genes and environment in personality development*. Newbury Park, CA: Sage Publications.

Loevinger, J. (1976). *Ego development: Conceptions and theories*. San Francisco, CA: Jossey-Bass.

Loevinger, J. (1985). Revision of the Sentence Completion Test for ego development. *Journal of Personality and Social Psychology, 48*, 420–427.

Loevinger, J. (1993). Measurement in personality: True or false. *Psychological Inquiry, 4*, 1–16.

Loher, B. T., Noe, R. A., Moeller, N. L., & Fitzgerald, M. P. 1985. A meta-analysis of the relation of job characteristics to job satisfaction. *Journal of Applied Psychology, 70*, 280–289.

Lucas, R. E., Diener, E., Grob, A., Suh, E. M., & Shao, L. (2000). Cross-cultural evidence for the fundamental features of extraversion. *Journal of Personality and Social Psychology, 79*, 452–468.

Luttmer, E. (2005). Neighbors as negatives: Relative earnings and well-being. *Quar-terly Journal of Economics, 120*, 963–1002.

Lykken, D. T., & Tellegen, A. (1996). Happiness is a stochastic phenomenon. *Psycho-logical Science, 7*, 186–189.

Lyubomirsky, S. (2001). Why are some people happier than others? The role of cognitive and motivational processes in well-being. *American Psychologist, 56*, 239–249.

Lyubomirsky, S., Boehm, J., Kasri, F., & Zehm, K. (2011a). The cognitive and hedonic costs of dwelling on achievement-related negative experiences: Implications for enduring happiness and unhappiness. *Emotion, 11*, 1152–1167.

Lyubomirsky, S., Dickerhoof, R., Boehm, J. K., & Sheldon, K. M. (2011b). Becoming happier takes both a will and a proper way: An experimental longitudinal inter-vention to boost well-being. *Emotion, 11*, 391–402.

Lyubomirsky, S., & Lepper, H. (1999). A measure of subjective happiness: Preliminary reliability and construct validation. *Social Indicators Research, 46*, 137–155.

Lyubomirsky, S., & Ross, L. (1997). Hedonic consequences of social comparison: A contrast of happy and unhappy people. *Journal of Personality and Social Psychology, 73*, 1141–1157.

Lyubomirsky, S., & Ross, L. (1999). Changes in attractiveness of elected, rejected, and precluded alternatives: A comparison of happy and unhappy individuals. *Journal of Personality and Social Psychology, 76*, 988–1007.

Lyubomirsky, S., Tkach, C., & Dimatteo, M. R. (2006). What are the differences between happiness and self-esteem? *Social Indicators Research, 78*, 363–404.

Lyubomirsky, S., Tucker, K. L., & Kasri, F. (2001). Responses to hedonically conflicting social comparisons: Comparing happy and unhappy people. *European Journal of Social Psychology, 31*, 511–535.

Macdonald, C., Bore, M., Munro, D. (2008). Values in Action Scale and the Big 5: An empirical indication of structure. *Journal of Research in Personality, 42*, 787–799.

MacDonald, R., Byrne, C., & Carlton, L. (2006). Creativity and flow in musical composition: An empirical investigation. *Psychology of Music, 34*, 292–306.

Maehr, M. L. (1989). Thoughts about motivation. In C. Ames & R. Ames (Eds), *Research on motivation in education* (Vol. 3, pp. 299–315). New York: Academic Press.

Magnus, K., Diener, E., Fujita, F., & Pavot, W. (1993). Extraversion and neuroticism as predictors of objective life events: A longitudinal analysis. *Journal of Personality and Social Psychology, 65*, 1046–1053.

Maier, S. F., & Seligman, M. E. P. (1976). Learned helplessness: Theory and evidence. *Journal of Experimental Psychology: General, 105*, 3–46.

Marcia, J. E., (1966), Development and validation of ego identity status. *Journal of Personality and Social Psychology, 3*, 551–558.

Marcia, J. E. (1980). Identity in adolescence. In J. Adelson (Ed.), *Handbook of adolescent psychology* (pp. 159–187). New York: Wiley.

Markus, H. R., & Kitayama, S. (1991). Culture and the self: Implications for cognition, emotion, and motivation. *Psychological Review, 98*, 224–253.

Markus, H. R., & Kitayama, S. (1994). A collective fear of the collective: Implications for selves and theories of selves. *Personality and Social Psychology Bulletin, 20*, 568–579.

Markus, H. R., Kitayama, S., & Heiman R. J. (1996). Culture and basic psychological principles. In E. T. Higgins & A. W. Kruglanski (Eds), *Social psychology: Handbook of basic principles* (pp. 857–913). New York: Guilford.

Marques, S. C., Pais-Ribeiro, J. L., & Lopez, S. J. (2009). Cross-sectional and longitudinal predictors of early adolescents' academic achievement. Paper presented at the 11th European Congress of Psychology, Oslo, Norway.

Marshall, G. N., & Lang, E. L. (1990). Optimism, self-mastery, and symptoms of depression in women professionals. *Journal of Personality and Social Psychology, 59* (1), 132–139.

Martin, L. L., Ward, D. W., Achee, J. W., & Wyer, R. S. (1993). Mood as input: People have to interpret the motivational implications of their moods. *Journal of Personality and Social Psychology, 64*, 317–326.

Maslach, C., Jackson, S. E., & Leiter, M. P. (1996). *The Maslach Burnout Inventory: Test manual* (3rd ed.). Palo Alto, CA: Consulting Psychologists Press.

Maslow, A. H. (1968). *Toward a psychology of being.* New York: Van Nostrand.

Massimini, F., & Carli, M. (1988). The systematic assessment of flow in daily experience. In M. Csikszentmihalyi & I. S. Csikszentmihalyi (Eds), *Optimal experience: Psychological studies of flow in consciousness* (pp. 266–287). New York: Cambridge University Press.

Massimini, F., Csikszentmihalyi, M., & Carli, M. (1987). The monitoring of optimal experience: A tool for psychiatric rehabilitation. *The Journal of Nervous and Mental Diseases, 175*, 545–549.

Massimini, F., Inghilleri, P., & Delle Fave, A. (Eds) (1996). *La selezione psicologica umana* [Human psychological selection]. Milan: Cooperativa Libraria IULM.

Mather, M., & Carstensen, L. L. (2003). Aging and attentional biases for emotional faces. *Psychological Science, 14*, 409–415.

Mathews, A., Yiend, J., & Lawrence, A. D. (2004). Individual differences in the modulation of fear-related brain activation by attentional control. *Journal of Cognitive Neuroscience, 16*, 1683–1694.

Matlin, M., & Stang, D. (1978). *The Pollyanna principle*. Cambridge, MA: Schenkman.

Matsumoto, D. (1991). Cultural influences on facial expressions of emotion. *The Southern Communication Journal, 56*, 128–137.

Mayer, J. D., Caruso, D., & Salovey, P. (1999). Emotional intelligence meets traditional standards for an intelligence. *Intelligence, 27*, 267–298.

Mayer, J. D., & Salovey, P. (1997). What is emotional intelligence? In P. Salovey & D. Sluyter (Eds), *Emotional development and emotional intelligence: Implications for educators* (pp. 3–31). New York: Basic Books.

Mayer, J. D., Salovey, P., & Caruso, D. (2002a). *Mayer-Salovey-Caruso Emotional Intelligence Test (MSCEIT), Version 2.0*. Toronto, Canada: Multi-Health Systems.

Mayer, J. D., Salovey, P., & Caruso, D. (2002b). *MSCEIT technical manual*. Toronto: Multi-Health Systems.

McAdams, D. P. (1984). Human motives and personal relationships. In V. J. Derlega (Ed.), *Communication, intimacy, and close relationships* (pp. 41–70). Orlando, FL: Academic Press.

McAdams, D. P. (1996). Personality, modernity, and the storied self: A contemporary framework for studying persons. *Psychological Inquiry, 7*, 295–321.

McAdams, D. P. (2008). Personal narratives and the life story. In O. John, R. Robins, & L. A. Pervin, *Handbook of personality: Theory and research* (pp. 241–261). New York: Guilford Press.

McAdams, D. P., Healy, S., & Krause, S. (1984). Social motives and patterns of friendship. *Journal of Personality and Social Psychology, 47*, 828–838.

McAdams, D. P., Josselson, R., & Lieblich, A. (2006). *Identity and story: Creating self in narrative*. Washington: American Psychological Association.

McAuley, E., Duncan, T., & Tammen, V. V. (1987). Psychometric properties of the Intrinsic Motivation Inventory in a competitive sport setting: A confirmatory factor analysis. *Research Quarterly for Exercise and Sport, 60*, 48–58.

McClelland, D. C. (1985). *Human motivation*. Glenview, IL: Scott, Foresman.

McClelland, D. C. (1961). *The achieving society*. Princeton, NJ: Van Nostrand.

McClelland, D. C., Atkinson, J. W., Clark, R. A., & Lowell, E. L. (1953). *The achievement motive*. New York: Appleton-Century-Crofts.

McCrae, R. R. (1987). Creativity, divergent thinking, and openness to experience. *Journal of Personality and Social Psychology, 52*, 1258–1265.

McCrae, R. R., & Allik, J. (2002). *The five-factor model of personality across cultures*. New York: Kluwer Academic/Plenum.

McCrae, R. R., & Costa, P. T., Jr (1989). Reinterpreting the Myers-Briggs Type Indicator from the perspective of the five-factor model of personality. *Journal of Personality, 57*, 17–40.

McCullers, J. C., & Martin, J. A. G. (1971). A reexamination of the role of incentive in children's discrimination learning. *Child Development, 42*, 827–837.

Meilman, P. W. (1979). Cross-sectional age change in ego identity status during adolescence. *Developmental Psychology, 15*, 230–231.

Milam, J. E., Richardson, J. L., Marks, G., Kemper, C. A., & McCutchan, A. J. (2004). The roles of dispositional optimism and pessimism in HIV disease progression. *Psychology and Health, 19*, 167–181.

Mitmansgruber, H., Beck, T. N., Höfer, S., & Schüßler, G. (2009). When you don't like what you feel: Experiential avoidance, mindfulness and meta-emotion in emotion regulation. *Personality and Individual Differences, 46,* 448–453.

Moneta, G. B. (2004). The flow model of state intrinsic motivation in Chinese: Cultural and personal moderators. *Journal of Happiness Studies, 2,* 181–217.

Moneta, G. B. (2010). Chinese short form of the Personal Attributes Questionnaire: Construct and concurrent validity. *Sex Roles, 62,* 334–346.

Moneta, G. B. (2012a). On the measurement and conceptualization of flow. In S. Engeser (Ed.), *Advances in flow research* (pp. 23–50). New York: Springer.

Moneta, G. B. (2012b). Opportunity for creativity in the job as a moderator of the relation between trait intrinsic motivation and flow in work. *Motivation and Emotion, 36,* 491–503.

Moneta, G. B., Amabile, T. M., Schatzel, E., & Kramer, S. J. (2010). Multi-rater assessment of individual creative contributions to team projects in organizations. *European Journal of Work and Organizational Psychology, 2,* 150–176.

Moneta, G. B., & Csikszentmihalyi, M. (1996). The effect of perceived challenges and skills on the quality of subjective experience. *Journal of Personality, 64,* 275–310.

Moneta, G. B., & Csikszentmihalyi, M. (1999). Models of concentration in natural environments: A comparative approach based on streams of experiential data. *Social Behavior and Personality, 27,* 603–637.

Moneta, G. B., & Siu, C. M. Y. (2002). Trait intrinsic and extrinsic motivations, academic performance, and creativity in Hong Kong college students. *Journal of College Student Development, 43,* 664–683.

Moneta, G. B., Spada, M. M., & Rost, F. (2007). Approaches to studying when preparing for final exams as a function of coping strategies. *Personality and Individual Differences, 43,* 191–202.

Moore, R. L. (1998). Love and limerence with Chinese characteristics: Student romance in PRC. In V. C. de Munck (Ed.), *Romantic love and sexual behavior: Perspectives from the social sciences* (pp. 251–283). London: Praeger.

Moran, S., & John-Steiner, V. (2003). Creativity in the making: Vygotsky's contemporary contribution to the dialectic of development and creativity. In R. K. Sawyer, V. John-Steiner, S. Moran, R. J. Sternberg, D. H. Feldman, J. Nakamura, & M. Csikszentmihalyi (Eds), *Creativity and development* (pp. 61–90). New York: Oxford University Press.

Morrison, M., Tay, L., & Diener, E. (2011). Subjective well-being and national satisfaction: Findings from a worldwide survey. *Psychological Science, 22,* 166–171.

Moss, J. (2011). Virtue makes the goal right: Virtue and phronesis in Aristotle's ethics. *Phronesis: A Journal for Ancient Philosophy, 56,* 204–261.

Mowrer, O. H. (1960). *Learning theory and behavior.* New York: Wiley.

Murgatroyd, S. (1985). Introduction to reversal theory. In M. J. Apter, D. Fontana, & S. Murgatroyd (Eds), *Reversal theory: Applications and developments* (pp. 1–19). Cardiff, Wales: University College Cardiff Press, and New Jersey, NJ: Erlbaum.

Muris, P., Mayer, B., van Lint, C., & Hofman, S. (2008). Attentional control and psychopathological symptoms in children. *Personality and Individual Differences, 44,* 1495–1505.

Muris, P., Meesters, C., & Rompelberg, L. (2007). Attention control in middle childhood: Relations to psychopathological symptoms and threat perception distortions. *Behaviour Research and Therapy, 45,* 997–1010.

Muris, P., Merckelbach, H., & Bögels, S. (1995). Coping, defense, and fear in college students. *Journal of Personality and Individual Differences, 18,* 301–304.

Murray, H. A. (1938). *Explorations in personality.* New York: Oxford University Press.

Myers, D. G. (1999). Close relationships and quality of life. In D. Kahneman, E. Diener, & N. Schwarz (Eds), *Well-being: The foundations of hedonic psychology.* New York: Russell Sage Foundation.

Myers, D. G. (2000). The funds, friends, and faith of happy people. *American Psychologist, 55*, 56–67.

Myers, D. G., & Diener, E. (1995). Who is happy? *Psychological Science, 6*, 10–19.

Myers, I. B. (1962). *Manual: The Myers-Briggs Type Indicator.* Palo Alto, CA: Consulting Psychologists Press.

Myers, I. B., & McCaulley, M. H. (1985). *Manual: A guide to the development and use of the Myers-Briggs Type Indicator.* Palo Alto, CA: Consulting Psychologists Press.

Nakamura, J., & Csikszentmihalyi, M. (2005). The concept of flow. In C. R. Snyder & S. Lopez (Eds), *Handbook of positive psychology* (pp. 89–105). New York: Oxford University Press.

Nelson, T. O., & Narens, L. (1990). Metamemory: A theoretical framework and some new findings. In G. H. Bower (Ed.), *The psychology of learning and motivation* (Vol. 26, pp. 125–173). New York: Academic Press.

Neumark, D., & Postlewaite, A. (1998). Relative income concerns and the rise in married women's employment. *Journal of Public Economics, 70*, 157–183.

Nicholls, J. G. (1984). Achievement motivation: Conceptions of ability, subjective experience, task choice, and performance. *Psychological Review, 91*, 328–346.

Nikitin, J., & Freund, A. M. (2010a). When wanting and fearing go together: The effect of co-occurring social approach and avoidance motivation on behavior, affect, and cognition. *European Journal of Social Psychology, 40*, 783–804.

Nikitin, J., & Freund, A. M. (2010b). Age and motivation predict gaze behavior for facial expressions. *Psychology and Aging, 26*, 695–700.

O'Connell, K. A., & Calhoun, J. E. (2001). The telic/paratelic state instrument (T/PSI): Validating a reversal theory measure. *Personality and Individual Differences, 30*, 193–204.

Oishi, S., Diener, E., Lucas, R. E., & Suh, E. M. (1999). Cross-cultural variations in predictors of life satisfaction: Perspectives from needs and values. *Personality and Social Psychology Bulletin, 25*, 980–990.

Oishi, S., & Kurtz, J. L. (2011). The positive psychology of positive emotions: An avuncular view. In K. M. Sheldon, T. B. Kashdan, & M. E. Steger (Eds), *Designing positive psychology: Taking stock and moving forward* (pp. 101–114). New York: Oxford University Press.

Papageorgiou, C., & Wells, A. (2003). An empirical test of a clinical metacognitive model of rumination and depression. *Cognitive Therapy and Research, 27*, 261–273.

Park, N., Peterson, C., & Seligman, M. E. P. (2004). Strengths of character and well-being. *Journal of Social and Clinical Psychology, 23*, 603–619.

Pashler, H., Johnston, J. C., & Ruthroff, E. (2001). Attention and performance. *Annual Review of Psychology, 52*, 629–651.

Pennebaker, J. W. (1997). Writing about emotional experiences as a therapeutic process. *Psychological Science, 9*, 162–166.

Peterson, C. (2000). The future of optimism. *American Psychologist, 55*, 44–55.

Peterson, C. (2009). The future of positive psychology: Science and practice. *Psychology Today.* Available at: http://www.psychologytoday.com/blog/the-good-life/200912/the-future-positive-psychology-science-and-practice.

Peterson, C., & Barrett, L. (1987). Explanatory style and academic performance among university freshmen. *Journal of Personality and Social Psychology, 53*, 603–607.

Peterson, C., & Park, C. (1998). Learned helplessness and explanatory style. In D. F. Barone, V. B. Van Hasselt, & M. Hersen (Eds), *Advanced personality* (pp. 287–310). New York: Plenum Press.

Peterson, C., Park, N., & Seligman, M. E. P. (2006). Greater strengths of character and recovery from illness. *The Journal of Positive Psychology, 1*, 17–26.

Peterson, C., Ruch, W., Beermann, U., Park, N., & Seligman, M. E. P. (2007). Strengths of character, orientations to happiness, and life satisfaction. *The Journal of Positive Psychology, 2*, 149–156.

Peterson, C., & Seligman, M. E. P. (2001). *VIA Inventory of Strengths (VIA-IS)*. Available at: http://www.authentichappiness.sas.upenn.edu/questionnaires.aspx

Peterson, C., & Seligman, M. E. P. (2004). *Character strengths and virtues: A handbook and classification*. Washington: American Psychological Association.

Peterson, C., Semmel, A., von Baeyer, C., Abramson, L. Y., Metalsky, G. I., & Seligman, M. E. P. (1982). The Attributional Style Questionnaire. *Cognitive Therapy and Research, 6*, 287–299.

Petrides, K. V., & Furnham, A. (2000). On the dimensional structure of emotional intelligence. *Personality and Individual Differences, 29*, 313–320.

Pfister, R. (2002). *Flow im alltag: Untersuchungen zum quadrantenmodell des flow-erlebens und zum konzept der autotelischen persönlichkeit mit der Experience Sampling Method (ESM)* [Flow in everyday life: Studies on the quadrant model of flow experiencing and on the concept of the autotelic personality with the experience sampling method (ESM)]. Bern: Peter Lang.

Piaget, J. (1976). *The psychology of intelligence*. Totowa, NJ: Littlefield, Adams and Co.

Plomin, R., Chipuer, H. M., & Loehlin, J. C. (1990). Behavior genetics and personality. In L. A. Pervin (Ed.), *Handbook of personality: Theory and research* (pp. 225–243). New York: Guilford.

Plutchik, R. (1980). A general, psychoevolutionary theory of emotion. In R. Plutchik & H. Kellerman (Eds), *Emotion: Theory, research and experience* (Vol. 1, pp. 3–34). New York: Academic Press.

Plutchik, R. (1997). The circumplex as a general model of the structure of emotions and personality. In R. Plutchik & H. R. Conte (Eds), *Circumplex models of personality and emotions* (pp. 17–45). Washington: American Psychological Association.

Posner, M. I., & Rothbart, M. K. (1998). Attention, self-regulation and consciousness. *Philosophical Transactions of the Royal Society of London B, 353*, 1915–1927.

Puca, R. M., Rinkenauer, G., & Breidenstein, C. (2006). Individual differences in approach and avoidance movements: How the avoidance motive influences response force. *Journal of Personality, 74*, 979–1014.

Quevedo, R. J. M., & Abella, M. C. (2011). Well-being and personality: Facet-level analyses. *Personality and Individual Differences, 50*, 206–211.

Ramírez-Esparza, N., Gosling, S. D., Benet-Martínez, V., Potter, J. P., & Pennebaker, J. W. (2006). Do bilinguals have two personalities? A special case of cultural frame switching. *Journal of Research in Personality, 40*, 99–120.

Rapkin, B. D., & Fischer, K. (1992). Framing the construct of life satisfaction in terms of older adults' personal goals. *Psychology and Aging, 7*, 138–149.

Rashid, T., & Anjum, A. (2005). *340 ways to use VIA character strengths*. Available at: http://www.viastrengths.org/Applications/Exercises/tabid/132/Default.aspx

Rathunde, K. (1988). Optimal experience and the family context. In M. Csikszentmihalyi & I. Csikszentmihalyi (Eds), *Optimal experience: Psychological studies of flow in consciousness* (pp. 342–363). New York: Cambridge University Press.

Reilley, S. P., Geers, A. L., Lindsay, D. L., Deronde, L., & Dember, W. N. (2005). Convergence and predictive validity in measures of optimism and pessimism: Sequential studies. *Current Psychology, 24*, 43–59.

Rheinberg, F. (2008). Intrinsic motivation and flow-experience. In H. Heckhausen & J. Heckhausen (Eds), *Motivation and action* (pp. 323–348). Cambridge, UK: Cambridge University Press.

Rheinberg, F., Vollmeyer, R., & Engeser, S. (2003). Die Erfassung des Flow-Erlebens [The assessment of flow experience]. In J. Stiensmeier-Pelster & F. Rheinberg (Eds), *Diagnostik von Selbstkonzept, Lernmotivation und Selbstregulation* [Diagnosis of motivation and self-concept] (pp. 261–279). Göttingen: Hogrefe.

Roberts, R. D., Zeidner, M., & Matthews, G. (2001). Does emotional intelligence meet traditional standards for an intelligence? Some new data and conclusions. *Emotion, 1*, 196–231.

Rogaten, J., Moneta, G. B., & Spada, M. M. (in press). Academic performance as a function of approaches to studying and affect in studying. *Journal of Happiness Studies*.

Rogers, C. R. (1954). Towards a theory of creativity. *ETC: A Review of General Semantics, 11*, 249–260.

Rogers C. R. (1963). The actualizing tendency in relation to 'motives' and to consciousness. In M. R. Jones (Ed.), *Nebraska Symposium on Motivation* (pp. 1–24). Lincoln, NE: University of Nebraska Press.

Rosenberg, M. (1979). *Conceiving the self.* New York: Basic Books.

Rothbart, M. K., & Derryberry, D. (1981). Development in individual differences in temperament. In M. E. Lamb & A. L. Brown (Eds), *Advances in developmental psychology* (Vol. 1, pp. 37–86). Hilsdale, NJ: Erlbaum.

Rothbart, M. K., Ellis, L. K., & Posner, M. I. (2004). Temperament and self-regulation. In R. F. Baumeister & K. D. Vohs (Eds), *Handbook of self-regulation: Research, theory, and applications* (pp. 357–370). New York: Guilford.

Rotter, J. B. (1966). Generalized expectancies for internal versus external control of reinforcements. *Psychological Monographs, 80* (Whole No. 609).

Runco, M. A. (2005). Motivation, competence, and creativity. In A. Elliott & C. Dweck (Eds), *Handbook of achievement motivation and competence* (pp. 609–623). New York: Guilford Press.

Rusbult, C. E., Martz, J. M., & Agnew, C. R. (1998). The Investment Model Scale: Measuring commitment level, satisfaction level, quality of alternatives, and investment size. *Personal Relationships, 5*, 357–391.

Russell, J. A. (1997). How shall an emotion be called? In R. Plutchik, & H. R. Conte (Eds), *Circumplex models of personality and emotions* (pp. 205–220). Washington: American Psychological Association.

Russell, J. A., & Carroll, J. M. (1999). On the bipolarity of positive and negative affect. *Psychological Bulletin, 125*, 3–30.

Russell, J. A., Lewicka, M., & Niit, T. (1989). A cross-cultural study of a circumplex model of affect. *Journal of Personality and Social Psychology, 57*, 848–856.

Ryan, R. M., Chirkov, V. I., Little, T. D., Sheldon, K. M., Timoshina, E., & Deci, E. L. (1999). The American dream in Russia: Extrinsic aspirations in two cultures. *Personality and Social Psychology Bulletin, 25*, 1509–1524.

Ryan, R. M., & Deci, E. L. (2000). Self-Determination Theory and the facilitation of intrinsic motivation, social development, and well-being. *American Psychologist, 55*, 68–78.

Ryan, R. M., & Deci, E. L. (2001). On happiness and human potentials: A review of research on hedonic and eudaimonic well-being. *Annual Review of Psychology, 52*, 141–166.

Ryan, R., & Grolnick, W. S. (1986). Origins and pawns in the classroom: Self-report and projective assessments of individual differences in children's perceptions. *Journal of Personality and Social Psychology, 5*, 550–558.

Ryff, C. D. (1989). Happiness is everything, or is it? Explorations on the meaning of psychological well-being. *Journal of Personality and Social Psychology, 57*, 1069–1081.

Ryff, C. D., & Keyes, C. L. M. (1995). The structure of psychological well-being revisited. *Journal of Personality and Social Psychology, 69*, 719–727.

Ryff, C. D., & Singer, B. H. (1998). The contours of positive human health. *Psychological Inquiry, 9*, 1–28.

Saklofske, D. H., Austin, E. J., & Minski, P. S. (2003). Factor structure and validity of a trait emotional intelligence measure. *Personality and Individual Differences, 34*, 707–721.

Salami, S. O. (2010). Emotional intelligence, self-efficacy, psychological well-being and students' attitudes: Implications for quality education. *European Journal of Educational Studies, 2*, 247–257.

Salili, F. (1994). Age, sex and cultural differences in the meaning and dimensions of achievement. *Personality and Social Psychology Bulletin, 2*, 635–648.

Salovey, P., Bedell, B. T., Detweiler, J. B., & Mayer, J. D. (2000). Current directions in emotional intelligence research. In M. Lewis & J. M. Haviland-Jones (Eds), *Handbook of emotions* (2nd ed.) (pp. 504–520). New York: Guilford.

Salovey, P., & Mayer, J. D. (1990). Emotional intelligence. *Imagination, Cognition, and Personality, 9*, 185–211.

Salovey, P., Mayer, J. D., & Caruso, D. (2005). The positive psychology of emotional intelligence. In C. R. Snyder & S. J. Lopez (Eds), *Handbook of positive psychology* (pp. 159–171). New York: Oxford University Press.

Sato, I. (1988). Bosozoku: Flow in Japanese motorcycle gangs. In M. Csikszentmihalyi & I. S. Csikszentmihalyi (Eds), *Optimal experience: Psychological studies of flow in consciousness* (pp. 92–117). New York: Cambridge University Press.

Schaufeli, S. W., Bakker, A. B., & Salanova, M. (2006). The measurement of work engagement with a short questionnaire: A cross-national study. *Educational and Psychological Measurement, 66*, 701–716.

Schaufeli, W. B., Salanova, M., González-Romá, V., & Bakker, A. (2002). The Measurement of burnout and engagement: A confirmatory factor analytic approach. *Journal of Happiness Studies, 3*, 71–92.

Schaufeli, W. B., Taris, T., & Bakker, A. B. (2006). Dr. Jeckyll or Mr. Hyde: On the differences between work engagement and workaholism. In R. Burke (Ed.), *Workaholism in organizations* (pp. 194–217). Cheltenham, UK: Edward Elgar.

Scheier, M. F., & Carver, C. S. (1985). Optimism, coping, and health: Assessment and implication of generalized outcome expectancies. *Health Psychology, 4*, 219–247.

Scheier, M. F., & Carver, C. S. (1992). Effects of optimism on psychological and physical well-being: Theoretical overview and empirical update. *Cognitive Therapy and Research, 16*, 201–228.

Scheier, M. F., Carver, C. S., & Bridges, M. W. (1994). Distinguishing optimism from neuroticism (and trait anxiety, self-mastery, and self-esteem): A reevaluation of the Life Orientation Test. *Journal of Personality and Social Psychology, 67*, 1063–1078.

Scheier, M. F., Carver, C. S., & Bridges, M. W. (2001). Optimism, pessimism, and psychological well-being. In E. C. Chang (Ed.), *Optimism and pessimism: Implications for theory, research, and practice* (pp. 189–216). Washington: American Psychological Association.

Scheier, M. F., Matthews, K. A., Owens, J. F., Magovern, G. J., Lefebvre, R. C., Abbott, R. A., & Carver, C. S. (1989). Dispositional optimism and recovery from coronary artery bypass surgery: The beneficial effects on physical and psychological well-being. *Journal of Personality and Social Psychology, 57*, 1024–1040.

Scheier, M. F., Weintraub, J. K., & Carver, C. S. (1986). Coping with stress: Divergent strategies of optimists and pessimists. *Journal of Personality and Social Psychology, 51*, 1257–1264.

Schimmack, U., Oishi, S., & Diener, E. (2002). Cultural influences on the relation between pleasant emotions and unpleasant emotions: Asian dialectic philosophies or individualism-collectivism? *Cognition and Emotion, 16*, 705–719.

Schmutte, P. S., & Ryff, C. D. (1997). Personality and well-being: Reexamining methods and meanings. *Journal of Personality and Social Psychology, 73*, 549–559.

Schroevers, M. J., & Brandsma, R. (2010). Is learning mindfulness associated with improved affect after mindfulness-based cognitive therapy? *British Journal of Psychology, 101*, 95–107.

Schüler, J. (2010). Achievement incentives determine the effects of achievement-motive incongruence on flow experience. *Motivation and Emotion, 34*, 2–14.

Schüler, J., & Brunner, S. (2009). The rewarding effect of flow experience on performance in a marathon race. *Psychology of Sport & Exercise, 10*, 168–174.

Schüler, J., & Pfenninger, M. (2011). Flow impairs risk perception in kayakers. In B. D. Geranto (Ed.), *Sport Psychology* (pp. 237–246). New York: Nova.

Schulte, M. J., Ree, M. J., & Carretta, T. R. (2004). Emotional intelligence: Not much more than g and personality. *Personality and Individual Differences, 37*, 1059–1068.

Schutte, N. S., Malouff, J. M., Hall, L. E., Haggerty, D. J., Cooper, J. T., Golden, C. J., & Dornheim, L. (1998). Development and validation of a measure of emotional intelligence. *Personality and Individual Differences, 25*, 167–177.

Schwartz, B., & Sharpe, K. E. (2006). Practical wisdom: Aristotle meets positive psychology. *Journal of Happiness Studies, 7*, 377–395.

Schweizer, K., Beck-Seyffer A., & Schneider, R. (1999). Cognitive bias of optimism and its influence on psychological well-being. *Psychological Reports, 84*, 627–636.

Sears, R. R. (1977). Sources of life satisfaction of the Terman gifted men. *American Psychologist, 32*, 119–128.

Seligman, M. E. P. (1998). *Learned optimism* (2nd ed.). New York: Pocket Books (Simon and Schuster).

Seligman, M. E. P. (2002). *Authentic happiness: Using the new positive psychology to realize your potential for lasting fulfillment.* New York: Free Press.

Seligman, M. E. P., & Csikszentmihalyi, M. (2000). Positive psychology: An introduction. *American Psychologist, 55*, 5–14.

Seligman, M. E. P., Maier, S. F., & Geer, J. (1968). The alleviation of learned helplessness in dogs. *Journal of Abnormal Psychology, 73*, 256–262.

Seligman, M. E. P., Reivich, K., Jaycox, L., & Gillham, J. (1995). *The optimistic child.* New York: Houghton Mifflin.

Seligman, M. E. P., Steen, T. A., Park, N., & Peterson, C. (2005). Positive psychology progress: Empirical validation of interventions. *American Psychologist, 60*, 410–421.

Seligman, M. E. P., Castellon, C., Cacciola, J., Schulman, P., Luborsky, L., Ollove, M., & Downing, R. (1988). Explanatory style change during cognitive therapy for unipolar depression. *Journal of Abnormal Psychology, 97*, 13–18.

Selye, H. (1983). *Selye's guide to stress research, Vol. 3.* New York: Van Nostrand Reinhold.

Sharpe, J. P., Martin, N. R., & Roth, K. A. (2011). Optimism and the Big Five factors of personality: Beyond neuroticism and extraversion. *Personality and Individual Differences, 51*, 946–951.

Shaver, P., Schwartz, J., Kirson, D., & O'Connor, C. (1987). Emotional knowledge: Further explorations of a prototype approach. *Journal of Personality and Social Psychology, 52*, 1061–1086.

Sheldon, K. M., Elliot, A. J., Kim, Y., & Kasser T. (2001). What is satisfying about satisfying events? Testing 10 candidate psychological needs. *Journal of Personality and Social Psychology, 80*, 325–339.

Sheldon, K. M., Kashdan, T. B., & Steger, M. E. (2011). *Designing positive psychology: Taking stock and moving forward.* New York: Oxford University Press.

Shepperd, J. A., Maroto, J. J., Pbert, L. A. (1996). Dispositional optimism as a predictor of health changes among cardiac patients. *Journal of Research in Personality, 30*, 517–534.

Shifren, K., & Bauserman, E. (1996). The relationship between instrumental and expressive traits, health behaviors and perceived physical health. *Sex Roles, 34*, 841–864.

Shorey, H. S., Little, T. D., Rand, K. L., Snyder, C. R., Monsson, Y., & Gallagher, M. (2007). Validation of the Revised Snyder Hope Scale: The will, the ways, and now the goals for positive future outcomes. Unpublished manuscript, University of Kansas, Lawrence.

Simonton, D. K. (2000). Creativity: Cognitive, personal, developmental, and social aspects. *American Psychologist, 55*, 151–158.

Simonton, D. K. (2011). Positive psychology in historical and philosophical perspective: Predicting its future from the past. In K. M. Sheldon, T. B. Kashdan, & M. E. Steger (Eds), *Designing positive psychology: Taking stock and moving forward* (pp. 447–454). New York: Oxford University Press.

Singh, K., & Choubisa, R. (2010). Empirical validation of Values in Action-Inventory of Strengths (VIA-IS) in Indian context. *Psychological Studies, 55*, 151–158.

Smith, C. P. (1992). *Motivation and personality: Handbook of thematic content analysis.* New York: Cambridge University Press.

Snyder, C. R. (2000). The past and the future of hope. *Journal of Social and Clinical Psychology, 19*, 11–28.

Snyder, C. R. (2002). Hope theory: Rainbows in the mind. *Psychological Inquiry, 13*, 249–275.

Snyder, C. R., Harris, C., Anderson, J. R., Holleran, S. A., Irving, L. M., Sigmon, S. T., Oshinoubu, L., Gibb, J., Langelle, C., & Harney, P. (1991). The will and the ways: Development and validation of an individual-differences measure of hope. *Journal of Personality and Social Psychology, 60*, 570–585.

Snyder, C. R., Lopez, S. J., Shorey, H. S., Rand, K. L., & Feldman, D. B. (2003). Hope theory, measurements, and applications to school psychology. *School Psychology Quarterly, 18*, 122–139.

Snyder, C. R., Rand, K. L., & Sigmon, D. R. (2005). Hope theory: A member of the positive psychology family. In C. R. Snyder & S. J. Lopez (Eds), *Handbook of positive psychology* (pp. 257–266). New York: Oxford University Press.

Somers, M. J., & Casal, J. C. (1994). Organizational commitment and whistle-blowing: A test of the reformer and the organization man hypotheses. *Group & Organization Management, 19*, 270–284.

Spada, M. M., Georgiou, G. A., & Wells, A. (2010). The relationship among meta-cognitions, attentional control, and state anxiety. *Cognitive Behaviour Therapy, 39*, 64–71.

Spada, M. M., Mohiyeddini, C., & Wells, A. (2008). Measuring metacognitions associated with emotional distress: Factor structure and predictive validity of the Metacognitions Questionnaire 30. *Personality and Individual Differences, 45*, 238–242.

Spada, M. M., & Moneta, G. B. (2012). A metacognitive-motivational model of surface approach to studying. *Educational Psychology, 32*, 45–62.

Spada, M. M., & Moneta, G. B. (in press). Metacognitive and motivational predictors of surface approach to studying and academic examination performance. *Educational Psychology.*

Spence, J. T., & Helmreich, R. L. (1978). *Masculinity and femininity: Their psychological dimensions, correlates, and antecedents.* Austin, TX: University of Texas Press.

Spence, J. T., Helmreich, R. L., & Stapp, J. (1974). The Personal Attributes Questionnaire: A measure of sex role stereotypes and masculinity-femininity. *JSAS: Catalog of Selected Documents in Psychology, 4*, 43–44.

Spence, J. T., Helmreich, R. L., & Stapp, J. (1975). Ratings of self and peers on sex role attributes and their relation to self-esteem and conceptions of masculinity and femininity. *Journal of Personality and Social Psychology, 32*, 29–39.

Spinks, J. A., Mei-Oi Lam, L., & Van Lingen, G. (1996). Cultural determinants of creativity: An implicit theory approach. In S. Dingli (Ed.), *Creative thinking: New perspectives.* La Valletta, Malta: Malta University Press.

Stangor, C. (2011). Research methods for the behavioral sciences (4th ed.). Mountain View, CA: Cengage.

Steger, M. F., Frazier, P., Oishi, S., & Kaler, M. (2006). The Meaning in Life Question-naire: Assessing the presence of and search for meaning in life. *Journal of Counseling Psychology, 53*, 80–93.

Sternberg, R. J. (1986). *Construct validation of a triangular theory of love.* Unpublished manuscript. Yale University: New Haven.

Sternberg, R. J. (1988). *The triangle of love: Intimacy, passion, commitment.* New York: Basic Books.

Sternberg, R. J. (1998). *Cupid's arrow: The course of love through time.* Cambridge, UK: Cambridge University Press.

Sternberg, R. J. (2006). *Cognitive psychology* (4th ed.). Belmont, CA: Wadsworth.

Sternberg R. J., & Lubart, T. I. (1996). Investing in creativity. *American Psychologist, 51*, 677–688.

Stetter, F., & Kupper, S. (2002). Autogenic training: A meta-analysis of clinical outcome studies. *Applied Psychophysiology and Biofeedback, 27*, 45–98.

Stoll, O., & Lau, A. (2005). Flow-erleben beim marathonlauf: Zsammenhänge mit anforderungspassung und leistung [Experiencing flow during a marathon: Association with the fit between demand and ability]. *Zeitschrift für Sportpsychologie, 12*, 75–82.

Stutzer, A. (2004). The role of income aspirations in individual happiness. *Journal of Economic Behavior and Organization, 54*, 89–109.

Sugihara, Y., & Katsurada, E. (2002). Gender role development in Japanese culture: Diminishing gender role differences in a contemporary society. *Sex Roles, 47*, 443–452.

Tay, L., & Diener, E. (2011). Needs and subjective well-being around the world. *Journal of Personality and Social Psychology, 101*, 354–365.

Tellegen, A., Lykken, D. T., Bouchard, T. J., Jr, Wilcox, K., Segal, N., & Rich, S. (1988). Personality similarity in twins reared apart and together. *Journal of Personality and Social Psychology, 54*, 1031–1039.

Thatcher, A., Wretschko, G., & Fridjhon, P. (2008). Online flow experiences, problematic Internet use and Internet procrastination. *Computers in Human Behavior, 24*, 2236–2254.

The Gallup Organization (1999–2013). *Worldwide research methodology.* Available at: http://www.gallup.com/se/128147/Worldwide-Research-Methodology.aspx

The Internet Classics Archive by Daniel C. Stevenson, Web Atomics (1994–2009a). *The doctrine of the mean by Confucius.* Available at: http://classics.mit.edu/Confucius/doctmean.html

The Internet Classics Archive by Daniel C. Stevenson, Web Atomics (1994–2009b). *Nicomachean ethics by Aristotle* (trans. by W. D. Ross). Available at: http://classics.mit.edu/Aristotle/nicomachaen.html

Thompson, E. R. (2007). Development and validation of an internationally reliable short-form of the Positive and Negative Affect Schedule (PANAS). *Journal of Cross-Cultural Psychology, 38*, 227–242.

Tiger, L. (1979). *Optimism: The biology of hope.* New York: Simon & Schuster.

Torrance, E. P. (1965). *Rewarding creative behavior.* Englewood Cliffs, NJ: Prentice-Hall.

Torrance, E. P. (1972). Predictive validity of the Torrance Tests of Creative Thinking. *Journal of Creative Behavior, 6*, 236–252.

Trapnell, P. D., & Wiggins, J. S. (1990). Extension of the Interpersonal Adjectives Scales to include the Big Five dimensions of personality. *Journal of Personality and Social Psychology, 59*, 781–790.

Tugade, M. M., & Fredrickson, B. L. (2004). Resilient individuals use positive emotions to bounce back from negative emotional experiences. *Journal of Personality and Social Psychology, 86*, 320–333.

Valle, M. F., Huebner, E. S., & Suldo, S. M. (2006). An analysis of hope as a psychological strength. *Journal of School Psychology, 44*, 393–406.

Vosburg, S. K. (1998). The effects of positive and negative mood on divergent-thinking performance. *Creativity Research Journal, 11*, 165–172.

Ward, C. A., & Sethi, R. R. (1986). Cross-cultural validation of the Bem Sex Role Inventory. *Journal of Cross-Cultural Psychology, 17*, 300–314.

Ward, C., & Chang, W. (1997). 'Cultural fit': A new perspective on personality and sojourner adjustment. *International Journal of Intercultural Relations, 21*, 525–533.

Watson, D., Clark, L. A., & Carey, G. (1988). Positive and negative affectivity and their relations to anxiety and depressive disorders. *Journal of Abnormal Psychology, 97*, 346–353.

Watson, D., Clark, L. A., & Tellegen, A. (1988). Development and validation of brief measures of positive and negative affect: The PANAS scales. *Journal of Personality and Social Psychology, 54*, 1063–1070.

Watson, D., & Tellegen, A. (1985). Toward a consensual structure of mood. *Psychological Bulletin, 98*, 219–235.

Weisberg, J. (1994). Measuring workers' burnout and intention to leave. *International Journal of Manpower, 15*, 4–14.

Wells, A. (2000). *Emotional disorders and metacognition: Innovative cognitive therapy.* Chichester, UK: Wiley.

Wells, A. (2009). *Metacognitive therapy for anxiety and depression.* New York: Guilford.

Wells, A., & Carter, K. (2001). Further tests of a cognitive model of generalized anxiety disorder: Metacognitions and worry in GAD, panic disorder, social phobia, depression, and non patients. *Behavior Therapy, 32*, 85–102.

Wells, A., & Cartwright-Hatton, S. (2004). A short form of the Meta-Cognitions Questionnaire: Properties of the MCQ-30. *Behaviour Research and Therapy, 42*, 385–396.

Wells, A., & Matthews, G. (1994). *Attention and emotion: A clinical perspective.* Hove, UK: Erlbaum.

Westerhof, G. J., & Keyes, C. L. M. (2008). Geestelijke gezondheid is meer dan de afwezigheid van geestelijke ziekte [Mental health is more than the absence of mental illness]. *Maandblad Geestelijke Volksgezondheid, 63*, 808–820.

Westerhof, G. J., & Keyes, C. L. M. (2010). Mental illness and mental health: The two continua model across the lifespan. *Journal of Adult Development, 17*, 110–119.

Wheeler, L., Reis, H. T., & Bond, M. H. (1989). Collectivism-individualism in everyday social life: The middle kingdom and the melting pot. *Journal of Personality and Social Psychology, 57*, 79–86.

White, R. W. (1959). Motivation reconsidered: The concept of competence. *Psychological Review, 66*, 297–333.

White, R. W. (1960). Competence and the psychosexual stages of development. In M. R. Jones (Ed.), *Nebraska symposium on motivation* (Vol. 8, pp. 97–141). Lincoln, NE: University of Nebraska Press.

White, R. W. (1963). Sense of interpersonal competence: Two case studies and some reflections on origins. In R. W. White (Ed.), *The study of lives* (pp. 72–93). New York: Prentice-Hall.

Whitley, M. P. (1998). Sexual Satisfaction Inventory. In C. M. Davis, W. L. Yarber, R. Bauserman, G. Schreer, & S. L. Davis (Eds), *Handbook of sexuality-related measures* (pp. 519–521). Thousand Oaks, CA: Sage Publications.

Wiggins, J. S., & Broughton, R. (1985). The interpersonal circle: A structural model for the integration of personality research. In R. Hogan & W. H. Jones (Eds), *Perspectives in personality* (Vol. 1, pp. 1–47). Greenwich, CT: JAU Press.

Wiggins, J. S., & Broughton, R. (1991). A geometric taxonomy of personality scales. *European Journal of Personality, 5*, 343–365.

Windsor, T. D., Anstey, K. J., & Rodgers, B. (2008). Volunteering and psychological well-being among young-old adults: How much is too much? *The Gerontologist, 48*, 59–70.

Winter, D. G. (1973). *The power motive.* New York: Free Press.

Winter, D. G. (1993). Power, affiliation, and war: Three tests of a motivational model. *Journal of Personality and Social Psychology, 65*, 532–545.

Winter, D. G. (2002). Motivation and political leadership. In L. Valenty & O. Feldman (Eds), *Political leadership for the new century: Personality and behavior among American leaders* (pp. 25–47). Westport, CT: Praeger.

Wong, C. S., Tinsley, C., Law, K. S., & Mobley, W. H. (2003). Development and validation of a multidimensional measure of Guanxi. *Journal of Psychology in Chinese Societies, 4*, 43–69.

Woodman, R. W., Sawyer, J. E., & Griffin, R. W. (1993). Toward a theory of organizational creativity. *Academy of Management Review, 18*, 293–321.

World Health Organization (2005). *Promoting mental health: Concepts, emerging evidence, practice.* Geneva: WHO.

World Health Organization (2010). *International Classification of Diseases (ICD).* Geneva: World Health Organization. Available at: http://www.who.int/classifications/icd/en/

World Health Organization (2012). *Depression: A global public health concern.* Geneva: World Health Organization. Available at: http://www.who.int/mental_health/management/depression/en/

World Values Study Association (1981–2013). *The world's most comprehensive investigation of political and sociocultural change.* Available at: http://www.worldvaluessurvey.org/

Wright, R. (2000). *Nonzero: The logic of human destiny.* New York: Pantheon.

Wright, T. A. (2005). The role of 'happiness' in organizational research: Past, present and future directions. In P. L. Perrewe & D. C. Ganster (Eds), *Research in occupational stress and well-being* (pp. 221–264). Amsterdam: JAI Press.

Wyer, R. S., Clore, G. L., & Isbell, L. M. (1999). Affect and information processing. In M. P. Zanna (Ed.), *Advances in experimental social psychology* (Vol. 31, pp. 1–77). San Diego, CA: Academic Press.

Wylie, R. (1979). *The self-concept, Vol. 2: Theory and research on selected topics.* Lincoln, NE: University of Nebraska Press.

Yang, K. S. (1993). Chinese social orientation: An integrative analysis. In W. L. Y. C. Cheng, E. M. C. Cheung, & C. N. Chen (Eds), *Psychotherapy for the Chinese* (pp. 19–56). Hong Kong: Department of Psychiatry, Chinese University of Hong Kong.

Yates, A. J. (1970). *Behavior therapy.* New York: Wiley.

Yerkes, R. M., & Dodson, J. D. (1908). The relation of strength of stimulus to rapidity of habit-formation. *Journal of Comparative Neurology and Psychology, 18*, 459–482.

Yik, M., Bond, M. H., & Paulhus, D. L. (1998). Do Chinese self-enhance or self-efface? It's a matter of domain. *Personality and Social Psychology Bulletin, 24*, 399–406.

Yukl, G. (2002). *Definitions of managerial behaviors from leadership in organizations* (5th ed.). Upper Saddle River, NJ: Prentice Hall.

Zelenski, J. M., Murphy, S. A., & Jenkins, D. A. (2008). The happy-productive worker thesis revisited. *Journal of Happiness Studies, 9*, 521–537.

Zuckerman, M., & Gagne, M. (2003). The COPE revised: Proposing a 5-factor model of coping strategies. *Journal of Research in Personality, 37*, 169–204.

图书在版编目(CIP)数据

积极心理学：批判性导论／(英)乔瓦尼·B.莫内塔(Giovanni B. Moneta)著；王挺，帅琳译.— 上海：上海社会科学院出版社，2021

书名原文：Positive Psychology：A Critical Introduction

ISBN 978 - 7 - 5520 - 3048 - 8

Ⅰ.①积… Ⅱ.①乔… ②王… ③帅… Ⅲ.①普通心理学 Ⅳ.①B84

中国版本图书馆 CIP 数据核字(2021)第 050555 号

Positive Psychology：A Critical Introduction © Giovanni B. Moneta 2014. First published in English by Palgrave Macmillan，a division of Macmillan Publishers Limited under the title Positive Psychology by Giovanni B. Moneta. This edition has been translated and published under licence from Palgrave Macmillan. The author has asserted his right to be identified as the author of this Work.

上海市版权局著作权合同登记号：图字 09 - 2017 - 533 号

积极心理学：批判性导论

著　者：(英)乔瓦尼·B.莫内塔
译　者：王　挺　帅　琳
责任编辑：赵秋蕙
封面设计：黄婧昉
出版发行：上海社会科学院出版社
　　　　　上海顺昌路 622 号　邮编 200025
　　　　　电话总机 021 - 63315947　销售热线 021 - 53063735
　　　　　http：//www.sassp.cn　E-mail：sassp@sassp.cn
排　版：南京展望文化发展有限公司
印　刷：上海景条印刷有限公司
开　本：787 毫米×1092 毫米　1/16
印　张：14.25
字　数：321 千字
版　次：2021 年 7 月第 1 版　　2021 年 7 月第 1 次印刷

ISBN 978 - 7 - 5520 - 3048 - 8/B · 299　　　　定价：88.00 元